Dresden – Elbflorenz, Stadt der Kunstsammlungen, des Zwingers und der Semperoper. Reinhardt Eigenwill stellt die wichtigsten Stationen der bewegten Geschichte der sächsischen Landeshauptstadt vor. Entstanden nahe einer sorbischen Siedlung, wird sie 1206 erstmals urkundlich erwähnt. Bereits im Mittelalter war sie Sitz fürstlicher Herrschaft, in der frühen Neuzeit Hauptstadt eines der bedeutendsten deutschen Territorialstaaten und auch danach bis in die Gegenwart Sitz von Landesregierungen und zentralen Behörden. Häufig war sie daher Schauplatz bedeutender politischer Ereignisse. Künste und Kultur prägten das Bild der Stadt, verstellten aber gelegentlich den Blick auf andere Entwicklungen. So ist Dresden seit langem auch ein herausragender Wirtschaftsstandort.

insel taschenbuch 3147
Kleine Stadtgeschichte Dresden

Theaterplatz mit Opernhaus und Hotel Bellevue
vom Turm des Schlosses gesehen, 1937

Kleine Stadtgeschichte
Dresden

Von Reinhardt Eigenwill
Mit zahlreichen Abbildungen

Insel Verlag

Umschlagfoto: Waldkirch/mauritius images

insel taschenbuch 3147
Originalausgabe
Erste Auflage 2005
© Insel Verlag Frankfurt am Main und Leipzig 2005
Alle Rechte vorbehalten, insbesondere das der Übersetzung,
des öffentlichen Vortrags sowie der Übertragung
durch Rundfunk und Fernsehen, auch einzelner Teile.
Kein Teil des Werkes darf in irgendeiner Form
(durch Fotografie, Mikrofilm oder andere Verfahren)
ohne schriftliche Genehmigung des Verlages
reproduziert oder unter Verwendung elektronischer Systeme
verarbeitet, vervielfältigt oder verbreitet werden.
Vertrieb durch den Suhrkamp Taschenbuch Verlag
Umschlag: Elke Dörr
Satz: Hümmer GmbH, Waldbüttelbrunn
Druck: Memminger MedienCentrum AG
Printed in Germany
ISBN 3-458-34847-6

1 2 3 4 5 6 − 10 09 08 07 06 05

Inhalt

Vorwort

Eine Stadt gleicht einem Organismus, der ständigen Wandlungen unterworfen ist. Als Kristallisationspunkt von Handel und Gewerbe keimhaft entstanden, wächst er und dehnt sich aus und wird schließlich zum zentralen Ort eines mehr oder weniger großen Territoriums – manchmal auch zu einer bedeutenden Metropole. Im ungünstigen Fall gelangt er kaum über das Stadium hinaus, in dem ihn Mauern und Festungsanlagen einengen. Die großen Verkehrsströme wenden sich von ihm ab, er verkümmert, droht gar abzusterben. Auch die einzelnen Glieder des Stadtkörpers verändern sich – die rechtliche Verfassung der Stadt, ihre Wirtschaftsstruktur, die soziale Zusammensetzung ihrer Bevölkerung und ihr kulturell-geistiges Leben. Letzteres ist in der Regel ein besonders feiner Gradmesser für den Charakter und die Vitalität einer städtischen Gesellschaft.

Das alles lief nie isoliert vom großen Weltgeschehen – von Kriegen, Revolutionen und gesellschaftlichen Umbrüchen – und von der Geschichte des jeweiligen Landes ab. Auch im Falle Dresdens war dies so. Allerdings zeichnete sich die Geschichte der Stadt durch eine Besonderheit aus, die sie mit einer Reihe anderer Städte teilte. Sie war schon im Mittelalter häufig Sitz fürstlicher Herrschaft, später Residenz- bzw. Hauptstadt eines bedeutenden deutschen Territorialstaates und Hauptstadt eines Bundeslandes. Das bedeutete, daß das Schicksal der sächsischen Metropole besonders eng mit der Geschichte des Landes verbunden war. Bis zum Ende des 18. Jahrhunderts prägte die Anwesenheit eines Fürstenhofes in jeder Hinsicht die Geschichte der Stadt. Aber auch als die städtische Gesellschaft nach dem Beginn des Industriezeitalters eigene Wege beschritt, konnte Dresden seine Vergangenheit nicht verleugnen. Die Stadt war bis 1918 weiterhin Residenz des Königshauses, und sie blieb danach Sitz einer Landesregierung und zentraler staatlicher Behörden. Diese Tatsachen haben den Verfassern älterer Chroniken und späteren Stadthistorikern die allergrößten Schwierigkeiten bereitet. Der äußere Glanz der Residenzstadt oder spektakuläre politische Ereignisse, die in ihren Mauern stattfanden, in ihrer Bedeutung aber weit über die Stadtgrenzen hinausgingen, verstellten häufig den Blick für die Geschichte des städtischen Gemeinwesens – seiner Institutionen, seiner Wirtschaft, der Lebensverhältnisse seiner Bewohner. Das hat bis heute Rückwirkungen auf das Bild der Geschichte der Stadt, das sich viele ihrer Bewohner, Bewunderer und Besucher machen. 1591 verfaßte der Dresdner Bürger Daniel Wintzenberger den »Lobspruch der Stadt Dresden«, eine topographische Beschreibung der Stadt in Versen. Der wenige Seiten umfassende Text steht paradigmatisch für die seit Ende des 16. Jahrhunderts erscheinenden Beschreibungen der Stadt und Berichte von Reisenden, aber auch für die meisten älteren Stadtchroniken. Den Zeitgenossen und der Nachwelt stellten sie eine Stadt vor, die allein von höfischen Festlichkeiten, imposanten Bauwerken und weithin berühmten Kunstsammlungen geprägt schien. Das trifft auch auf das bekannteste Werk der älteren Dresdner Stadtgeschichtsschreibung, Anton Wecks »Der Churf. Sächs. Weitberuffenen Residentz und Hauptvestung Dresden Beschreib- und Vorstellung«, zu. Der mit wertvollen Kupferstichen illustrierte barocke Prachtband des kurfürstlichen Rates und Archivars erschien im Jahre 1680 in einem Nürnberger Verlag. Die Grundlagen für den Mythos von der Kunststadt Dresden wurden also schon in dieser Zeit gelegt.

Seit dem 19. Jahrhundert ist auch die Geschichte der Stadt im engeren Sinn zunehmend thematisiert worden, wobei im Zuge der weiteren Verwissenschaftlichung der Geschichtsschreibung eine stärkere Orientierung an den Quellen erfolgte. Eine beachtliche Leistung in dieser Hinsicht stellte bereits

Johann Christian Hasches 1816 bis 1822 erschienene »Diplomatische Geschichte Dresdens von seiner Entstehung bis auf unsere Tage« dar. Bisher unübertroffen auf ihren speziellen Gegenstand bezogen, aber auch als Grundlage fast aller neueren größeren Arbeiten zur Dresdner Stadtgeschichte, ist die den Zeitraum bis 1830 behandelnde, mehrteilige, von 1885 bis 1891 veröffentlichte »Verfassungs- und Verwaltungsgeschichte der Stadt Dresden« des Stadtarchivars Otto Richter.

Das alles darf nicht darüber hinwegtäuschen, daß das Gesamtbild von der Geschichte der sächsischen Hauptstadt bei weiten Teilen des Publikums nach wie vor einseitig von kultur- oder architekturgeschichtlichen Spezialdarstellungen bestimmt wird, etwa von Fritz Löfflers mehrfach aufgelegtem Buch »Das alte Dresden«. In den vergangenen Jahren sind jedoch auch Arbeiten veröffentlicht worden, die ein immer differenzierteres und ausgewogeneres Bild von der Vergangenheit einer der bemerkenswertesten Städte Deutschlands entstehen lassen.

I · Von der frühesten Besiedlung des Dresdner Elbtales bis zur Entstehung der Stadt

Schon vor einigen zehntausend Jahren kamen altsteinzeitliche Jäger auf ihren Streifzügen durch das Dresdner Elbtal. Mit dem Beginn des Neolithikums in Mitteleuropa vor mehr als 6000 Jahren ließen sich Ackerbauern der Bandkeramikkultur auf den fruchtbaren Böden am südlichen Rand der offenen Flußlandschaft dauerhaft nieder. Zahlreiche Funde belegen eine erstaunliche Siedlungsdichte während der gesamten jüngeren Steinzeit in diesem Bereich zwischen den ehemaligen Dörfern und heutigen Stadtteilen Kemnitz und Cotta im Westen und Nickern im Osten. Die Bronzezeit – sie setzte hier vor nicht ganz vier Jahrtausenden ein – ist ebenfalls durch eine Vielzahl von Hinterlassenschaften vertreten. Dem aufmerksamen und kundigen Beobachter wird die sogenannte »Heidenschanze« – heute noch sichtbarer Rest einer spätbronzezeitlichen befestigten Siedlung – hoch über dem Eingang zum Plauenschen Grund nicht entgehen. Geradezu spärlich ist dagegen die Zeit der germanischen Besiedlung zwischen dem dritten vorchristlichen und dem sechsten nachchristlichen Jahrhundert dokumentiert. Um die Wende vom sechsten zum siebenten Jahrhundert begannen slawische Stämme aus dem böhmischen Raum in das heute sächsische Elbtal einzuwandern. Die germanische Bevölkerung hatte teilweise schon während der Völkerwanderungszeit, spätestens aber nach der Zerschlagung des thüringischen Stammesreiches durch die fränkischen Merowinger im Jahre 531 die Gebiete östlich der Saale weitgehend verlassen. Die Neuankömmlinge nannten die waldfreie Siedlungsinsel zwischen Pirna im Südosten und Gauernitz im Nordwesten »Nisani« – Niederung. Als die ältesten sorbischen Siedlungsplätze innerhalb des heutigen Stadtgebietes werden die Ortsteile Mockritz, Leuben und Strehlen angesehen.

Beanspruchte Karl der Große nur eine lockere Oberherrschaft über die Stämme zwischen Saale und Neiße, so gerieten Sorben, Daleminzier und Milzener im 9. und 10. Jahrhundert direkt ins Visier des ostfränkischen Königreiches. Gleichzeitig richteten die im Entstehen begriffenen Staatsverbände der Polen und Tschechen begehrliche Blicke in dieses politische Niemandsland. Der Beginn der Ostexpansion des sich aus dem ostfränkischen Reich allmählich herausbildenden deutschen Feudalstaates ist aber auch als Reaktion auf die gefürchteten Raubzüge der aus den Weiten der eurasischen Steppen nach Europa eingedrungenen ungarischen Reiternomaden zu verstehen. Im Herbst des Jahres 928 begann König Heinrich I. seinen lange vorbereiteten Kriegszug gegen die slawischen Stämme östlich der Elbe und Saale, in dessen Verlauf er auch die sorbischen Daleminzier unterwarf. Noch im Frühjahr 929 ließ er die Burg Meißen als zentralen Stützpunkt der Deutschen in den eroberten Gebieten zwischen Saale und Elbe anlegen. Eine Vielzahl kleinerer Befestigungen – häufig aus sorbischen Wehranlagen hervorgegangen – überzog das unterworfene Land als Mittelpunkte nicht genau begrenzter Verwaltungsbezirke, sogenannter Burgwarde, die die Herrschaft des deutschen Königs sicherstellen sollten. Für den Gau Nisan sind vier Burgwarde überliefert – Dohna, Briesnitz, Niederwartha und ein Burgward mit einer Burg nahe des Flüßchens Weißeritz als Mittelpunkt – vielleicht an der Stelle der erwähnten Heidenschanze. Mit der Herausbildung eines feudalen Herrschaftsgefüges während der Zeit des Landesausbaus verfiel spätestens um 1200 das System königlicher Burgwarde und wurde durch die markgräflichen Vogteibezirke und Machtbereiche anderer regionaler Feudalgewalten ersetzt. Eine herausragende Bedeutung besaß die erst im Jahr 1040 genannte Burg Dohna. Sie kontrollierte die uralte Straßenverbindung zwischen Meißen und Böhmen. Darüber hinaus hatten die königlichen Burggrafen die Aufgabe, den gesamten Gau Nisan militärisch zu sichern. Den im königlichen Tafelgüterverzeichnis aus dem 12. Jahrhundert erwähnten gleichnamigen Königshof wird man in der Nähe der Burg suchen müssen.

Im Verlauf der christlichen Missionierung der Sorben entstanden Urpfarreien. Im heutigen Stadtgebiet ist die wahrscheinlich um das Jahr 1050 errichtete älteste Frauenkirche der Mittelpunkt einer solchen Urpfarrei gewesen. Noch zu Beginn des 19. Jahrhunderts umfaßte ihr Sprengel mehr als zwanzig Ortschaften links und rechts der Elbe – ein untrüglicher Hinweis auf das hohe Alter des Pfarrbezirkes. Die Kirche war nahe einer slawischen Siedlung erbaut worden, die der später in ihrer unmittelbaren Nachbarschaft entstandenen deutschen Stadt ihren Namen gegeben hat. »Drezdany« bedeutete im Altsorbischen soviel wie »Auenwaldbewohner«.

Eine kirchliche Organisation im größeren Rahmen war mit den von Kaiser Otto dem Großen im Jahr 968 gebildeten Bistümern Zeitz, Merseburg und Meißen geschaffen worden. Etwa zur selben Zeit hatte Otto Markgrafen als seine weltlichen Vertreter in diesen Territorien eingesetzt. Die »Marchia Misnensis« wird allerdings erst 1045 urkundlich erwähnt. Im 10. und zu Beginn des 11. Jahrhunderts war sie zwischen dem deutschen König und dem böhmischen, besonders aber dem polnischen Herrscher heftig umkämpft. Im Jahr 1076 vergab König Heinrich IV. die Mark Meißen als Lehen, den Gau Nisan und das Bautzener Land aber als Schenkung an Wratislaw von Böhmen. Der böhmische Herzog – seit 1086 Träger der Königswürde – zählte sowohl während des Aufstandes des sächsischen Adels als auch während des Investiturstreites zu den treuesten Gefolgsleuten des deutschen Königs. In der Mark Meißen konnte er sich gegen den von Heinrich abgefallenen Markgrafen Ekbert II. aus dem Hause der Brunonen jedoch nicht durchsetzen. Der Salier übertrug die Markgrafschaft im Jahre 1089 schließlich an den Wettiner Heinrich von Eilenburg. Den Gau Nisan und das Land Bautzen hatte Wratislaw 1084 als Heiratsgut für seine Tochter Judith seinem mächtigen Schwiegersohn Wiprecht von Groitzsch überlassen. Jahrzehnte später, nachdem das Haus Groitzsch ausgestorben war, gelangte auch der Gau Nisan an die Wettiner, an Markgraf Konrad den Großen, den eigentlichen Begründer der wettinischen Herrschaft im mitteldeutschen Raum.

II · Dresden im Mittelalter

Um die Mitte des 12. Jahrhunderts setzte auch in den östlichen Teilen der Mark Meißen der mit der deutschen Ostkolonisation einhergehende hochmittelalterliche Landesausbau ein. Der Markgraf und andere Herrschaftsträger riefen deutsche Bauern aus dem alten Reichsgebiet – vor allem aus Thüringen und dem fränkischen Raum – ins Land, um die bis dahin unberührten riesigen Waldgebiete urbar zu machen. Die einigermaßen stabilen politischen Verhältnisse in der Markgrafschaft nach den vorangegangenen Jahrzehnten der Unsicherheit ermöglichten erst die nun einsetzende Siedeltätigkeit. Die deutschen Einwanderer gewannen zahlenmäßig die Oberhand über die slawische Bevölkerung und begannen diese zu germanisieren.

Eine Urkunde König Konrads III. aus dem Jahr 1144, die einen Streit des Markgrafen mit dem Meißner Bischof um einige Dörfer im Elbtal schlichtete, nennt in diesem Zusammenhang Einzelheiten zur Herrschaft des Wettiners in dem von ihm erst kurze Zeit zuvor erworbenen Gau Nisan. Unter anderem legte der König fest, daß die Bauern der betroffenen Dörfer Dienste beim Bau markgräflicher Burgen zu leisten hätten. Die Vermutung drängt sich auf, daß der Markgraf zu dieser Zeit auch einen festen Stützpunkt auf dem Dresdner Taschenberg errichten ließ, um an diesem wichtigen Elbübergang die Verbindung von Meißen nach Dohna zu kontrollieren.

Nicht nur die Rodungs- und Siedeltätigkeit war Beweis für die Dynamik, von der die hochmittelalterliche Gesellschaft erfaßt wurde. Auch Handel und Gewerbe nahmen in dieser Zeit einen gewaltigen Aufschwung. In den Kolonisationsgebieten östlich von Elbe und Saale entstanden jetzt größere städtische Siedlungen, auch wenn einige frühe Marktsiedlungen – Niederlassungen von Fernhandelskaufleuten an Verkehrsknotenpunkten im Schutz von Burgen – schon im 11. Jahrhundert bestanden. Die Entstehung von Städten im Mittelalter ist als ein mehrstufiger Prozeß zu verstehen, bei dem neben Kaufleuten dem späteren Stadtherrn eine bedeutende Rolle zufiel. In den Kolonisationsgebieten östlich von Elbe und Saale förderten die Fürsten die Entstehung bzw. Gründung von Städten nicht ohne Grund, schufen sie sich doch damit sichere Stützpunkte mit einem beachtlichen wirtschaftlichen Potential beim Ausbau ihrer noch längst nicht gesicherten Territorialherrschaft. Die Markgrafen Otto der Reiche und Dietrich der Bedrängte trieben die Gründung von Städten in ihrem Machtbereich besonders voran. Insgesamt entstanden auf dem Territorium des heutigen Sachsen, das allerdings um ein Vielfaches größer als das der Mark Meißen zu jener Zeit ist, zwischen 1150 und der Mitte des 13. Jahrhunderts etwa 50 Städte.

Auch das markgräfliche Kastell am Taschenberg wurde in dieser Zeit zum Ausgangspunkt für eine städtische Siedlung. Der auf der rechten Elbseite von Meißen nach Osten verlaufende Handelsweg wechselte hier – an einer Furt nahe der Frauenkirche – auf die linke Elbseite. Eine noch ältere von Meißen über Wilsdruff nach Dohna führende Straße berührte an dieser Stelle ebenfalls die Elbe. Nach 1168 gewann zudem der Handelsverkehr von Freiberg, wo um diese Zeit große Silbererzvorkommen entdeckt wurden, nach Norden über den günstigen Elbübergang bei Dresden bis hin zur Hohen Landstraße, dem wichtigsten europäischen West-Ost-Handelsweg im Mittelalter, rasch an Bedeutung. Bereits um die Mitte des 12. Jahrhunderts ließen sich möglicherweise vor Gründung der eigentlichen Stadt nahe des Elbüberganges an der Frauenkirche Kaufleute nieder. Die Nikolaikirche – die spätere Kreuzkirche – kann als Hinweis auf eine solche frühe Kaufmannssiedlung gedeutet werden. Der hl. Nikolaus war schließlich auch der Schutzpatron der Kaufleute. Nicht zufällig existierten in fast allen mittelalterlichen Städten Nikolaikirchen. Unregelmäßigkeiten am östlichen Rand des sonst fast gitterförmigen ältesten Dresdner Stadtgrundrisses könnten auf den Standort der Niederlassung der Kaufleute verweisen. Der genaue Zeitpunkt der Gründung der eigentlichen Stadt, die, wie ihr Grundriß eindeutig zeigt, planmäßig erfolgte und dabei die vermutete ältere Kaufmannssiedlung von Anfang an mit einbezog, ist unbekannt. Es ist aber wahrscheinlich, daß diese im letzten Viertel des 12. Jahrhunderts erfolgte, insbesondere wenn man sie im Zusammenhang mit der Entstehung anderer meißnischer Städte nach 1150 sieht. Erstmals urkundlich erwähnt wurde Dresden allerdings erst am 31. März des Jahres 1206. Markgraf Dietrich schlichtete hier einen Grenzstreit zwischen dem Bischof von Meißen und dem Burggrafen Heinrich II. von Dohna zugunsten des ersteren. Zehn Jahre später, am 21. Januar 1216, wird Dresden in einer ebenfalls markgräflichen Urkunde ausdrücklich als Stadt, als »civitas« bezeichnet. Zwei landesherrliche Urkunden aus den ersten Jahrzehnten des 14. Jahrhunderts geben darüber Auskunft, daß die Stadt bei ihrer Gründung magdeburgisches Stadtrecht erhalten hatte. Mit der alten Kaufmannsgemeinde und ihrer Kirche stand die Elbbrücke in Verbindung. Im Jahr 1284 ist sie als steinerne Brücke erwähnt. Sie dürfte auf Initiative der Kaufleute errichtet worden sein, denn bezeichnenderweise verwaltete das spätere städtische Brückenamt sowohl das Vermögen der Brücke als auch das der Nikolai- bzw. Kreuzkirche. Der für die damalige Zeit äußerst aufwendige Bau der Brücke muß ökonomisch rentabel gewesen sein. Man kann daher von einem regen Handelsverkehr in Dresden in dieser Zeit ausgehen. Die dem Bischof von Meißen unterstehende Frauenkirche wurde übrigens nicht mit in die Stadt einbezogen, war aber dennoch während des gesamten Mittelalters die Pfarrkirche Dresdens.

Die eigentliche Stadt – der ummauerte Raum ohne die vorstädtischen Siedlungen – maß im Mittelalter nur einige hundert Meter im Durchmesser. Um den großen Marktplatz, den heutigen Altmarkt, drängten sich die armseligen Lehm-Fachwerkhäuser der Bürger. Vier Stadttore – das Wilsdruffer Tor im Westen, das Elbtor im Norden, das Frauentor im Osten und das Seetor im Süden, ermöglichten den Zugang zur Stadt. Nur wenige überwiegend aus Stein errichtete Gebäude prägten neben der markgräflichen Burg die Silhouette des mittelalterlichen Dresden: die Nikolaikirche, die vor den Mauern liegende Frauenkirche, das vor 1265 erbaute Franziskanerkloster an der westlichen Stadtmauer und das 1295 erstmals erwähnte Kaufhaus an der Nordseite des Marktes. Letzteres diente den Gewandschneidern, also den Tuchhändlern, und anderen Händlern und Handwerkern als Verkaufsstätte, war aber zugleich auch Tagungsort des städtischen Rates.

Quellenmäßig wirklich faßbar wird die Geschichte des mittelalterlichen Dresden erst seit der Zeit des Markgrafen Heinrich des Erlauchten, der seinem 1221 verstorbenen Vater Dietrich dem Bedrängten in der Herrschaft folgte. Heinrich hielt sich während seiner beiden letzten Lebensjahrzehnte überwiegend in der Dresdner Burg auf. Der Enkel des berühmten thüringischen Landgrafen Hermann war nicht nur ein Förderer der ritterlich-höfischen Kultur seiner Zeit, er verfaßte selbst Minnelieder, Gedichte und geistliche Lieder. An seinem Hof hielt sich zeitweise der Sänger Heinrich von Meißen, genannt Frauenlob, auf. Der für seine glanzvolle Hofhaltung bekannte Fürst beherrschte seit der Mitte des 13. Jahrhunderts einen ausgedehnten, von der Werra im Westen bis hin nach Schlesien reichenden Länderkomplex und gehörte damit zu den mächtigsten deutschen Fürsten – dank der Erträge aus dem Freiberger Silbererzbergbau auch zu den reichsten.

Dresden wurde von Heinrich dem Erlauchten entscheidend geprägt. Die Gerichtsbarkeit in der Stadt übte ein markgräflicher Vogt aus, zusammen mit sieben Geschworenen aus den Reihen der Bürger – dem ersten Selbstverwaltungsorgan der Stadtgemeinde. Lange Zeit mußten die Bürger für ihre Grundstücke eine Abgabe an den Stadtherrn entrichten, da Dresden auf markgräflichem Grund und Boden lag. Andererseits erteilte der Markgraf der Stadt eine Reihe wichtiger Privilegien. 1250 gestattete er den Bürgern, ihren Schuldnern, auch Adeligen, bei Betreten der Stadt bis zur Klärung des Falles durch den markgräflichen Richter Pfänder abzuverlangen – eine Verordnung, die indirekt auch etwas über den Wohlstand der Dresdner Kaufleute aussagte. 1271 erließ Heinrich der Stadt gegen eine einmalige Zahlung die Entrichtung des Marktzolles. Großzügiger mit Handelsprivilegien bedachte der Markgraf allerdings die damals noch zur Mark Meißen gehörende Stadt Pirna. Sie erhielt das für den Elbhandel so wichtige Stapelrecht und das entsprechende Zollprivileg. Von großer Bedeutung für Dresden war hingegen eine Bestätigungsurkunde Heinrichs vom 18. April 1284, die besagte, daß die Stadt das Recht besitze, Verordnungen – Willküren – mit Gesetzeskraft zu erlassen. Diese Urkunde ist damit der erste positive Beweis dafür, daß Dresden über ein voll ausgebildetes Stadtrecht verfügte. 1286 schließlich stiftete der Markgraf das nahe der Frauenkirche gelegene Maternihospital, das er allerdings bald darauf zusammen mit dem Patronatsrecht über die Frauenkirche dem Clarissenkloster zu Seußlitz schenkte. Erst 1329 gelangte das Hospital wieder an die Stadt.

Das Ansehen Dresdens förderte Konstanze von Babenberg, die erste Frau Heinrichs des Erlauchten, in einer im Mittelalter nicht ungewöhnlichen Weise. Als »Mitgift« brachte sie 1234 einen Splitter des »Heiligen Kreuzes« mit in die Stadt. Die Reliquie in einer Kapelle an der Nikolaikirche zog bald – insbesondere zum alljährlichen Johannisfest (23.-25. Juni) –

zahlreiche Pilger nach Dresden, zusätzlich zum »Schwarzen Hergott«, einem ebenfalls in dieser Kirche zur Schau gestellten, geheimnisvollen, angeblich mit Menschenhaut überzogenen Kruzifix. Anfang des 14. Jahrhunderts erreichte die Dresdner Geistlichkeit von der Kurie in Rom, daß Pilgern, die an den Festen des Heiligen Kreuzes (3. Mai und 14. September) und an besagtem Johannisfest die Nikolaikirche bußfertig aufsuchten, ein vierzigtägiger Ablaß gewährt wurde. Im ausgehenden Mittelalter gewann das Johannisfest zusätzliche Anziehungskraft durch farbenprächtige Umzüge der Geistlichkeit und der Vertreter der Zünfte, die in einer Aufführung der Enthauptung Johannes des Täufers vor dem Portal der Kirche gipfelten. Reformatorischer Eifer machte dem Volksfest, das zuletzt Tausende fremde Besucher angezogen haben soll, im Jahr 1539 ein jähes Ende. Die weithin berühmte und verehrte Kreuzesreliquie verhalf der alten Kaufmannskirche zu ihrem neuen, seit Ende des 14. Jahrhunderts gebräuchlichen Namen Kreuzkirche. Im Jahr 1300 wurde die zur Nikolaikirche gehörende Kreuzschule als städtische Lateinschule und Ausbildungsstätte für Chorknaben erstmals erwähnt.

Markgraf Heinrich hatte seinen jüngsten Sohn Friedrich Clemme (der Kleine) aus seiner dritten Ehe mit der nicht ebenbürtigen Adeligen Elisabeth von Maltitz ebenfalls mit einem Erbteil bedacht – der Stadt Dresden, die er mit der nördlich gelegenen Heide und dem Friedewald zur »Herrschaft Dresden« abrundete. Erstaunlicherweise konnte Friedrich – seit 1302 nannte er sich hochtrabend »Markgraf von Dresden« – bis zu seinem Tod 1316 seinen Besitz, von kurzen Unterbrechungen abgesehen, behaupten, und das in der Zeit, in der die Macht der Wettiner insgesamt im Kampf mit der königlichen Zentralgewalt vorübergehend zusammengebrochen war. Für den Schutz durch den Meißner Bischof, dem Friedrich Clemme zu diesem Zweck seine Herrschaft zu Lehen aufgetragen hatte, mußte er allerdings auf die Zoll- und

Stapelrechte verzichten, die Dresden in Konkurrenz zu der damals bischöflichen Stadt Pirna wieder einmal anstrebte. Aufgrund seiner ungünstiger werdenden Stellung im Fernhandelsnetz und fehlender Privilegien fiel Dresden in seiner Bedeutung nun noch stärker hinter Städten wie Freiberg und Pirna zurück und wurde gegen Ende des Mittelalters auch von Leipzig deutlich überrundet.

Die Schwäche der Landesherrschaft nach 1288 – dem Todesjahr Heinrichs des Erlauchten – wirkte sich für die Stadt nicht nur negativ aus. Unter der Herrschaft Friedrichs konnte Dresden seine Selbstverwaltung ausbauen. Die Macht des markgräflichen Richters hinsichtlich der niederen Gerichtsbarkeit – die hohe oder Blutgerichtsbarkeit in der Stadt blieb bis zum Ende des Mittelalters in der Hand des Markgrafen – wurde deutlich eingeschränkt. Ohne die Zustimmung der Geschworenen durfte der Richter zukünftig weder Vorladungen verfügen noch zu Gericht sitzen oder Strafen verhängen. Im 14. Jahrhundert gehörte dann der einst markgräfliche Richter selbst dem städtischen Rat an und bedurfte nur noch der landesherrlichen Bestätigung, so daß die Übertragung der niederen Gerichtsbarkeit an die Stadt im Jahr 1412 lediglich eine Formsache war. Aus dem Kollegium der Geschworenen, dem ausschließlich Angehörige der vornehmen Geschlechter angehörten – Kaufleute, die in den folgenden Jahrzehnten auch erheblichen Grundbesitz in benachbarten Dörfern erwarben –, war im 13. Jahrhundert auch der städtische Rat hervorgegangen und hatte den Vogt des Markgrafen in der Verwaltung der Stadt abgelöst. Die umfangreicher werdenden Verwaltungsgeschäfte erforderten die Hinzuziehung weiterer Bürger. Diese »consules« – Räte – werden 1301 erstmals genannt. Der Abschluß der Bildung der städtischen Selbstverwaltung war mit der Schaffung des Bürgermeisteramtes erreicht. Im Jahr 1292 wurde erstmals ein Bürgermeister erwähnt. Nicht nur hinsichtlich der städtischen Rechte konnte Dresden am

Ende des 13. Jahrhunderts seine Spielräume ausbauen, sondern auch in bezug auf finanzielle Fragen. So mußte der Landesherr beispielsweise 1291 die Jahressteuer der Stadt von 100 auf 60 Mark Silber herabsetzen.

Nach der Schlacht bei Lucka im Jahr 1307 und nach der Ermordung König Albrechts im Jahr darauf hatte Friedrich der Freidige die Macht des Hauses Wettin im wesentlichen wiederherstellen können. Sein Nachfolger in der Mark Meißen Friedrich der Ernsthafte gehörte bereits wieder zu den einflußreichsten Reichsfürsten. Das wurde zur Jahreswende 1348/49 besonders deutlich. Karl IV. hielt sich einige Wochen in der Stadt auf, um den Markgrafen, der von der gegnerischen Partei des 1347 verstorbenen Kaisers Ludwig des Bayern umworben wurde – 1348 noch hatte der ebenfalls nach Dresden angereiste Markgraf von Brandenburg als das Haupt der wittelsbachischen Partei Friedrich sogar die Königskrone angeboten –, endgültig auf seine Seite zu ziehen und so seine Herrschaft im Reich durchzusetzen. Eine Reihe in Dresden ausgestellter Urkunden zeugen von der Regierungstätigkeit des Luxemburgers in jenen Tagen. In Dresden verlieh Karl beispielsweise der böhmischen Stadt Leitmeritz das Niederlagsprivileg. Dresden konnte nur weiterhin auf das ersehnte Privileg hoffen.

Kaum war der Glanz verblaßt, den die Anwesenheit des Königs auf die Stadt geworfen hatte, erreichte die Pest Dresden. Dieses apokalyptische, nahezu ganz Europa erfassende Ereignis verschärfte in dramatischer Weise die Krise, in die die europäische Gesellschaft längst geraten war, eine Krise, die Untergang und Aufbruch gleichermaßen beinhaltete. Einbrüche in der demografischen Entwicklung schon vor Beginn der Pest, daraus resultierend eine bis dahin ungekannte Konzentration von Kapital und gewerblichen Produktionsmitteln, strukturelle Veränderungen in der Landwirtschaft und in den internationalen Handelsbeziehungen korrespondierten mit Veränderungen in der großen Politik – noch nie waren die universellen Machtansprüche von Papst- und Kaisertum so zweifelhaft gewesen. Theologie und Philosophie suchten diesen Veränderungen mit neuen Erklärungsmodellen Rechnung zu tragen. Nicht zuletzt deuteten Wandlungen im religiösen Empfinden darauf hin, daß der zutiefst verunsicherte mittelalterliche Mensch nach neuen Wegen zu suchen begann. Die von panischer Angst erfüllte Bevölkerung Dresdens, die erst 1342/43 eine verheerende Elbflut hatte erleben müssen – ganz Europa hatte in diesen Jahren eines beginnenden Klimawandels mit Unwettern und Überschwemmungen zu kämpfen –, suchte die Ursachen für das Unglück. Wie andernorts fand man auch hier in den Juden die geeigneten Sündenböcke. Eine Chronik berichtet zum 24. Februar 1349 lakonisch: »in dem 49. jare worden dye Juden gebrant [verbrannt] czu Vasnacht«. Im Juli desselben Jahres sah sich die geistliche Obrigkeit genötigt, fanatische Geißler aus der Stadt zu weisen, die mit ihren Predigten und Bußübungen die Angst der Bevölkerung noch schürten.

In diesen Jahrzehnten brachen auch die Gegensätze zwischen den alteingesessenen Ratsgeschlechtern und den wirtschaftlich immer mehr erstarkenden Handwerkern offen aus. Wurden die Auseinandersetzungen anfangs um wirtschaftliche Gleichberechtigung geführt, so ging es später um die Teilhabe am Stadtregiment. Nur wurden diese Konflikte, die ja charakteristisch für die Stadtentwicklung des späten Mittelalters insgesamt waren, hier längst nicht so heftig ausgetragen wie in vielen anderen deutschen Städten. Wirtschaftlich und politisch wurden auch in Dresden die Handwerker und die städtischen Unterschichten bis dahin völlig durch die kleine abgehobene Gruppe der ratsfähigen Familien beherrscht. Allein diese Familien – die von Magdeburg, Sachse, Busmann oder Münzmeister – stellten die Ratsleute und den Bürgermeister. Die an die alte Franziskanerkirche angebaute, von dem Ratsherrn und Bürgermeister Lorenz Busmann (gest. 1412) gestiftete und seiner Familie auch als Begräbnisstätte dienende Kapelle vermittelte einen Eindruck von der gesellschaftlichen Stellung dieser Geschlechter. Nicht nur die einzelnen Ratsfamilien besaßen im Umland ausgedehnten Grundbesitz, auch der Rat als solcher trat im späten Mittelalter für die Stadt oder die von ihr verwalteten Stiftungen als Grundherr auf. 1474 wurden in einem Verzeichnis acht sogenannte Ratsdörfer aufgeführt, in denen die Stadt über Grundbesitz verfügte.

Am Ende des 14. Jahrhunderts erfuhr die Ratsverfassung einige Veränderungen. Geschworene und Ratskollegium verschmolzen zu einem einheitlichen verkleinerten Rat, der sich bei Todesfällen ausschließlich aus dem exklusiven Kreis der ratsfähigen Familien ergänzte. Auch wurde es üblich, daß sich der bis dahin lebenslang amtierende Rat mit einem (später zwei) ruhenden Rat in der Amtsführung abwechselte. Seit etwa 1400 beanspruchte der Landesherr das Recht der Bestätigung des jeweils amtierenden Rates. Das machte deutlich, wie die Landesherrschaft Einfluß auf die Geschicke der Städte auszuüben suchte, eine Landesherrschaft, die aber gleichzeitig in einer Zeit sich ausbreitender Geldwirtschaft unter chronischem Geldmangel litt und daher darauf bedacht sein mußte, den Städten mit der Erteilung von Handelsprivilegien oder der Verpachtung von Zollrechten – wie zum Beispiel im Falle Dresdens 1343 und 1361 geschehen – entgegenzukommen, um sich deren unverzichtbarer wirtschaftlicher Leistungskraft zu versichern.

Die Tuchmacher bzw. Wollweber als die stärkste Gruppe unter den Handwerkern produzierten als einzige nicht nur für den Bedarf der Stadtbewohner und der Bevölkerung der Umgebung, sondern auch für den Fernhandel. Zwar durften sie ihre Produkte im ganzen Stück auch selbst verkaufen, der lukrativere Einzelverkauf blieb laut der Kaufmannsordnung von 1295 aber den Tuchhändlern vorbehalten. Gegen diese Bestimmung wandten sie sich mit immer größerem Nachdruck. In den sechziger Jahren des 14. Jahrhunderts hatten sich die Tuchmacher mit ihren Forderungen durchgesetzt. 1388 waren sie auch auf dem Höhepunkt ihrer wirtschaftlichen Leistungskraft angelangt. Bezeugt sind für dieses Jahr 47 Gewandbänke im Kaufhaus – und das bei kaum mehr als insgesamt 3500 Stadtbewohnern. Voraussetzung für die erfolgreiche Auseinandersetzung mit den Tuchhändlern und dem Rat war wie in anderen Städten ihr enges Zusammenwirken gewesen. Die Innung der Tuchmacher ist die wohl älteste Dresdner Innung. Auch die Innungen der Fleischer und Schuhmacher bestanden schon vor 1400. Schon schwieriger für die Handwerker war es, Einfluß auf die Verwaltung der Stadt zu nehmen. Anfang des 15. Jahrhunderts, als die Hussitengefahr den Dresdner Rat im Interesse der Geschlossenheit der Bürgerschaft zur Kompromißbereitschaft zwang, wurde vor allem in finanziellen Angelegenheiten die Zustimmung der Vertreter der Handwerker eingeholt. Doch institutionalisiert, etwa in Form einer Vertretung im Rat, war der Einfluß der Zünfte auf die städtische Politik noch lange nicht.

Seit der Mitte des 14. Jahrhunderts empfanden die wettinischen Landesherren die auf territoriale Erwerbungen ausgerichtete Hausmachtpolitik Karls IV. als eine ernsthafte Bedrohung. Mit großem Kostenaufwand – den überwiegend die Bürger zu bestreiten hatten – wurde in diesen Jahrzehnten die Dresdner Stadtmauer verstärkt. Erst der Tod des Luxemburgers 1378 änderte die Situation. Nun schritten die Wettiner zu der schon lange vorgesehenen Teilung ihrer Besitzungen, die 1382 denn auch in Chemnitz erfolgte. Dresden wurde wieder stärker in das landespolitische Geschehen einbezogen. Markgraf Wilhelm I., dem Einäugigen, war die Mark Meißen zugefallen. Der tatkräftige Fürst residierte häufig in Dresden.

Zielstrebig verstand er es, die Schwäche des böhmischen Königtums um die Wende vom 14. zum 15. Jahrhundert für die Festigung seiner Territorialherrschaft zu nutzen. Den größten und dauerhaftesten Erfolg verbuchte er dabei mit der Eroberung der Burggrafschaft Dohna, an der sich auch die Stadt Dresden mit der Stellung von Kriegsknechten und materiellen Hilfeleistungen beteiligen mußte. Geschickt nutzte Wilhelm den Anlaß für die »Dohnaische Fehde«, eine Prügelei zwischen dem jungen Burggrafen Jeschke und dem Ritter Hans von Körbitz im Saal des Dresdner Rathauses im Jahr 1385, für sein Vorhaben aus. Der Burggraf machte es ihm dabei leicht, indem er im Zuge der Fehde mit Körbitz mit jahrelang andauernden Raubzügen die Handelsstraßen so unsicher machte, daß sich Dresden, Pirna und Großenhain 1398 zum Abschluß eines Landfriedensbündnisses mit dem Lausitzer Sechs-Städte-Bund genötigt sahen. Am Ende des Jahres 1401 begann Wilhelm energisch gegen den Burggrafen vorzugehen, nachdem er sich zuvor erfolgreich am Kriegszug König Ruprechts gegen Böhmen beteiligt hatte. Im Februar 1402 fiel die Burg Dohna nach längerer Belagerung.

Wilhelms besondere Aufmerksamkeit galt neben Meißen seiner zweitwichtigsten Residenzstadt Dresden. Die unter Heinrich dem Erlauchten gebaute Burg ließ er teilweise abreißen und an der Elbseite einen palastartigen Wohnbau sowie den Hausmannsturm errichten. Er veranlaßte den Neubau der Nikolaikirche, die 1388 als Kreuzkirche eingeweiht wurde. Seinen ehrgeizigen Plan, diese seit den Tagen Heinrichs des Erlauchten für das Selbstverständnis des Fürstenhauses wichtige Kirche unter Einbeziehung der Frauenkirche in ein Kollegialstift umzuwandeln, um auch dadurch die Bedeutung seines Residenzortes zu unterstreichen, gab er trotz der durch Papst Bonifaz IX. bereits erteilten Genehmigung auf. Mit der von Rom erlangten Exemtion des Bistums Meißen von den Erzbistümern Magdeburg und Prag hatte er bereits einen bedeutenden Erfolg auf dem Weg zur Festigung seiner Landesherrschaft erzielt. Im Fall Dresdens setzte er aber wenigstens 1404 beim Meißner Bischof die Rückübertragung des Patronats über die Frauenkirche an ihn durch.

Nachhaltige Wirkung auf die weitere Geschichte Dresdens übte Wilhelm mit der Erhebung der auf dem rechten Elbufer Dresden gegenüberliegenden, 1350 erstmals erwähnten Siedlung Altendresden zur Stadt aus. Sie erfolgte am 21. Dezember 1403. Zwar erlangte der Ort nicht die gleichen städtischen Rechte wie Dresden, auch konnte er sich neben der größeren Stadt wirtschaftlich nie behaupten. Doch ist Altendresden nach der Vereinigung mit Dresden Mitte des 16. Jahrhunderts zur Keimzelle des heutigen rechtselbischen Dresden geworden.

Nur wenig mehr als ein Jahrzehnt nach Wilhelms Tod war das zuletzt nahezu machtlose Königreich Böhmen durch die Hussitenbewegung zu einer Bedrohung für die übrigen Territorien des Reiches geworden. Ketzerisches Gedankengut war offensichtlich schon frühzeitig auch in die Stadt Dresden getragen worden. Um ein päpstliches Interdikt abzuwenden, mußte der Rat 1419 schleunigst einige exkommunizierte Personen aus der Stadt jagen. Ein Jahr zuvor waren zwei der Ketzerei bezichtigte Frauen hingerichtet worden. Unklar ist, welche Rolle die Kreuzschule in jener Zeit spielte. 1409, vielleicht auch schon kurze Zeit zuvor, hatte der Rat dem Magister Peter von Dresden das Rektorat der Schule übertragen. Es ist auch nicht geklärt, ob Peter und seine Begleiter aus Prag gekommen waren. 1411 jedenfalls sah sich der Bischof von Meißen veranlaßt, mit einem Edikt gegen den Lehrbetrieb an der Kreuzschule vorzugehen, da man dort Fragen erörterte, die sonst nur an Hochschulen behandelt würden. Von der Propagierung ketzerischer Ideen war dabei keine Rede. Peter und sein Anhang verließen daraufhin die Stadt in Richtung Prag.

Um gegen den drohenden Einfall der Hussiten besser gerüstet zu sein, ließ der Dresdner Rat 1427 die Stadtmauer durch den Bau eines zweiten Mauerrings verstärken. Bereits 1420 gehörte ein Kontingent Dresdner Kriegsknechte zum Heer König Sigismunds, mit dem dieser gegen Prag zog. Markgraf Friedrich der Streitbare zählte zu den treuesten und wichtigsten Verbündeten des Königs während der Kreuzzüge gegen die Hussiten. Im Juni 1426 erlitt allerdings ein mehrheitlich aus Truppen der Wettiner bestehendes Heer vor Außig eine katastrophale Niederlage. Dennoch hatte sich das Engagement für Sigismund bereits mehr als ausgezahlt. 1423 war Friedrich für seine Verdienste im Kampf gegen die Ketzer unter Umgehung berechtigter Erbansprüche anderer Fürsten mit dem 1422 vakant gewordenen Herzogtum Sachsen und der damit verbundenen Kurwürde belehnt worden. Das Haus Wettin hatte damit eine erhebliche Aufwertung seiner Stellung im Reich erlangt, die eine wesentliche politische Voraussetzung für den weiteren Aufstieg der Dynastie bzw. des meißnisch-sächsischen Territorialstaates darstellte. Nach dem Tod Friedrichs Anfang 1428 war davon allerdings noch nicht allzuviel zu spüren. Jetzt begannen die furchtbaren Raubzüge der Hussiten in die Böhmen benachbarten Länder. Ihr fähigster Anführer Prokop der Große führte 1429 ein Heer nach Westen. Mitte Oktober erreichte es von Pirna heranziehend Dresden. Altendresden wurde erobert und einschließlich des erst 1404 von Markgraf Wilhelm I. gestifteten Augustinerklosters niedergebrannt. Nur dem Eingreifen einiger hundert Reiter unter der persönlichen Führung des Kurfürsten war es zu verdanken, daß nicht auch noch Dresden in die Hände des Feindes fiel. Bereits im Dezember 1429 verwüstete das »Ketzerheer« erneut die Gegend zwischen Pirna und Meißen. Dieses Mal wurden die Dresdner Vorstädte Opfer der Flammen. Danach zogen die Hussiten über Leipzig und Bayreuth nach Böhmen zurück. Der Krieg mit ihnen zog sich noch bis in das Jahr 1438 hin, die Mark Meißen blieb jedoch von weiteren Raubzügen verschont.

Auch nach den Hussitenkriegen wurden die Zeiten nicht friedlicher. Während des sächsischen Bruderkriegs erschien 1450 der böhmische König Georg Podiebrad, der sich auf seiten Herzog Wilhelms III. an dem Konflikt beteiligte, vor den Toren Dresdens und zerstörte die Vorstädte. Zur selben Zeit mußten Dresdner Bürger im Heer Kurfürst Friedrichs II. Kriegsdienste leisten. 1452 tauchten die Böhmen erneut vor der Stadt auf und brannten die ungeschützten Vorstädte ein zweites Mal nieder.

Die jahrzehntelangen Kriegswirren hatten Dresden neben der wiederholten Zerstörung der Vorstadtsiedlungen durch die Stellung von Hilfstruppen und die Zahlung von Sondersteuern schweren wirtschaftlichen Schaden zugefügt. Da mochte die langersehnte Verleihung des Niederlagsprivilegs für den nach Böhmen führenden Handelsverkehr durch den Kurfürsten am 17. September 1455 eine gewisse Entschädigung gewesen sein. Doch konnte das Privileg die ungünstige wirtschaftliche Entwicklung, die Dresden im Vergleich zu anderen meißnisch-sächsischen Städten in den vorangegangenen Jahrzehnten genommen hatte, nicht wesentlich korrigieren. In gewisser Weise profitierte die Stadt wenigstens von dem im 15. Jahrhundert zunehmenden Handel von Nürnberg über die Frankenstraße, Chemnitz und Freiberg nach Bautzen zur Hohen Landstraße. Insgesamt gesehen besaß Dresden eine Bedeutung im Getreide-, Salz- und Tuchhandel. Die Nahmarktfunktion der Stadt überwog jedoch eindeutig. Bezeichnenderweise wurde in Dresden während des gesamten Mittelalters auch nur ein wirklicher Jahrmarkt abgehalten, der zudem erst 1407 erwähnt wurde. 1488 verlieh dann Herzog Albrecht der Stadt einen zweiten Jahrmarkt. Der traditionsreiche Dresdner Striezelmarkt übrigens wurde 1434 erstmals erwähnt. Er diente der Versorgung der Stadtbewohner mit

Stollen oder Striezeln zur Weihnachtszeit. Auch die im 15. Jahrhundert stagnierende Bevölkerungszahl Dresdens deutet auf die relativ geringe wirtschaftliche Bedeutung der Stadt im späten Mittelalter hin. 1396 hatte Dresden ohne die Vorstädte ungefähr 3700 Einwohner. Um 1440 bewohnten nur noch etwa 3000 Menschen die Stadt. Altendresden zählte am Ende des Mittelalters rund 1000 Einwohner. Der Besitz selbst der führenden Familien der Stadt Dresden war im Vergleich zu denen anderer sächsischer Städte eher bescheiden.

Nachdem Kurfürst Friedrich II. 1464 verstorben war, wählten seine beiden bis 1485 gemeinsam regierenden Söhne Ernst und Albrecht Dresden zu ihrer Hauptresidenz. 1471 wurde daher das Schloß – wahrscheinlich unter der Leitung des berühmten Baumeisters Arnold von Westfalen – um einen südlichen Flügel erweitert. In bezug auf die innerstädtische Entwicklung fand die mittelalterliche Geschichte der Stadt mit der Einführung der Ratsverfassung von 1470 ihren Abschluß. Vorausgegangen waren fast das gesamte 15. Jahrhundert andauernde Auseinandersetzungen zwischen dem alten Rat und den Innungen der Handwerker um die Teilhabe letzterer an der städtischen Regierung. Die am 5. Januar 1470 erlassene Ordnung mußte im darauffolgenden Jahr (19. Dezember 1471) auf Druck der Handwerker jedoch ergänzt werden, ergänzt um eine Bestimmung, die die Vertretung der Innungen im Rat genau festschrieb. Im regierenden Rat waren demnach die Handwerker mit zwei Vertretern präsent. Damit hatten auch die seit Generationen andauernden Konflikte zwischen den alteingesessenen Ratsgeschlechtern und aufstrebenden Handwerkerfamilien ein Ende gefunden. An den tatsächlichen Machtverhältnissen in der Stadt änderte dies nicht viel, da beide Gruppen bald zu einer neuen, von der übrigen Stadtbevölkerung abgeschlossenen oligarchischen Schicht verschmolzen, einer Schicht, die sich bezüglich des Rates weiterhin aus sich selbst ergänzte und der Gemeinde keinen Einfluß auf die Regierung der Stadt ließ. Die meisten der großen alten Familien starben am Ende des Mittelalters allerdings aus oder zogen sich aus der Stadt zurück und gingen im Landadel der Umgebung auf.

III · Die Residenzstadt
der albertinischen Wettiner bis zum Ende
des Dreißigjährigen Krieges

Eine Stadt im Aufbruch

Die im Herbst 1485 im Leipziger Stadtschloß vollzogene Teilung des wettinischen Gesamtbesitzes war ein Ereignis, das in seiner Tragweite für die Geschichte Dresdens gar nicht überschätzt werden kann. Herzog Albrecht von Sachsen, der durch die Länderteilung zum Begründer der albertinischen Linie des Hauses Wettin wurde, wählte Dresden zu seiner ständigen Residenz. Die Stadt war zwar bereits im Mittelalter ein bevorzugter Residenzort wettinischer Fürsten gewesen, doch eröffnete die dauernde Anwesenheit eines Hofes und der mit der Herausbildung des frühneuzeitlichen Staates entstehenden zentralen Landesbehörden der Geschichte Dresdens völlig neue Perspektiven. Über Jahrhunderte bestimmten und prägten die Aktivitäten und Interessen einer Hofgesellschaft und eines immer umfangreicher werdenden zentralen Behördenapparates die Stadt – nicht nur vordergründig in städtebaulicher und kultureller Hinsicht, sondern auch und gerade im sozialökonomischen Bereich. Im 16. Jahrhundert war es das Bestreben des Landesherrn, die Stadt erst einmal in den entstehenden frühneuzeitlichen Flächenstaat zu integrieren, ohne dabei deren überlieferte Autonomierechte formal aufheben zu wollen.

Als aber am 15. Juni 1491 ein bei einem Bäcker in der Webergasse ausbrechender Brand in Windeseile die gesamte Stadt erfaßte und dabei mehr als die Hälfte der 470 Häuser sowie die Kreuzkirche in Schutt und Asche legte, schien Dresden vorerst eher in die Bedeutungslosigkeit zu versinken. Herzog Albrecht ließ seiner Residenz jedoch umfassende Hilfe zukommen, um die Folgen des bis dahin größten Stadtbrands schnell zu überwinden. Die unmittelbare Hilfe für die betroffenen Bewohner bestand aus der unentgeltlichen Lieferung von Baumaterial und der Gewährung großzügiger Darlehen. Des weiteren wurden sie für die Dauer von vier Jahren von den landesherrlichen Steuern befreit. Eine neue Bauordnung verlangte darüber hinaus, daß Bürgerhäuser zukünftig mindestens bis zum ersten Stock aus Stein zu bauen und daß sie mit Ziegeln statt mit Schindeln zu decken seien. Ähnliche Katastrophen sollten so für die Zukunft ausgeschlossen werden.

Albrecht, der sich persönlich nur selten in seiner Residenzstadt aufhielt, war der gefürchtete Feldherr doch häufig im Dienst des Kaisers im Reich unterwegs, verstarb im Jahre 1500 in Emden. Unter der Herrschaft seines Sohnes und Nachfolgers Herzog Georg des Bärtigen, der für seinen Vater schon zuvor jahrelang die Regentschaft im Herzogtum ausgeübt hatte, begann der Aufstieg Dresdens zu einer der bedeutenden deutschen Renaissancestädte. Der umsichtige und einer abenteuerlichen Politik gänzlich abgeneigte Fürst ordnete die Finanzen des Landes, verbesserte die Verwaltung und setzte sich auch sonst mit allen Kräften für die Entwicklung seines Landes und seiner Residenzstadt ein.

Ende 1499 wurde der 1492 begonnene Neubau der Kreuzkirche – eine dreischiffige spätgotische Hallenkirche – eingeweiht. Das Stadtbild begann sich allmählich zu verändern. Georg initiierte das erste große Renaissancebauwerk in Dresden, den zwischen 1500 und 1535 von Bastian Kramer errichteten Georgenbau. Das an der Fassade angebrachte mehr als zwölf Meter lange von Christoph Walther I. geschaffene Totentanzrelief zählte zu den bedeutendsten plastischen Denkmälern der Renaissance in der Stadt. Heute befindet es sich in der Dreikönigskirche in der Inneren Neustadt. Christoph Walther war nur der erste Vertreter einer herausragenden

Bildhauerfamilie, die bis in das 17. Jahrhundert in Dresden wirkte. Auch erste Bürgerhäuser im Stil der neuen Zeit entstanden. Der namhafte Humanist Johannes Cochläus, der als Nachfolger Hieronymus Emsers eine Zeitlang als Hofkaplan Georgs in Dresden lebte, stellte nach seiner Ankunft erstaunt fest, daß hier Häuser gebaut würden, die anderswo als Schlösser gelten. 1519 bis 1529 hatte der Herzog zudem die Stadtmauern verstärken lassen und dabei die Vorstadtsiedlung um die Frauenkirche in die Stadt einbezogen, wenn auch nur provisorisch. Die alte mittelalterliche Stadtmauer an der Südseite des heutigen Neumarktes blieb vorerst erhalten.

Doch ungestört konnte sich Georg der Bärtige als Bauherr und Mäzen nicht betätigen, abgesehen davon, daß dies seiner ernsthaften Natur auch nicht entsprochen hätte. Die beginnende Reformation erforderte seine ganze Aufmerksamkeit. Er, der selbst sehr kritisch den Zuständen innerhalb der Kirche gegenüberstand, entschied sich nach der Leipziger Disputation im Jahr 1519, der er selbst beiwohnte, gegen Luther und dessen Lehre und wurde zu einem der entschiedensten Gegner der Reformation. Mit Hilfe seines damaligen Sekretärs Hieronymus Emser entfaltete er eine Flugschriftenkampagne gegen Luther. Die Druckerei Emsers in dessen Stadthaus am Altmarkt markiert den Beginn der bis in das 20. Jahrhundert nicht unbedeutenden Dresdner Druck- und Verlagsgeschichte. 1526 übernahm dann der von Leipzig nach Dresden übergesiedelte Wolfgang Stöckel, der später auch ungerührt reformatorische Schriften verlegen sollte, das propagandistische Geschäft des Herzogs. Sorgen mußte sich Georg auch um das politisch-religiöse Klima in seiner Residenzstadt. Anfang Mai 1516 noch hatte Luther brav als Distriktsvikar der sächsischen Provinz des Augustinerordens das Kloster in Altendresden visitiert. Im Juli 1518 hielt er auf Einladung Emsers in der Schloßkapelle eine Predigt und zerstritt sich heillos mit dem Sekretär und Hofkaplan Georgs während des sich anschließenden theologischen Disputs. Nach der Bannbulle Papst Leos X. gegen den Reformator im Sommer 1520 kam es in der Stadt zu Unruhen. Aufgebrachte Bürger schlugen die Fenster des Hauses von Emser ein und drohten gleiches dem Stadtpfarrer Peter Eisenberg an. Die kirchlichen Mißstände, insbesondere die Verlotterung der Sitten unter dem Klerus, erbosten immer mehr Bürger. Selbst der Rat, dessen Mitglieder treu zur Kirche standen, sah sich gezwungen, gegen den Priester Georg Walther eine Untersuchung einzuleiten, da dieser angeblich Frauen mit unzüchtigen Anträgen beleidigt hatte. 1522 wurde der Verfasser eines antikirchlichen Schmähgedichtes festgesetzt, später an den Pranger gestellt und danach aus der Stadt gewiesen. Die Ausbreitung der neuen Lehre war aber nicht aufzuhalten. Im Oktober 1523 wurden zwei Buchhändler aus Naumburg bzw. Erfurt gemaßregelt, weil sie in Dresden lutherische Schriften verkauft hatten. Schon zuvor waren die meisten Mönche des Augustinerklosters davongelaufen. Wächter mußten verhindern, daß ein von Georg 1522 gegen Luther erlassenes und am Rathaus angeschlagenes Edikt heruntergerissen wurde. 1526 schließlich wurden einige Personen wegen des Vorwurfes der Bilderstürmerei auf dem Marktplatz öffentlich ausgepeitscht.

Wie erwähnt, widmete sich Herzog Georg intensiv Verwaltungsfragen. 1517 ließ er die mittelalterliche Ratsordnung von 1470/71 in einigen wesentlichen Punkten korrigieren. Abgesehen davon, daß die Zahl der Ratsherren verringert wurde, sich nur noch zwei statt wie bisher drei Ratskollegien in der Regierung ablösten, sich die Zahl der Handwerksmeister im Rat erhöhte und die nichtzünftigen, neu in den Stadtrat aufgestiegenen Familien mit den wenigen noch existierenden alten vornehmen Geschlechtern zu einer als »Gemeinde« bezeichneten Gruppe zusammengefaßt wurden, gab eine Zusatzbestimmung dem Landesherrn neue weitreichende Eingriffsrechte. Georg behielt sich und seinen Nachfolgern das

Recht vor, nicht nur wie schon im Mittelalter üblich den jeweils neuen Stadtrat in seiner Gesamtheit, sondern auch dessen einzelne Mitglieder zu bestätigen und diese notfalls auch abzusetzen. Dadurch wurde das Ratskollegium faktisch zu einem Instrument des frühmodernen Territorialstaates, ohne daß dabei die althergebrachten städtischen Autonomierechte formal beseitigt wurden. Da das Stadtgericht personell eng mit dem Rat verbunden war, gewann der Landesherr indirekt auch großen Einfluß auf die städtische Gerichtsbarkeit, die durch die Übertragung der hohen Gerichtsbarkeit im Jahr 1485 damit nur scheinbar an Bedeutung gewonnen hatte. Zu einem besonders wirksamen Instrument landesherrlicher Einflußnahme auf die Verwaltung der Stadt entwickelte sich die verlangte Vorlage der städtischen Jahresrechnungen an die herzogliche Rentkammer als Vorbedingung für die Bestätigung des jeweils neuen Stadtrates. Georg nutzte dieses Druckmittel, das die Kontrolle der städtischen Finanzverwaltung ermöglichte, erstmals 1538. Seine Nachfolger machten davon wesentlich häufiger Gebrauch.

Bis kurz vor seinem Tod am 17. April 1539 hatte der Herzog gehofft, sein Land der alten Kirche erhalten zu können. Da seine beiden Söhne, ohne Erben zu hinterlassen, vor ihm gestorben waren, mußte er erkennen, daß nach seinem Ableben das Herzogtum den »Lutherischen« zufallen würde. Denn sein rechtmäßiger Nachfolger, sein Bruder Heinrich der Fromme, hatte in seinem ihm 1505 zugewiesenen eigenen kleinen Herrschaftsgebiet, dem »Freiberger Ländchen«, bereits 1537 die Reformation eingeführt. Im Schein der Fackeln ritten Herzog Heinrich und sein Gefolge noch am Abend des 17. April 1539 in die Residenzstadt Dresden ein. Vier Tage später huldigten Rat und Bürgerschaft dem neuen Herrscher. Bis zum Sommer des Jahres wurde die Reformation im gesamten albertinischen Herzogtum Sachsen eingeführt. In Dresden geschah dies seit dem 23. April. Der neue Pfarrer Paul Lindenau predigte an diesem Tag in der Schloßkapelle, dem katholischen Stadtpfarrer Eisenberg hingegen wurde die Abhaltung aller geistlichen Handlungen untersagt. Im Juli verließ er die Stadt. Mit einem feierlichen Gottesdienst in der Kreuzkirche in Anwesenheit des Herzogs und seines ernestinischen Verwandten, des Kurfürsten Johann Friedrich des Großmütigen, wurde am 6. Juli die Einführung der Reformation in Dresden und im Land offiziell vollzogen. Die Kreuzkirche übernahm von da an anstelle der Frauenkirche die Funktion der Pfarrkirche der Stadt. Die in den Jahren 1539 und 1540 durchgeführten Kirchenvisitationen hatten in Dresden und Altendresden die Einführung evangelischer Kirchenordnungen zur Folge, Außerdem wurde das Schulwesen reformiert und die beiden Klöster – das Franziskanerkloster in Dresden und das Augustinerkloster in Altendresden – aufgehoben. Zur Verwaltung der ehemaligen Altarlehen schuf der Dresdner Rat 1541 das städtische Religionsamt. Der mehrfache Aufenthalt Melanchthons noch Jahre später zeigt, daß man seitens der städtischen Obrigkeit noch großen Beratungsbedarf in reformatorischen Angelegenheiten verspürte.

Inzwischen – genauer am 7. August 1541 – hatte Herzog Moritz die Nachfolge seines Vaters angetreten, der schon zu Beginn seiner kurzen Regierungszeit körperlich hinfällig gewesen war. Über Moritz ist viel geschrieben worden, vornehmlich von allzu gestrengen lutherischen Autoren. Wahr ist, daß der im Alter von nur 32 Jahren verstorbene Herrscher das bedeutendste politische Talent des Hauses Wettin gewesen ist. Er war der Prototyp eines Renaissancefürsten, für den die persönliche Machtentfaltung und die seiner Dynastie im Vordergrund stand und dem die großen religionspolitischen Fragen seiner Zeit keinesfalls gleichgültig gewesen sind, wie von vielen Zeitgenossen und Geschichtsschreibern gern behauptet wurde, für den sie aber eine nachgeordnete Bedeutung besaßen.

Die Renaissancemetropole

Während der Regierungszeit Moritz' setzte sich der wirtschaftliche und kulturelle Aufschwung Dresdens fort, ja er erreichte einen ersten Höhepunkt. Daß dies keine ungestörte Entwicklung gewesen ist, zeigen die Ereignisse des Schmalkaldischen Krieges, von denen auch die Residenzstadt betroffen wurde. Der Protestant Moritz hatte sich aus machtpolitischen Erwägungen auf die Seite des Kaisers gestellt, was ihm unter den Lutheranern bekanntlich den Beinamen »Judas von Meißen« einbrachte. Nach anfänglichen militärischen Erfolgen hatte der Herzog fast sein gesamtes Land dem Kurfürsten Johann Friedrich dem Großmütigen, einem der Führer des Schmalkaldischen Bundes, überlassen müssen. In Dresden, dem wichtigsten der ihm verbliebenen Plätze, hatte der Befehlshaber Ernst von Miltitz nicht nur auf die herannahenden Feinde zu achten, sondern fast mehr noch auf die Bewohner der Stadt, die dem Kurfürsten, der ja offensichtlich die gemeinsame protestantische Sache vertrat, unverhohlen ihre Sympathie zeigten. Da war der kleine Trupp böhmischen Fußvolkes unter dem Grafen Lodron eine willkommene Verstärkung für Miltitz, auch wenn deren zügelloses Auftreten in der Stadt zeitweise zu tumultartigen Protesten der Bürger führte. Nach dringenden Hilfeersuchen des Herzogs traf am 1. März 1547 zusätzlich König Ferdinand von Böhmen, der Bruder des Kaisers, mit etwa eintausend Kriegsknechten zur Unterstützung in der Residenz des Albertiners ein. Während seines Aufenthaltes in der Stadt residierte der hohe Herr im Georgenschloß. Von hier aus drängte er seinen Bruder zu schnellem Handeln. Drei Wochen nach seiner Ankunft mußte Ferdinand Dresden überstürzt verlassen, um einen hussitischen Aufstand im eigenen Lande rasch niederschlagen zu können. Glücklicherweise war aber im März ein kurzer Waffenstillstand mit dem Schmalkaldischen Bund vereinbart worden, der eine Fortsetzung der schon im Januar eingeleiteten Verteidigungsmaßnahmen in der Residenz ermöglichte. Die Befestigungen wurden verstärkt und die Anzahl der Geschütze auf den Wällen vermehrt.

Anfang April erschien das Heer Johann Friedrichs im Raum Meißen. Moritz und der klägliche Rest seiner Söldner stand zu diesem Zeitpunkt im böhmischen Eger, um sich dort mit den kampferprobten spanischen und italienischen Truppen Karls V. zu vereinen. Am 13. April rückte der ernestinische Kurfürst in drei Kolonnen von Meißen her an. Altendresden fiel sofort in die Hände des Feindes und wurde ausgiebig geplündert. Dresden selbst hielt der Belagerung trotz eines heftigen Bombardements stand. Doch wurden die Vorstädte zwischen dem Rampischen und dem Wilsdruffer Tor von der Besatzung der Stadt selbst größtenteils abgebrannt – eine damals und noch lange Zeit danach übliche militärische Maßnahme, um ein freies Blick- und Schußfeld zu gewinnen. Ungünstiger Wind ließ das Feuer ungewollt auf die Frauenvorstadt übergreifen. Schon am folgenden Tag zog das kurfürstliche Heer überraschend wieder in Richtung Meißen ab. Die Truppen Karls V. und des Herzogs näherten sich bedrohlich dem Elbtal.

Nach der für Johann Friedrich katastrophal verlaufenen Schlacht auf der Lochauer Heide nahe Mühlberg am 24. April geriet dieser in die Gefangenschaft des Kaisers und verlor sein Land samt Kurwürde. Noch im Feldlager wurde Moritz am 4. Juni zum Kurfürsten ausgerufen und am 24. Februar 1548 in einer feierlichen Zeremonie in Augsburg belehnt. Der Albertiner erntete die Früchte seiner geschickten Politik. Nur scheinbar hatte er während des Krieges das Geschäft des katholischen Reichsoberhauptes betrieben. In Wirklichkeit rettete er die Machtstellung des wettinischen Gesamthauses und konnte obendrein sogar die Landesteilung von 1485 zu einem großen Teil rückgängig machen, indem er mit der

Übertragung der sächsischen Kurwürde an ihn den damit verbundenen Kurkreis und weitere ehemalige ernestinische Territorien erwerben konnte. Die konsequente Politik des ehrgeizigen Fürsten führte sein Land an die Spitze der protestantischen Reichsstände. Wenig später setzte Moritz im Bündnis mit anderen protestantischen Reichsfürsten, mit Frankreich und mit der Rückendeckung durch die deutsche Linie der Habsburger dem Machtanspruch Karls im Reich Grenzen. Als Verteidiger der »Libertät« der deutschen Fürsten trug er über seinen Tod hinaus maßgeblich dazu bei, daß der Protestantismus im Augsburger Religionsfrieden von 1555 gesichert wurde – freilich um den Preis einer tiefen und lang andauernden Spaltung der Reichsstände – eine Spaltung, die einhundert Jahre später die Existenz des Reiches bedrohen sollte.

Nach dem Sieg bei Mühlberg wurde in Dresden Gericht gehalten. Unter den mit den Ernestinern sympathisierenden Bürgern hatten sich besonders der dritte Bürgermeister Dietrich Lindemann und drei Ratsherren hervorgetan. Der neue Kurfürst persönlich leitet die Verhöre. Das Untersuchungsgericht riet dem erzürnten Landesherrn allerdings unter dem Einfluß des kurfürstlichen Rates Georg Komerstadt aus begreiflichen religionspolitischen Erwägungen zu einem milden Urteil. Nach einem sogenannten Reinigungseid wurden Lindemann und die Ratsherren freigelassen. Einige weitere angeklagte Bürger erhielten lediglich Geldstrafen. Bereits im Jahre 1550 waren die vier zuerst genannten wieder Mitglieder des städtischen Rates. Lindemann wurde 1551 sogar Bürgermeister der Stadt. Moritz entwickelte ein außerordentlich reges Interesse an der Entwicklung Dresdens. Sein ausgeprägtes Machtbewußtsein verband sich folgerichtig mit einem großen Bedürfnis nach äußerer Repräsentation seiner Stellung. Schon vor Erlangung der Kurwürde war er daher an die Ausgestaltung seiner Residenzstadt gegangen. Seine neue Machtstellung nach 1547 beflügelte seine Pläne und gab ihnen eine ganz andere Dimension. Erst einmal sollte die Stadt neben Leipzig zu einer der Hauptfestungen seines Landes ausgebaut werden. Den Bau der für die damalige Zeit modernen Befestigungsanlage ließ Moritz 1545 in Angriff nehmen. Entsprechende Anregungen hatten er und sein ihn begleitender Baumeister Caspar Voigt von Wierandt in Antwerpen während der Teilnahme am Feldzug des Kaisers gegen König Franz I. von Frankreich in den Jahren 1542/44 empfangen. Die Stadtbefestigung, die in den folgenden Jahren entstand, war nicht nur die erste große Befestigungsanlage um eine gewachsene Stadt in Deutschland, sie war zugleich ein einschneidender Eingriff, der die räumliche Entwicklung Dresdens bis zur Entfestigung in den ersten Jahrzehnten des 19. Jahrhunderts beeinflußte bzw. behinderte – trotz des schnellen Wachstums der vorstädtischen Siedlungen im 18. Jahrhundert. Der Entwurf Voigts von Wierandt sah den Bau einer völlig neuen Anlage mit acht Bastionen auf linkselbischer Seite anstelle der mittelalterlichen Stadtmauer vor. Um die weiche Flanke Dresdens, die Elbbrücke mit dem vorgelagerten Altendresden zu sichern, sollte auch das auf der gegenüberliegenden Elbseite gelegene Städtchen in die Festung einbezogen werden. Die Bauarbeiten begannen dann auch auf der rechten Elbseite. Die auf dem Areal der zu errichtenden Anlagen wohnenden Bürger wurden auf ein Gelände vor Altendresden umgesiedelt und großzügig mit Geld, Grundstücken und Baumaterial entschädigt. Die auf diese Weise im Bereich der späteren Moritzburger/Leipziger Straße entstandene Siedlung Neudorf erhielt städtische Rechte. Doch entwickelte sie sich zu einer Landgemeinde »zurück« und wurde erst 1865 nach Dresden eingemeindet. 1549 stellte man die Arbeiten an den Altendresdner Festungswerken ein. Es fehlte an Baumaterial, vor allem aber an Geld. Die vom großen Ausschuß des Landtages bewilligte Bausteuer erbrachte nicht die notwendigen Mittel für einen gleichzeitigen Festungsbau in Dresden und in der kleineren Schwesterstadt. Dafür ging der Bau der linkselbischen Festungsanlage in den nächsten Jahren zügig voran. 1546 wurde das Gelände vor dem Schloß und dem Georgentor in Richtung Elbe durch einen Wall verbreitert. Das dabei entstandene neue Brückentor ist erst einige Jahre später vollendet worden. Das alte Georgentor blieb bis zur Mitte des 18. Jahrhunderts für den Verkehr geschlossen. Die Hauptverkehrsader in der Stadt verlief in dieser Zeit statt von der Wilsdruffer Gasse direkt über die Schloßgasse zur Brücke über die Frauengasse und die neu angelegte Elbgasse bzw. spätere Augustusstraße zum Brückentor. 1548/49 fiel auch die seinerzeit von Herzog Georg noch stehengelassene alte Stadtmauer zwischen der mittelalterlichen Stadt und der bereits eingemeindeten Frauenkirchsiedlung. Damit verbunden war die Anlage des Neumarktes mit der Fischergasse – der späteren Münzgasse – und der Moritzstraße als der »Magistrale« des entstehenden neuen Stadtviertels, das in der Folgezeit bevorzugte Wohngegend von Hofbeamten und Adeligen wurde. Der weitere Bau der Festung erfolgte in westlicher Richtung. 1548 konnte die stark ausgebaute Wilische Bastei mit dem Wilsdruffer Tor fertiggestellt werden. Der südliche Festungsabschnitt mit der Seetorbastei war 1549 abgeschlossen. Dabei wurde das Seetor zugemauert, so daß die Stadt für lange Zeit keinen direkten Zugang von Süden her mehr besaß. 1551 schließlich fanden die Arbeiten an der Salomonisbastei mit dem gleichnamigen Tor am Ende der Kreuzgasse ihren Abschluß. Dieses Tor ist allerdings im Zuge der endgültigen Fertigstellung der Befestigungen im Jahr 1593 wieder zugemauert und durch das Pirnaische Tor ersetzt worden. Das alte Rampische Tor aus Georgs Zeit hatte man 1552 abgebrochen. An dessen Stelle entstand die Bastei Hasenberg. Zur Elbe zu wurde das Ziegeltor errichtet, dessen Torhalle noch heute in den Kasematten unter der Brühlschen Terrasse zu besichtigen ist. Auch dieses Tor wurde am Ende des 16. Jahrhunderts wieder vermauert. Die erste Bauvariante des Abschnittes zwischen Hasenberg und Schloß ist 1555 vollendet worden, zwei Jahre nach dem Tod des Kurfürsten Moritz. Sein Bruder und Nachfolger Kurfürst August ließ ihm zu Ehren, aber vielleicht mehr noch, um seinen eigenen Machtanspruch zu dokumentieren, im selben Jahr an der Hasenbastei das von Hans Walther II. geschaffene Monument anbringen. Bis an diese Stelle waren die Bauarbeiten zum Zeitpunkt des Todes des ersten albertinischen Kurfürsten gelangt. Im Jahr 1895 wurden die noch erhaltenen Teile des Moritzmonuments an ihrem heutigen Platz an der Brühlschen Terrasse aufgestellt. Von der Demolition der Festungsanlagen Anfang des 19. Jahrhunderts ist nur der Abschnitt zwischen dem Schloß und dem heutigen Rathenauplatz in seiner 1590-93 erlangten Gestalt verschont geblieben. Er gehört zusammen mit den Kasematten in diesem Bereich zu den interessantesten Sehenswürdigkeiten Dresdens.

Zum eigentlichen Symbol der neuen Machtstellung des Kurfürsten Moritz wurde das Residenzschloß. Er ließ es völlig umgestalten. Noch im Jahr der Übernahme der Kurwürde erfolgte der Abriß des alten Westflügels. Im September 1548 begann sowohl der Neubau dieses als auch der Umbau des Ost- und des Nordflügels des Schlosses. Die Gesamtkonzeption für den Schloßumbau war ebenfalls von Caspar Voigt von Wierandt erarbeitet worden, die Bauaufsicht oblag Hans Dehn (seit 1549 von Dehn-Rothfelser). Bis zum Jahr 1554 wurden mehr als 100 000 Gulden für die Bauarbeiten ausgegeben. Das Schloß ist in dieser Zeit in seiner Größe nahezu verdoppelt worden. Es entstand nach dem Vorbild französischer Renaissanceschlösser die erste große vierflügelige Schloßanlage in Deutschland – mit den Treppentürmen in den Hofecken und der Loggia vor dem erhöhten Hausmannsturm. War die spätmittelalterliche Anlage noch kein organischer Bestandteil der Stadt, so stellten Stadt, Festung und Schloß nun insgesamt eine Einheit dar – die Residenz des Kurfürsten. Neben herausragenden einheimischen Künstlern wie Melchior Trost waren italienische Künstler am Schloßbau beteiligt. Die engen Beziehungen Moritz' zu Herzog Ercole II. von Ferrara öffneten den Weg für italienische Kultureinflüsse am Dresdner Hof. Der Kurfürst selbst hatte während seiner Reise durch Oberitalien 1549 Handwerker und Künstler angeworben. Zu nennen sind insbesondere die Maler Benedetto und Gabriele da Tola aus Brescia – die übrigens auch als Musiker in der vom Kurfürsten 1548 begründeten »Hofcantorey«, der heutigen weltberühmten Dresdner Staatskapelle, agierten – sowie Juan Maria da Padua und Francesco Ricchino. Die Gebrüder da Tola schufen die Sgraffitodekorationen an den Außen- und Innenseiten des Schlosses, wobei die Darstellungen an den Außenfassaden die Rolle des Kurfürsten als heldenhaften Kämpfer für die protestantische Sache gebührend hervorhoben. Auch die Ausgestaltung des im Ostflügel des Schlosses damals entstandenen Riesensaales wird den beiden Italienern zugeschrieben. 1556 schließlich war der Umbau des Residenzschlosses abgeschlossen. Der Schloßbereich, aber auch die Stadt selbst, insbesondere der Altmarkt, waren seit Georgs Zeiten Schauplätze einer aufkommenden frühneuzeitlichen höfischen Festkultur, d. h. entsprechend dem Geschmack des 16. Jahrhunderts in erster Linie Austragungsorte großer Turniere. So fand ein solches beispielsweise 1541 anläßlich der Ankunft Moritz' und seiner Gemahlin Agnes von Hessen statt. Als ein eifriger Veranstalter derartiger Lustbarkeiten erwies sich Herzog August, der Nachfolger des Kurfürsten. Moritz selbst hatte noch zu Fasnacht 1553 auf dem Altmarkt ein mit Kriegsknechten, künstlichen Befestigungen und Kanonen aufwendig gestaltetes sogenanntes »Scharmützel« inszenieren lassen.

Die seit dem späten Mittelalter entstehenden fürstlichen Residenzstädte waren in ihrem äußeren Erscheinungsbild nicht nur durch eine ausgeprägte sogenannte Herrschaftsarchitektur – also vornehmlich Schloßbauten und Befestigungsanlagen – gekennzeichnet. In vielen Fällen zählte zu den äußeren Charakteristika der Residenz auch eine vom Landesherrn aus administrativen, militärischen oder wirtschaftlichen Erwägungen veranlaßte territoriale Erweiterung der Stadt. Aus der Sicht des Kurfürsten Moritz war der Zusammenschluß Dresdens und Altendresdens eine militärische Notwendigkeit, konnte doch die Residenz nur unter Einbeziehung Altendresdens in die Festung wirksam verteidigt werden. Daß es aus wirtschaftlichen Gründen im 16. Jahrhundert nur in Ansätzen zu einer Befestigung des kleinen Städtchens kam, steht auf einem anderen Blatt. Der Anschluß Altendresdens kam nur unter massivem Druck des Landesherrn zustande. Am 2. April 1549 verkündete der Amtsschösser Ambrosius Erich dem in das Dresdner Rathaus zitierten Rat und den Vertretern der Bürgerschaft Altendresdens den entsprechenden kurfürstlichen Befehl vom 29. März des Jahres, das Städtchen aus dem Amt Dresden auszugliedern und dem Rat von Dresden zu unterstellen. Auf die Versuche der Altendresdner, den Landesherrn umzustimmen, reagierte dieser äußerst gereizt. Kurzerhand ließ er den Bürgermeister Wolf Fischer und den Stadtschreiber Prüfer, die ihn in Torgau aufsuchten, wegen Widersetzlichkeit sieben Tage im Schloß Schweidnitz einsperren. Erst nach einem Gehorsamsgelöbnis wurden sie entlassen. Altendresden durfte aber zukünftig zwei Vertreter in den Dresdner Rat entsenden. Der »Begnadigungsbrief« des Kurfürsten vom 18. August 1550 formalisierte den Zusammenschluß der beiden Städte und entschädigte übrigens bei dieser Gelegenheit die Stadt in großzügiger Weise für die ihr beim Festungsbau entstandenen Kosten. Aus dem Besitz des ehemaligen Klosters Altzelle erhielt sie das Gut Leubnitz sowie Einkünfte und Gerichtsbarkeiten in mehreren Dörfern gegen Zahlung eines Pachtzinses. Zur Verwaltung dieses beträchtlichen Besitzzuwachses schuf der Rat das Leubnitzer Amt. Ende des 17. Jahrhunderts erhielt Dresden die Besitzungen gegen eine einmalige Zahlung zu erblichem Eigentum. Den Klosterhof und einige Ländereien hatte allerdings Kurfürst August bereits 1569 zurückgekauft, um hier die aus Ostra westlich der Stadt im Zusammenhang mit der Schaffung des dortigen Domänengutes enteigneten Bauern zu entschädigen. Auf diese Weise entstand die Siedlung Neuostra.

Insgesamt gesehen erlebte die Stadt unter Kurfürst Moritz in ihrem äußeren Erscheinungsbild als auch hinsichtlich ihrer territorialen Entwicklung Veränderungen wie sonst zu keiner Zeit vor Beginn des augusteischen Zeitalters im 18. Jahrhundert.

Auch zu Beginn der Neuzeit entwickelte sich Dresden nicht zu einem aus eigener Kraft expandierenden Wirtschaftsstandort. Aber die Stadt profitierte seit Beginn des 16. Jahrhunderts mehr und mehr von den Vorteilen, die sich aus ihrer Funktion als Residenz- und Hauptstadt eines der bedeutendsten Territorialstaaten des Reiches ergaben. Die steigende Nachfrage nach Dienstleistungen und Waren durch eine immer größer werdende Hofgesellschaft stimulierte Gewerbe und Handel. Ablesen läßt sich der wirtschaftliche Aufschwung nicht zuletzt an der anwachsenden Bevölkerungszahl der Stadt und dem steigenden Wohlstand der führenden Familien. Nach dem großen Stadtbrand von 1491 war die Zahl der Einwohner Dresdens einschließlich der Vorstädte und Altendresdens von etwa 5600 auf ca. 4500 im Jahr 1501 gesunken. 1546 war mit etwa 6500 Menschen der Bevölkerungsrückgang in Dresden/Altendresden nicht nur ausgeglichen worden, sondern die Einwohnerzahl war auch real angestiegen. Am Ende des Jahrhunderts zählte die Residenz bereits 14 000 Einwohner. Hinter diesen Zahlen verbergen sich Veränderungen der Wirtschafts- und Sozialstruktur der Stadt in diesen Jahrzehnten, die aber aufgrund unzureichender Forschungen im einzelnen schwer zu dokumentieren sind. Unstrittig ist, daß sich der wachsende Bedarf des Hofes und der Bewohner der Stadt auf die Entwicklung von Nachfrage und Absatz in den einzelnen Handwerkszweigen positiv auswirkte. Dabei vollzog sich ein Strukturwandel im Gewerbe hin zu den sich in einem starken Differenzierungsprozeß befindlichen metallverarbeitenden Berufen. Waren 1578 nur noch elf Meister in dem einst im Mittelalter führenden Tuchmacherhandwerk tätig, so zählte man in diesem Jahr in der Stadt 194 Meister des Schmiede-, Nagelschmiede- und Schlosserhandwerks sowie anderer metallverarbeitender Berufe. Interessant ist dabei das Auftreten von Handwerken, die den zunehmenden Bedarf der Hofgesellschaft an Luxusgütern befriedigten. Im Jahr 1542 bestätigte der Rat die Goldschmiedeinnung. 1578 arbeiteten bereits 18 Goldschmiede in der Stadt. Eine ähnliche Entwicklung nahmen die Zünfte der Uhren- und Büchsenmacher, der Plattner, Täschner, Maler oder Barettmacher. Viele der Luxusgüter produzierenden Gewerbe sind erst für die Zeit Kurfürst Augusts nachweisbar. Zu bedenken ist dabei, daß Fürsten immer auch Aufträge an auswärtige Handwerker und Künstler vergaben. Von den wachsenden Bedürfnissen der Hofgesellschaft und der zahlreicher werdenden Bevölkerung profitierten natürlich auch so »profane« Berufe wie Bäcker und Fleischer.

In diesem Zusammenhang ist auch die Frage des sozialen Wandels innerhalb der städtischen Eliten im Verlauf des 16. Jahrhunderts zu stellen. Im späten Mittelalter bestanden diese – also die hervorgehobenen ratsfähigen Familien – in erster Linie aus Kaufleuten, vor allem den Gewandschneidern, sowie einigen reichen Handwerkern, insbesondere Tuchmachern. Auch im 16. Jahrhundert gehörte die städtische Führungsschicht noch überwiegend alteingesessenen Kaufmanns- und Handwerkerfamilien an. Aber man blieb nicht

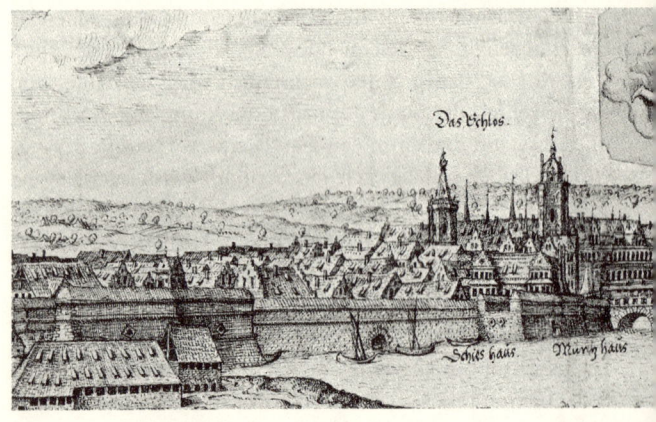

mehr lange unter sich. Hinzu traten Hofbeamte und für den Kurfürsten arbeitende Künstler und Handwerker, die erst kurze Zeit in der Stadt lebten, aber aufgrund ihrer privilegierten Stellung ein höheres Sozialprestige als die alten städtischen Familien besaßen. Zumeist erhielten sie sehr schnell das Bürgerrecht und mußten in einzelnen Fällen auf den ausdrücklichen Befehl des Landesherrn hin sogar in den Rat aufgenommen werden. Obwohl diese Entwicklung auch erst wirklich unter der Regierung des Kurfürsten August einsetzte, deutete sie sich schon zuvor an. Zu den unter Moritz nach Dresden zugezogenen Hofbeamten gehörte der aus Meißen stammende Sekretär Joachim Faust. Er erhielt 1550 das Bürgerrecht.

Auch das Verhältnis zwischen Landesherr und Stadt, das Herzog Georg bereits auf eine neue, den Interessen der Landesherrschaft dienende Grundlage gestellt hatte, entwickelte sich weiter zuungunsten der Stadt. Seit der Mitte des 16. Jahrhunderts kam es immer häufiger zu landesherrlichen Eingriffen in die Befugnisse des Rates, zumeist in dessen Wahlrecht. So ordnete Herzog Moritz 1546 einfach an, daß wegen des

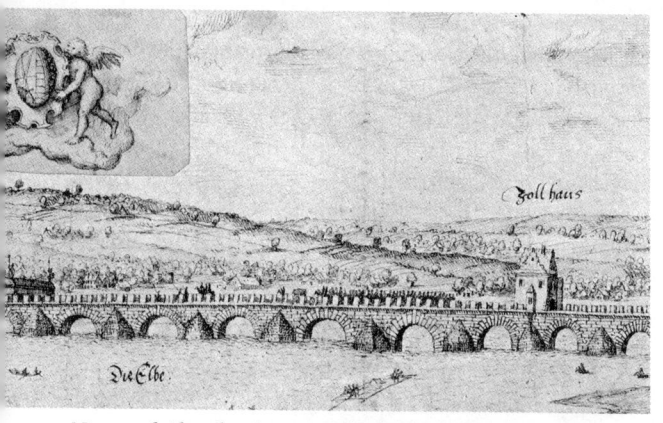

Neu- und Altendresden mit Schloß und Elbbrücke von Osten gesehen, Federzeichnung von Gabriele da Tola, um 1570

Festungsbaues und der drohenden Kriegsereignisse der Rat ohne den eigentlich vorgeschriebenen Wechsel bis zum Jahre 1548 weiter zu amtieren habe. Kurfürst August erzwang 1555 die Aufnahme von Melchior Trost in das Gremium. Moritz hatte mit der 1543 erlassenen Landesordnung auch die Möglichkeit erlangt, die Aktivitäten der städtischen Zünfte, insbesondere deren Gerichtsbarkeit, zu kontrollieren. Ein gravierender Eingriff in die städtischen Rechte war natürlich der von ihm 1549/50 erzwungene Anschluß Altendresdens an Dresden. Nach dem Abschluß der Befestigungsarbeiten verlor die Stadt ein ganz wesentliches Recht. Die Verteidigung Dresdens im Kriegsfall, aber auch der Befehl über die Besatzung in Friedenszeiten lagen seit 1552 grundsätzlich nicht mehr in der Hand des Rates, sondern in der Verantwortung des kurfürstlichen Festungskommandanten. Der Landesherr quartierte 400 Kriegsknechte in der Stadt ein, deren Besoldung diese auch noch größtenteils zu tragen hatte.

Unter bis heute nicht geklärten Umständen verstarb Kurfürst Moritz am 11. Juli 1553 an einer an sich nicht tödlichen Verwundung, die er sich drei Tage zuvor in der Schlacht bei Sievershausen nördlich von Peine im heutigen Niedersachsen gegen Markgraf Albrecht Alcibiades von Brandenburg-Kulmbach zugezogen hatte. Der jüngere Bruder August trat die Regierung im Kurfürstentum an – kein genialer Politiker wie sein Bruder, aber ein nüchterner, kulturell und wissenschaftlich interessierter und vor allem wirtschaftlich denkender Mann. Während seiner Regierungszeit baute er mit Umsicht Kursachsens Führung innerhalb der protestantischen Reichsstände und die Position des Landes im Reich insgesamt aus. Maßgeblich war sein Anteil am Zustandekommen des Augsburger Religionsfriedens im Jahr 1555. Auch gelang ihm wenigstens ein teilweiser Interessenausgleich mit den verfeindeten ernestinischen Verwandten. Die Zurückdrängung calvinistischer Bestrebungen – unter Anwendung äußerst brutaler Mittel übrigens – im eigenen Land verbunden mit der Einführung der Konkordienformel 1574 festigte die Stellung des Landes im Reich zusätzlich. Ob sie langfristig gesehen klug war, sei dahingestellt. Ansonsten konzentrierte August seine ganze Kraft auf den inneren Ausbau des Landes. Während seiner Herrschaft erreichte Kursachsen den Status des ökonomisch und teilweise auch kulturell führenden deutschen Territoriums, eine Position, die das Land bis in das 19. Jahrhundert behaupten konnte. Selbstverständlich profitierte die Residenzstadt davon in ganz besonderem Maße. Die Gründung des Kammergutes Ostra nahe der Stadt ist bereits erwähnt worden. Wichtiger war die zunehmende Konzentration landesherrlicher Behörden in Dresden. Die Stadt beherbergte die einzige Münzstätte Sachsens, den 1574 begründeten Geheimen Rat – die zentrale Behörde des Kurfürstentums –, und sie war seit 1559 Sitz des Appellationsgerichtes. Die höfische Gesellschaft trug mehr noch als zu Moritz' Zeiten zur Belebung der Wirtschaft der Stadt bei. Auch die Pestepidemien in der zweiten Hälfte des 16. Jahrhunderts konnten den weiteren Aufstieg der Stadt nicht wirklich bremsen. Kurfürst August setzte die Bautätigkeit seines Bruders fort. Neben dem Jägerhof in Altendresden, der an der Stelle des ehemaligen Augustinerklosters errichtet wurde, ist das Kanzleihaus in der Nähe des Schlosses als das älteste Verwaltungsgebäude Dresdens – heute Sitz des Bischofs von Meißen – und vor allem das 1563 fertiggestellte imposante Zeughaus zu nennen. Auf seinen Grundmauern ist im 19. Jahrhundert das Albertinum errichtet worden – seitdem Sitz einiger Teile der Dresdner Kunstsammlungen. Für diese hatte ja August um 1560 mit der Begründung der Kunstkammer den Grundstein gelegt. Sie war die erste bedeutende Sammlung ihrer Art in Europa. Aus der Privatbibliothek des Landesherrn ging die spätere Sächsische Landesbibliothek hervor, die Ende des 18. Jahrhunderts nach der Wiener Hofbibliothek bedeutendste Universalbibliothek. Für einen Fürsten des 16. Jahrhunderts – eines Jahrhunderts, in dem Humanismus, Reformation und Renaissance ungeahnte geistige und kulturelle Kräfte freisetzten – war kulturelles Engagement nahezu eine Selbstverständlichkeit. Aber die albertinischen Wettiner nahmen in dieser Hinsicht in Deutschland einen besonderen Platz ein.

August starb am 12. Februar 1586 in Dresden. Wenige Monate zuvor war die Kurfürstin Anna verstorben, die einen nicht unerheblichen Einfluß auf die Geschicke des Landes ausgeübt hatte. Während der kurzen Regierungszeit Christians I. ist die Residenzstadt vorübergehend Ort hochpolitischer Aktivitäten und Entscheidungen gewesen. Der Kurfürst überließ die Politik völlig seinem Kanzler Nikolaus Krell. Dieser betrieb nach der Auflösung des von den Ständen beherrschten Geheimen Rates nicht nur gegen den erbitterten Widerstand der Kurfürstin Sophie und der Adelsstände eine in der Tendenz absolutistische Politik, er unternahm zum Entsetzen der streng lutherischen Geistlichkeit auch den Versuch, den Calvinismus im Lande durchzusetzen, und er näherte sich in der Reichspolitik der von der Kurpfalz geführten calvinistischen Partei und unterstützte die Hugenotten in Frankreich. Aber der frühe Tod des völlig unter seinem Einfluß stehenden Landesherrn im Jahr 1591 besiegelte sein Schicksal. Er wurde zusammen mit einigen seiner Anhänger sofort verhaftet. Lutherisch gesinnte Bürger versuchten am 18. Mai 1592 das Haus des ehemaligen calvinistischen Hofpredigers Salmuth zu demolieren. Nach zehnjähriger Gefangenschaft auf dem Königstein ist Krell am 29. September 1601 auf dem Jüdenhof vor dem 1591 von Paul Buchner entworfenen und fertiggestellten Stallgebäude in Anwesenheit der rachsüchtigen Kurfürstinmutter Sophie öffentlich hingerichtet worden.

Dresden während des Dreißigjährigen Krieges

Die Festlichkeiten am Dresdner Hof anläßlich des Besuches von Kaiser Matthias in der Stadt im Juli 1617 konnten nicht darüber hinwegtäuschen, daß die Verhältnisse im Reich auf eine Katastrophe zusteuerten. Die überwiegende Mehrheit der protestantischen und katholischen Reichsstände standen sich seit Jahren unversöhnlich gegenüber. Die unterschiedlichen Auslegungen des Religionsfriedens von 1555 hatten sie einander entfremdet und stellten die Reichsverfassung letztlich in Frage. Hinzu waren die Auseinandersetzungen um die Jülich-Clevesche Erbfolge getreten. Nur vorübergehend schien es so, als setzten sich die kompromißbereiten Kräfte durch. Matthias und sein Kanzler Melchior Khlesl erreichten in Dresden die Zustimmung Johann Georgs I. zu einem Kurfürstentag, der nicht nur die Wahl Ferdinands, des Sohnes des Kaisers, zum König sicherstellen, sondern der auch einen Ausgleich der konfessionellen Parteien herbeiführen sollte. Dabei rannten sie mit ihrem Anliegen bei Johann Georg und seinen Räten offene Türen ein, denn Kursachsen verfolgte ohnehin eine Politik, die auf die Erhaltung des Status quo – der der sächsischen Politik die größten Spielräume sicherte – abzielte bzw. während des bald darauf ausbrechenden Krieges auf dessen Wiederherstellung ausgerichtet war.

Doch all diese diplomatischen Bemühungen dürften die meisten Dresdner Bürger kaum wahrgenommen haben. Für sie wurde der 1618 ausbrechende große Krieg in den ersten Jahren zwar nicht zur greifbaren Realität, doch die indirekten Auswirkungen der entfesselten Kriegsfurie spürten sie sehr wohl. Waren die im Rahmen der Defensionsordnung von 1613 für die Aufstellung von Miliztruppen zu zahlenden Abgaben für die Bürger noch als eine Art Sondersteuer erträglich, so lasteten nach Kriegbeginn weitere Steuerlasten, Münzverschlechterungen und Preissteigerungen für fast alle Waren schwer auf ihren Schultern. Der Verteuerung und dem zunehmenden Mangel an Getreide konnte der Kurfürst durch Ausfuhrverbote und der Anlage sicherer Kornvorräte in der Festung einigermaßen begegnen. Zu einer zunehmenden Belastung für die Dresdner wurde die Einquartierung von Soldaten – eine Kasernierung war bis in das 18. Jahrhundert unbekannt –, da die Hauseigentümer diese nicht nur zu beherbergen, sondern auch zu einem großen Teil für deren Verköstigung aufzukommen hatten. Hinzu traten Dienstleistungen wie Schanzarbeiten und Wachdienste.

Johann Georg I. verhielt sich aus den genannten prinzipiellen Erwägungen heraus anfangs kaisertreu. Die ihm von den rebellischen böhmischen Protestanten angebotene Königskrone hatte er abgelehnt. Erst das Restitutionsedikt des Habsburgers von 1629 und die besorgniserregenden Erfolge des Wallensteinschen Heeres trieben ihn in die Arme der kriegführenden protestantischen Partei, d. h. an die Seite ihres mächtigen Führers, des schwedischen Königs Gustav Adolf.

Das allerdings bedeutete unmittelbare Gefahr für das wenig gerüstete Kurfürstentum.

Im September 1631 erschienen 500 kaiserliche Reiter vor Altendresden, das erst seit dieser Zeit nach Plänen des Architekten und Kriegsingenieurs Wilhelm Dilich befestigt wurde. Nur dem Verrat eines ehemaligen Dresdners unter den Feinden war es zu danken, daß der geplante handstreichartige Überfall der Kroaten auf den Stadtteil gründlich mißlang. Auf ihrem Rückzug zündeten die Kaiserlichen dafür die Dörfer Bühlau und Weißig an. Das linkselbische Dresden galt während des gesamten Krieges aufgrund seiner mächtigen Mauern und Bastionen als militärisch uneinnehmbar. Daher hielten sich feindliche Truppen an den ungeschützten Vorstädten schadlos. 1632 wurden sie von den gefürchteten Horden des kaiserlichen Generals Holck geplündert und angezündet. Der Chronist Anton Weck beklagte die Verwüstungen. Die Vorstadtsiedlungen seien »an Häusern und Gärten fast ganz und so zur Einöde« geworden, »daß, wenn man außerhalb der Festung vom Wilsdruffer Tore an die Elbe gehen wollte, man allenthalben hinaus ins freie Feld und die Dörfer liegen sehen konnte«. Zu allem Unglück suchte seit Anfang der dreißiger Jahre die Pest Dresden mehrfach heim, sicher eingeschleppt von den vielen Flüchtlingen aus dem nahen und weiteren Umland, die in der Festung Schutz suchten. Als die Schweden sich 1639 nach der Eroberung Pirnas Dresden näherten – der Kurfürst war nach dem Prager Frieden von 1635 wieder auf die Seite des Kaisers getreten –, kamen nach Weck so viele Flüchtlinge in die Stadt, »daß alle Tore und Brücken zu enge seyn wollten«. Gegen Ende des Krieges war deutlich geworden, daß die im 16. Jahrhundert blühende Stadt schweren Schaden genommen hatte. Die Bevölkerungsverluste Dresdens – am Ende der zwanziger Jahre zählte die Residenz etwa 17 000 Einwohner – waren beträchtlich. Allein zwischen 1631 und 1634 forderte die Pest 7000 Opfer. Die Verluste wären noch größer gewesen, wenn nicht ständige Zuwanderungen für einen gewissen Ausgleich gesorgt hätten. Die Wirtschaft der Stadt lag am Boden. Viele Bürger waren infolge der ständig erhobenen außerordentlichen Kriegssteuern verschuldet. Den Handwerksmeistern machten zudem hohe Gewerbe- und Kopfsteuern das Leben schwer. Die Zahl der beschäftigten Gesellen wie auch die der Meister war drastisch zurückgegangen. Bereits 1632 waren in 13 Handwerksinnungen nur noch 244 Gesellen tätig, gerade ein Drittel der vor dem Krieg dort Beschäftigten. Von den 1621 registrierten 90 Leinewebermeistern waren 1647 ganze elf übriggeblieben. Die zunehmende Zahl der durch die Straßen vagabundierenden Bettler machte die Verarmung der Stadtbewohner augenfällig. Fast überflüssig zu erwähnen, daß während des Krieges auch der Handel praktisch zum Erliegen gekommen war. Von einem reichen kulturellen Leben am Hofe und in der Stadt konnte in diesen Jahren gewiß nicht die Rede sein. Dennoch erstaunt es, daß Heinrich Schütz, der »Vater der deutschen Musik«, seine Oper »Daphne« nicht nur komponieren konnte, sondern daß das Werk des Hofkapellmeisters auch aufgeführt wurde – 1627 in Torgau, wo sich Johann Georg I. während des Krieges häufig aufhielt. Auch die architektonische Gestaltung der Residenz kam keineswegs zum Stillstand. Zwischen 1627 und 1650 erfolgte der Umbau des berühmten Riesensaales im Schloß. 1639 erweiterte man den Jägerhof in Altendresden. Selbst die Bauarbeiten an dem von Giovanni Maria Nosseni entworfenen ersten Belvedere auf der Festungsmauer konnten fortgesetzt werden.

1645 wurde mit den Schweden der Vorfriede von Kötzschenbroda abgeschlossen, der u. a. die Bestimmung enthielt, daß sich schwedische Truppen nur noch bis auf drei Meilen Dresden nähern durften. Zwar verkündete man in ganz Sachsen von den Kanzeln der Kirchen die Friedensschlüsse von Münster und Osnabrück, doch wirklich zu Ende war der

Dreißigjährige Krieg für das Land erst zwei Jahre später, im Sommer 1650. Zu diesem Zeitpunkt hatte Kursachsen die im Friedensschluß vereinbarten Zahlungen an die Schweden vollständig geleistet. Diese räumten daraufhin die noch besetzte Stadt Leipzig und verließen das Land. Für den 22. Juli ordnete Johann Georg I. ein allgemeines Friedensfest an. Nach den Dankgottesdiensten in Dresdens Kirchen feuerten alle Kanonen der Festung einen dreifachen Freudensalut.

IV · Dresden vom Ende des Dreißigjährigen Krieges bis zum Jahr 1763

Auf dem Wege zur Barockstadt

Sachsen erholte sich dank des tradionell hohen Entwicklungsstandes und der günstigen Struktur seiner Wirtschaft wesentlich rascher von den Folgen des Krieges als andere deutsche Territorien. Auch die bereits nach der Schlacht am Weißen Berg 1620 aus Böhmen nach Sachsen geflohenen evangelischen Handwerker leisteten dazu einen nicht ganz unbedeutenden Beitrag. In Dresden ließ sich eine größere Zahl böhmischer Exulanten nieder. 1650 wies die Stadt der fast eintausend Mitglieder zählenden Gemeinde die Johanniskirche und die bis 1861 existierende Begräbniskapelle auf dem Johanniskirchhof vor dem Pirnaischen Tor zu. Von wesentlicher Bedeutung für den Wiederaufbau des Landes war aber die Wirtschaftsförderungspolitik des Landesherrn, die sich den Vorstellungen der Zeit entsprechend ganz an merkantilistischen Konzeptionen orientierte. Das hieß tatkräftige Förderung des einheimischen Gewerbes bei gleichzeitigem Schutz vor fremder Konkurrenz. Großzügige Steuererlässe sollten dem Handwerk wieder auf die Beine helfen, damit später um so mehr Geld in die Steuerkassen des Landes fließen konnte. Neben dem herkömmlichen Gewerbe begünstigten Johann Georg II. und seine Nachfolger wiederum im Sinne merkantilistischer Wirtschaftspolitik die Gründung von Manufakturen – zum Verdruß des zunftmäßig organisierten Handwerks.

Ein spektakuläres Projekt, das Johann Georg II. zur Verbesserung der wirtschaftlichen Situation in seiner Residenz in Angriff nahm, war die Gründung der Vorstadt Neustadt-Ostra westlich der Stadt. In dem von ihm erlassenen Patent vom 15. Juli 1670 forderte er gegen den heftigen Widerspruch des Dresdner Rates Handwerker auf, sich auf dem entsprechenden Terrain anzusiedeln. Trotz verschiedener Privilegien und Steuerbefreiungen hatten bis 1680 erst siebzehn Personen Grundstücke erworben, darunter nur vier Handwerker. Nicht zuletzt die feindselige Haltung der Dresdner Ratsherren und der Innungen der Stadt gegenüber den potentiellen Konkurrenten in der neuen Siedlung, die ja administrativ nicht zu Dresden gehörte, hatte zu diesem mißlungenen Start beigetragen. Die Gründung einiger Manufakturen, die den steigenden Bedarf des Hofes an Luxusgütern, aber auch an Uniformen für die Armee mit befriedigten, änderte nur wenig an der Situation. Der Unternehmer Johann Daniel Krafft gründete 1674 eine Seiden- und vier Jahre später eine Wollmanufaktur. 1692 entstand in Neustadt-Ostra die kurfürstliche Salpeterhütte, und 1718 nahm der Baron Blumenthal eine Wachsbleiche in Betrieb. Insgesamt aber prägten von Angehörigen des Adels angelegte Häuser mit zum Teil ausgedehnten Gartenanlagen die Siedlung. Das bekannte Marcolinische Palais – das heutige Friedrichstädter Krankenhaus – ging auf einen 1719 errichteten Vorgängerbau für Ursula Katharina Lubomirska zurück, der 1736 von Johann Christoph Knöffel für den Grafen Brühl umgebaut worden war und nach weiteren Umbauten in den siebziger Jahren des 18. Jahrhunderts an den Grafen Marcolini gelangte. Im Jahr 1730 wurde Neustadt-Ostra nach dem Kurprinzen – dem späteren Kurfürsten Friedrich August II. – in Friedrichstadt umbenannt.

Auch in Dresden selbst schien der wirtschaftliche Aufschwung noch auf sich warten zu lassen. 1680 suchte die Pest die Stadt mit einer letzten großen Epidemie heim. Damals mußte deshalb ein zusätzlicher Friedhof im östlichen Vorfeld Dresdens angelegt werden. Der Eliaskirchhof ist der älteste der noch erhaltenen Friedhöfe aus früherer Zeit in der Stadt und steht heute unter Denkmalschutz. Im Jahr 1685 zerstörte ein gewaltiger Brand nahezu den gesamten Altendresdener Stadtteil. Das Feuer brach am Vormittag des 6. August im Haus eines Kunsttischlers in der Meißner Gasse aus. Von den 357 Wohnhäusern Altendresdens blieben nur 21 unversehrt. Glücklicherweise hatten auch das Rathaus und der Jägerhof keinen Schaden genommen.

Trotz dieser Katastrophen war am Ende des 17. Jahrhunderts eine Erholung der städtischen Wirtschaft unverkennbar. Um 1690 hatten Handwerksproduktion und Handel das Niveau der letzten Jahre vor dem Dreißigjährigen Krieg wieder erreicht. Die seit dem 16. Jahrhundert zu beobachtenden strukturellen Veränderungen im Handwerk setzten sich fort. Im Vergleich zum Jahr 1631 arbeiteten nun beispielsweise doppelt so viele Goldschmiede und Silberarbeiter in der Stadt. Allerdings verschärften sich die Interessenkonflikte zwischen einzelnen Bevölkerungsgruppen. Die etablierten Handwerker- und Kaufmannsinnungen setzten sich gegen die Konkurrenz nichtzünftiger Kleinhändler und Manufakturunternehmer erbittert zur Wehr. Obwohl der Rat die Innungen unterstützte, betrieb er selbst eine Wollmanufaktur, die 1678 121 Personen, darunter 50 Waisenkinder, beschäftigte. Doch eine nennenswerte Rolle spielte die auf Manufakturbasis betriebene Produktion in Dresden erst seit dem zweiten Viertel des 18. Jahrhunderts.

Überraschenderweise entspannte sich in diesen Jahrzehnten das bis dahin recht prekäre Verhältnis zwischen dem Dresdener Rat und dem Landesherrn. Johann Georg II. beschloß, die städtischen Rechte zu stärken, um auch auf diese Weise die Stadt in ihrer wirtschaftlichen Entwicklung voranzubringen. So erhielt Dresden 1660 die Ober- und Niedergerichtsbarkeit ohne jede Einschränkung bestätigt. Seit 1675 verzichtete der Landesherr sogar auf die jährliche Vorlage der städtischen Rechnungen an die kurfürstliche Rentkammer.

Doch so ganz uneigennützig tat er dies alles nicht. Im Gegenzug erwartete er, daß die Stadt ihm, wie in diesem Jahr geschehen, auch weiterhin, so es erforderlich war, mit großzügigen Krediten beisprang. Auch seine Nachfolger bestätigten anstandslos alle städtischen Privilegien, ließen sich dies aber immer häufiger mit großen Geldgeschenken entlohnen. Im 17. Jahrhundert gingen andererseits ganze Verwaltungsbereiche von der Stadt in die Zuständigkeit des Landesherrn über. Bereits kurze Zeit nach der Einsetzung Wolf Caspar von Klengels als Oberinspektor aller militärischen und zivilen Bauten im Jahr 1672 verlor der Rat faktisch die Kontrolle über das städtische Bauwesen. Ihm blieb nur die Überwachung der von der landesherrlichen Militärbehörde verfügten Bauvorschriften. Anordnungen und Mandate des Kurfürsten hinsichtlich der Marktordnung, des Armen- und Bettelwesens etc. unterhöhlten zudem die Befugnisse der städtischen Polizei.

Im äußeren Erscheinungsbild der Residenzstadt vollzogen sich in der zweiten Hälfte des 17. Jahrhunderts sichtbare Veränderungen. Der schriftstellernde Abenteurer Johann Limberg empfahl in seinen 1690 erschienenen »Denkwürdigen Reisebeschreibungen Durch Teutschland, Italien etc.« die kursächsische Hauptstadt seinen Lesern mit den Worten: »Ich aber sage, wer nicht hat Dresden gesehen, der hat nichts gesehen.« Das war an sich keine neue Erkenntnis, denn die prächtige Renaissancestadt hatte schon seit Jahrzehnten die Bewunderung ihrer Besucher hervorgerufen. Aber Limberg wird nicht entgangen sein, daß in der Stadt Bauwerke entstanden waren, die in der Dresdener Architekturgeschichte die Zeit des Barock einläuteten. Nach einem Entwurf Klengels war 1664/67 neben dem Schloß das Komödienhaus – einer der ersten festen Theaterbauten in Deutschland – errichtet worden. Das äußerlich schlichte, im Inneren aber prachtvoll ausgestaltete Haus faßte 2000 Zuschauer. Nach 1685 wurden hier erstmals auf einer deutschen Bühne Stücke Molières aufgeführt. Das später mehrfach umgebaute Gebäude diente Anfang des 18. Jahrhunderts als erste katholische Hofkirche, danach als Ballhaus und seit Anfang des 19. Jahrhunderts bis zu seinem Abbruch im Jahr 1896 als Sitz des Staatsarchivs. Klengel entwarf noch andere Bauwerke, vor allem aber erstellte er einen Aufbauplan für das 1685 zerstörte Altendresden. Dabei griff er das für den barocken Städtebau typische Motiv der von einem Zentrum strahlenförmig ausgehenden Straßenachsen auf. Doch erst viele Jahre später unter August dem Starken konnten diese Pläne verwirklicht werden.

Auch das Umland der Stadt veränderte sein Gesicht. Es wurde in die baulichen Planungen der Residenz einbezogen. Von den Gartenanlagen in Neustadt-Ostra war schon die Rede. Im Auftrag Johann Georgs II. begannen 1676 der Oberlandbaumeister Johann Georg Starcke und der Gärtner Martin Göttler mit der Anlage des Großen Gartens östlich der Stadt. Es entstand ein künstliches Jagdgelände von bisher nicht gekannten Ausmaßen für den Hof. Starcke entwarf auch das 1683 vollendete Palais in dem zwei Quadratkilometer großen Tiergarten – eines der ersten monumentalen Bauwerke des Barock in Sachsen.

Der Anspruch und das neue Selbstbewußtsein des Adels und des Hofes in der nun auch in Deutschland heraufziehenden Epoche barocker Kultur konnte nicht besser demonstriert werden als mit den glanzvollen Hoffesten, die Johann Georg II. 1678 in Dresden anläßlich der Zusammenkunft mit den Regenten der drei albertinischen Sekundogeniturfürstentümer veranstaltete. Der Dresdner Bürgermeister und Chronist Gabriel Tzschimmer hat die zahlreichen Aufzüge, Spiele und anderen Festlichkeiten in einem reich illustrierten Prachtwerk beschrieben, das 1680 in Nürnberg unter dem Titel »Durchlauchtigste Zusammenkunft …« erschien.

Das augusteische Dresden

Mitte der neunziger Jahre des 17. Jahrhunderts begann mit dem Regierungsantritt Kurfürst Friedrich Augusts I. eine Epoche in der sächsischen Geschichte, in deren Verlauf Dresden in die erste Reihe der Residenzstädte Europas aufrückte. Nicht nur Zeitgenossen, sondern auch Kulturhistoriker späterer Generationen schilderten die »Augusteische Zeit«, wie sie die Ära Friedrich Augusts I. und seines Sohnes Friedrich Augusts II. nannten, in den prächtigsten Farben.

Der neue Herrscher war Ende April 1694 ganz unverhofft an die Regierung gelangt. Der zweitgeborene Sohn Johann Georg III. folgte seinem älteren Bruder, dem politisch hochbegabten Johann Georg IV. Auf fatale Weise war diesem die Leidenschaft zu seiner Mätresse Magdalena Sybilla von Neitschütz zum Verhängnis geworden. Leichtsinnig hatte er sich bei seiner an den Blattern erkrankten und bereits auf dem Sterbebett liegenden Geliebten angesteckt und war ihr wenige Wochen später in den Tod gefolgt – nach nur dreijähriger Regierungszeit und ohne einen leiblichen Erben zu hinterlassen. Am Hofe war man überzeugt, daß die Neitschütz und mehr noch deren ehrgeizige Mutter den Kurfürsten verhext und ihn so seiner jungen Geliebten gefügig gemacht hatten.

Der neue Landesherr gab Jahre später freimütig zu, 1694 auf das Geschäft des Regierens nicht vorbereitet gewesen zu sein. Doch war er von brennendem Ehrgeiz erfüllt. Das Streben nach persönlichem Ruhm und nach Rangerhöhung seiner Dynastie sollte zeitlebens sein Handeln bestimmen. Freilich unterschied er sich da kaum von anderen Herrschern des Barockzeitalters. Schon als Prinz erregte er mit seiner außergewöhnlichen Körperkraft Aufsehen. Im übrigen schien sich seine überschäumende Vitalität in amourösen Abenteuern und der Veranstaltung rauschender Feste Bahn zu brechen. Doch dieses schon von dem Wettiner nicht wohlgesinnten

Zeitgenossen, vor allem aber von einer späteren ganz unter preußischen Vorzeichen stehenden Geschichtsschreibung gezeichnete Bild Augusts des Starken ist schlichtweg falsch. Friedrich August I. verfügte in Wirklichkeit über außergewöhnliche Begabungen. Er war ein leidenschaftlicher Bewunderer und Kenner der Künste – speziell auf den Gebieten der Architektur und der Städteplanung besaß er selbst beachtliche kreative Fähigkeiten. Sein künstlerischer Geschmack war wesentlich von den italienischen Eindrücken geprägt worden, die er während seiner Kavalierstour 1687-89 empfangen hatte. Auch die Einsicht Augusts des Starken in seine politischen Aufgaben ist von der Nachwelt unterschätzt oder böswillig in Abrede gestellt worden. Der Kurfürst hat von Anbeginn seiner Herrschaft versucht – wie übrigens schon sein Bruder –, die Macht des gerade in Sachsen besonders starken und selbstbewußten Adels zurückzudrängen. Es ist ihm im Lauf der Jahre gelungen, eine Reihe wichtiger Reformen in der Verwaltung, in der Steuergesetzgebung und im militärischen Bereich im Sinne einer Stärkung der landesherrlichen Macht durchzusetzen. Ein durchschlagender Erfolg ist seinen absolutistischen Bestrebungen allerdings versagt geblieben. Die hochfliegenden außenpolitischen Pläne absorbierten wohl allzuviel Kräfte, die ihm dann bei der gleichzeitig angestrebten Stärkung seiner Macht als Landesherr in den albertinischen Territorien einfach fehlten, ihn dadurch zu schmerzlichen Kompromissen mit den Landständen zwangen. Sicher erkannte aber auch sein früher Vertrauter Graf Flemming ganz richtig, daß es seinem Herrn häufig an der notwendigen Ausdauer und Härte bei der Verfolgung seiner Ziele fehlte. Der Griff nach der polnischen Königskrone im Jahr 1697, die den Übertritt des Landesherrn des bedeutendsten protestantischen Territoriums des Reiches zum Katholizismus erforderlich machte, ist von der Geschichtsschreibung lange Zeit kritisch beurteilt worden. Die Erlangung der polnischen

Krone, die nur als Auftakt zur Bildung eines großen ostmittel-
europäischen Imperiums gedacht war, lag aber ganz in der politischen Logik der Zeit begründet, einer Zeit, in der Länder-
erwerb und vor allem Rangerhöhung für eine Dynastie von
der Bedeutung der albertinischen Wettiner für die Aufrecht-
erhaltung ihrer Reputation fast zwingend war. Selbst die vielen aufwendigen Hoffeste Augusts des Starken waren, wie bei
anderen Herrschern dieser Zeit auch, ganz wesentlich politische Selbstinszenierungen, dienten der Zurschaustellung politischer Macht oder dynastischer Ansprüche. Auch der sächsische Kurfürst und polnische König (als dieser August II.)
eiferte in dieser Hinsicht wie viele seiner Standesgenossen
im Reich und in Europa dem Hofe Ludwigs XIV. von Frankreich nach, den er während seiner Kavalierstour kennenge-
lernt hatte.

Nicht zuletzt in Dresden suchte der Kurfürst-König seine
künstlerischen Ambitionen zu verwirklichen, die Stadt und
seinen Hof zum Mittelpunkt und zum Symbol seiner Herrschaft zu machen. Die Ironie des Schicksals wollte es, daß
er mit der Ausgestaltung seiner Residenzstadt erst während
des für ihn unglücklich verlaufenden Nordischen Krieges
und des damit verbundenen vorübergehenden Verlustes der
polnischen Krone beginnen konnte.

August der Starke knüpfte an die schon unter Johann
Georg II., seinem Großvater, begonnene großzügige Bautätigkeit an. Allerdings ließ er einige von Klengel im Schloßbereich errichtete Bauten – das Reithaus sowie das Schießhaus –
sogleich abreißen, um so Freiräume für eigene Planungen zu
schaffen. Mit dem Palais am Taschenberg für seine Mätresse,
die Gräfin Cosel, sowie dem Zwinger 1707 bzw. seit 1711 entstanden innerhalb der Festung große repräsentative barocke
Prachtbauten. Der Zwinger gilt als das bedeutendste Bauwerk
des Hochbarock in Deutschland, entsprach aber schon zur
Zeit des Abbruchs der Bauarbeiten im Jahr 1732 nicht mehr

Der Zwingerhof. Blick auf den Stadtpavillon.
Gemälde von Bernardo Belotto, gen. Canaletto,
zwischen 1749 und 1753

dem Zeitgeschmack. Der unvollendete Bau – er sollte nach
einigen Plänen ursprünglich Teil eines neuen Schloßkomple-
xes sein – ist das Hauptwerk von Matthäus Daniel Pöppelmann. An seiner Planung dürfte auch Balthasar Permoser
beteiligt gewesen sein, der den plastischen Schmuck des
Zwingers geschaffen hat. Der Gartenarchitekt Johann Friedrich Karcher und Pöppelmann hatten übrigens bereits 1709
im Auftrag Augusts des Starken einen hölzernen Vorläufer-

bau in der Nähe des späteren steinernen Zwingers anläßlich des Besuches des dänischen Königs Friedrich IV. und der damit verbundenen Festlichkeiten errichtet. Von militärischer Seite äußerte man damals Bedenken gegen den Bau des Zwingers, fürchtete man doch infolge der Einbeziehung von Teilen der Festungsmauern um die Verteidigungsfähigkeit der Stadt. Doch das interessierte Friedrich August wenig, bemühte er sich doch, seine einzelnen Planungen ganz im Sinne barocker Vorstellungen einer städtebaulichen Gesamtkonzeption unterzuordnen. Da spielte Rücksichtnahme auf Vorgefundenes kaum eine Rolle. Fasziniert von dem von prachtvollen Bauwerken eingefaßten Canale Grande in Venedig suchte August der Starke den Elbstrom in ähnlicher Weise zu einer von großartigen Bauten umrahmten Wasserstraße zu gestalten, der die Alt- und Neustadt nicht trennte, sondern verband. Dieser Gedanke beschäftigte den Kurfürsten die Jahrzehnte seiner Herrschaft hindurch. Die Schloßanlage in Übigau, das Holländische/Japanische Palais, das Blockhaus, die Elbbrücke – diese wurde in Anlehnung an die gewölbten Brücken in der Lagunenstadt 1727 bis 1731 von Pöppelmann neu erbaut –, der ursprünglich bis zur Elbe geplante Zwinger und das Pillnitzer Schloß sind in diesen Zusammenhang einzuordnen. Eine insgesamt einigermaßen überzeugende Realisierung erfuhren diese Vorstellungen freilich erst während der Regierungszeit Friedrich Augusts II.

Der Zwinger übrigens erhielt doch noch eine Funktion zugewiesen. Seine Pavillons nahmen nach 1728 Teile der kurfürstlichen Sammlungen auf, die August der Starke zuvor nach wissenschaftlichen Gesichtspunkten hatte ordnen lassen. So befinden sich noch heute die Bestände des damaligen »Königlichen Cabinetts der mathematisch-physikalischen Instrumente« im Zwinger. Bis 1786 beherbergte dieser auch die Anfang des 18. Jahrhunderts bereits 180 000 Bände umfassende kurfürstliche Bibliothek. Das berühmte »Grüne Gewölbe« – seinerzeit bereichert um die Arbeiten des Hofgold-schmiedes Johann Melchior Dinglinger – erhielt sein Domizil allerdings im Schloß. Um bei den Sammlungen zu bleiben: Die für die Dresdner Kulturgeschichte bedeutsame Antiken-sammlung – sie gewann ihren Rang vor allem nach dem An-kauf der Sammlung des römischen Kardinals Albani im Jahr 1728 – wurde seit 1730 in den Kavaliershäusern des Großen Gartens, seit 1786 im Japanischen Palais und seit 1887 im Al-bertinum untergebracht.

Während der Regierungszeit Augusts des Starken war die alte beeindruckende Renaissancestadt Dresden, deren Häuser noch teilweise Holzkonstruktionen gewesen waren, zu einer völlig aus Stein gebauten Stadt geworden, in der das barocke Element allmählich die Oberhand gewonnen hatte – einer Stadt aber auch, in der nicht wild und regellos gebaut werden durfte. Unverkennbar war eine planende Hand. 1708 war das gesamte Bauwesen innerhalb der Festung dem Gouverneur der Stadt, dem Grafen Jakob Heinrich von Flemming übertra-gen worden. Dieser erließ baupolizeiliche Vorschriften, die u. a. auch die Gestaltung der Bürgerhäuser betraf. Entschei-dend aber war die Bauordnung aus dem Jahr 1720, die die Handschrift des Grafen August Christoph von Wackerbarth trug, des Generalintendanten aller Zivil-, Festungs- und Mili-tärbauten. Er hatte neben dem Landesherrn den wohl größ-ten Einfluß auf die bauliche Entwicklung Dresdens in der ersten Hälfte des 18. Jahrhunderts. Die Stadt wurde durch das Reglement in vier, später fünf Bauzonen – 1736 waren die Vorstädte in die Ordnung einbezogen worden – eingeteilt, wobei in den einzelnen Zonen eine unterschiedliche Geschoß-zahl vorgegeben war. Selbst die Farbgebung der Häuser war in dieser Ordnung vorgeschrieben. In idealer Weise konnte August der Starke seine städtebaulichen Vorstellungen beim Aufbau des Altendresdener Stadtteils verwirklichen, wobei er auf die schon erwähnten Pläne Klengels zurückgriff. Nach

Altes Rathaus, 1741/45, und Löwenapotheke am Altmarkt,
Aufnahme von 1937

1727 erfolgte der Umbau des Holländischen zum Japanischen
Palais, um dort die Porzellansammlung unterzubringen. Das
drei Jahre später begonnene Blockhaus am Elbufer diente der
Neustädter Wache als Standort und sollte ursprünglich durch
eine Reiterstatue Friedrich Augusts I. gekrönt werden. Das
Gebäude war Fluchtpunkt der drei strahlenförmig verlaufenden Hauptstraßen des neuerbauten Stadtteils. Die alte Dreikönigskirche stand dabei im Wege. Kurzerhand wurde sie abgetragen und nach 1732 durch den Neubau von George Bähr
nach Plänen Pöppelmanns in der Flucht der Hauptstraße ersetzt. Ein Patent Augusts des Starken aus dem Jahr 1732 bezeichnete das wiedererstandene Altendresden als »Neue Stadt
bey Dresden« – daher die heutige Bezeichnung Neustadt. Der
»Goldene Reiter« auf dem Neustädter Markt – das über-
lebensgroße Denkmal des Kurfürst-Königs von Ludwig Wie-
demann nach einem Modell von Josephe Vinache in Kupfer
getrieben und vergoldet – wurde erst 1736, drei Jahre nach Au-

gusts Tod, enthüllt. Auch für Neustadt-Ostra/Friedrichstadt hatte der Kurfürst die Erstellung eines Bebauungsplanes veranlaßt.

Zum Wahrzeichen Dresdens ist seit diesen Jahrzehnten neben dem Zwinger die erst kürzlich wieder aufgebaute Frauenkirche geworden. Das unmittelbar neben der 1727 abgebrochenen alten Frauenkirche im wesentlichen von dem Ratszimmermann George Bähr entworfene und von Johann Gottfried Fehre ausgeführte grandiose Bauwerk krönte nicht nur die vom Landesherrn betriebene bauliche Umgestaltung der Residenz – er selbst hatte den Neubau bereits 1717 angeregt und ihn dann auch tatkräftig gefördert –, es symbolisierte zugleich auch den Selbstbehauptungswillen des protestantischen städtischen Bürgertums in einer ansonsten von Hof und Adel dominierten Welt. Nachdem 1722-24 die noch vorhandenen Teile des Frauenkirchhofs, des ältesten Friedhofs der Stadt, eingeebnet worden waren, erfolgte am 26. August 1726 im Beisein des Superintendenten Valentin Ernst Löscher die Grundsteinlegung zum Bau der neuen Kirche. Am 28. Februar 1734 wurde das noch nicht ganz vollendete Bauwerk eingeweiht. Erst im Mai 1743 konnte die steinerne Laterne von Fehre und Johann Georg Schmidt auf die bemerkenswerte Kuppelkonstruktion Bährs gesetzt werden. 1736 hatte Gottfried Silbermann die Orgel fertiggestellt, an der noch im selben Jahr Johann Sebastian Bach spielen sollte. Bis 1945 nahm die gewaltige Kirche einen bedeutsamen Platz in Dresdens Musikleben ein.

Ebenso wie die monumentalen Bauwerke prägten zunehmend nicht minder repräsentative Adelspaläste das Stadtbild. So ist 1712 wahrscheinlich von George Bähr das Palais de Saxe an der Moritzstraße für den Kanzler Wolf Dietrich von Beichlingen erbaut worden. An der Ecke Kreuzgasse/Weiße Gasse entstand nach Entwürfen Pöppelmanns 1719/21 ein Palais für den Oberkammerherrn Friedrich Graf Vitzthum von Eckstädt. Der 1728/29 von dem bedeutenden Dresdner Architekten Johann Christoph Knöffel für den Gouverneur Graf Wakkerbarth am heutigen Tzschirnerplatz erbaute Palast ersetzte das in der Nacht vom 17. zum 18. Februar 1728 abgebrannte ältere Gouverneurshaus. Der damals gerade zu einem Besuch am Hof Augusts des Starken weilende »Soldatenkönig« – König Friedrich Wilhelm I. von Preußen – und sein Sohn, der spätere König Friedrich II., logierten dort und konnten sich nur in letzter Minute aus dem in Flammen stehenden Haus retten. Das neue, im Rokokostil nach Knöffels Plänen errichtete Haus hatte eine wechselvolle Geschichte. Nach einem der späteren Bewohner, dem Prinzen Carl und Herzog von Kurland – einem Sohn Friedrich Augusts II. – erhielt es seinen noch heute gebräuchlichen Namen. Von 1815 bis 1864 beherbergte es die Chirurgisch-Medizinische Akademie. Nach der Abtragung der Festungsmauern legte man an der Rückseite des Palais 1818 den ersten Botanischen Garten Dresdens an. Die Reihe der Adelspaläste ließe sich mühelos fortsetzen. Viele dieser Bauten sind erst während der Regierungszeit Friedrich Augusts II. im zweiten Drittel des 18. Jahrhunderts errichtet worden.

Das Bauensemble der Residenzstadt einschließlich der umliegenden großen Gartenanlagen bildete für August den Starken in gewisser Weise eine einzige Bühne der Selbstdarstellung. Hoffeste aller Art wie schon im 16. und 17. Jahrhundert – nur jetzt ungleich aufwendiger – wurden bei allen sich bietenden Gelegenheiten veranstaltet. Die wohl glanzvollsten Festlichkeiten fanden anläßlich der Hochzeit des Kurprinzen Friedrich August mit Maria Josepha, der ältesten Tochter des 1711 verstorbenen Kaisers Joseph I., statt. Am Mittag des 2. September 1719 bot sich den Dresdner Bürgern ein beeindruckendes Schauspiel. Unter dem Geläut der Kirchenglokken und den Salutschüssen der Festungskanonen empfing der sächsische Kurfürst und polnische König höchstpersönlich am Dresdner Elbufer die Kaiserstochter und den ihr wenige Tage zuvor in Wien angetrauten Kurprinzen. Beide hatten die letzte Wegstrecke von Pirna aus per Schiff zurückgelegt. Ganz am Ende des sich in Richtung Schloß in Bewegung setzenden langen Zuges konnte die Menge die Habsburgerin leibhaftig bewundern, in einem Wagen, der mit »Carmosinem Sammet auswendig überzogen war ...«, über und über mit Beschlägen »von maßivem Golde und Silber« geschmückt war und standesgemäß »von acht Pferden gezogen« wurde. So ein zeitgenössischer Bericht. An den Hochzeitsfeierlichkeiten der darauffolgenden vier Wochen nahmen neben den Angehörigen des Hofstaates mehr als 1200 Gäste, darunter 11 Fürsten und 87 Grafen, teil. August der Starke persönlich hatte den Ablauf der nicht enden wollenden Aufzüge, Bälle, Opernaufführungen, Ringrennen und Turniere entworfen. Was sich in diesen Wochen in Dresden und der Umgebung der Stadt abspielte, schien alles bisher Dagewesene in den Schatten zu stellen. Selbst Johann von Besser, Hofdichter und Zeremonienmeister des Kurfürsten und Königs, hatte das Gefühl, »daß bey diesem eintzigen Beylager fast alle Lustbarkeiten des gantzen menschlichen Lebens vereinbaret gewesen«. Während des ersten der sieben Planetenfeste auf der Elbe und im Garten des Holländischen Palais hielten Wasserspiele, feuerspeiende Drachen und Delphine und zwei fast pausenlos Salut schießende Regimenter Infanterie die Gäste in Atem. Zur Legende wurde das »Saturnfest« im Plauenschen Grund, für das man 1500 Bergleute aus dem Erzgebirge als Staffage aufgeboten hatte. Die Hochzeitsfeierlichkeiten setzten neue Maßstäbe für die Festkultur auch an anderen europäischen Höfen.

Die ehrgeizigen politischen Pläne, die Friedrich August I. mit dieser Hochzeit verfolgte – er hatte jahrelang darauf hingearbeitet –, sollten allerdings nie in Erfüllung gehen. August der Starke suchte mit diesem Ehebündnis im Falle des seit Beginn des 18. Jahrhunderts absehbaren und von den europäischen Mächten erwarteten Aussterbens der Habsburger im Mannesstamm rechtzeitig für sein Haus begründete Erbansprüche auf Teile der habsburgischen Ländermasse zu schaffen. Die berühmte pragmatische Sanktion, die Kaiser Karl VI., der jüngere Bruder Josephs I. und tatsächlich letzter männlicher Habsburger, 1713 in dem Bemühen, den Bestand des Hauses Österreich zu erhalten, erlassen hatte, erklärte jedoch im Falle des Ausbleibens männlicher Erben seine eigenen Töchter vor denen seines verstorbenen Bruders für erbberechtigt. Der polnische König erkannte das österreichische Hausgesetz 1719 zwar an, gab aber nie seine Pläne auf, Besitzungen der Habsburger notfalls auch gewaltsam zu erwerben. Die ohnehin schon zögerliche Anerkennung der pragmatischen Sanktion durch die Stände der Länder des Hauses Österreich, durch die Reichsstände und die europäischen Mächte konnte den nach dem Tod Karls VI. im Jahr 1740 ausbrechenden Österreichischen Erbfolgekrieg nicht verhindern.

Auch den 1720 in Dresden lebenden Schriftsteller David Faßmann beeindruckten die oft tagelang andauernden Hoffeste in der Stadt, aber auch die zahlreichen Bälle hoher Würdenträger in deren Stadtpalais. Er war überzeugt, daß man bisher »nirgendwo in gantz Europa … dergleichen herrliche Divertissements und Erstaunen würdige … Opern, Feuerwercke, Illuminationen … Bälle und Feste, Comoedien, Jagen … als eben allhier in Dresden gesehen« habe. Auch andere Autoren wie Michael von Loen oder der berühmt-berüchtigte Baron Karl Ludwig von Pöllnitz berichteten den Zeitgenossen ausführlich von den Begebenheiten am Hof Augusts des Starken, wobei letzterer mit Vorliebe schlüpfrige Anekdoten zum besten gab.

Friedrich August I. war wohl bewußt, wie wichtig für ihn, d. h. für seine kostspieligen Feste und mehr noch für seine

ambitionierten politischen Unternehmungen, die Steuereinnahmen aus seinen Erblanden und nicht zuletzt aus deren
großen Städten waren. Eine florierende Wirtschaft lag in seinem Interesse. Dresdens Bevölkerung nahm seit Beginn des
18. Jahrhunderts kontinuierlich zu, von etwa 21 000 im Jahr
1700 auf ungefähr 63 000 um 1755. Vielen Zeitgenossen erschien die Stadt als eine von pulsierendem Leben erfüllte Metropole. Faßmann sah »alle Augenblicke Kutschen bey sich
vorbey passieren«. Ins Auge fielen die vielen Hofbedienste-
ten und manch fremder Besucher in den Gassen, die großen
Gebäude wie das Schloß, die Frauenkirche seit den dreißiger
Jahren, der Zwinger und die zahlreichen Adelspaläste. Die Bevölkerung der Stadt war insgesamt sozial sehr differenziert.
Der Hofstaat umfaßte laut Hofreglement um 1701 460, 1746
bereits mehr als 2000 Personen.

Kaufleute, Zunftmeister, Ärzte und Juristen – die zunehmend erstere im Rat und den städtischen Ämtern ersetzten –
bildeten die bürgerliche Oberschicht. Nicht nur der Adel,
sondern auch viele Hofbedienstete, Advokaten u. a. mit dem
Hof verbundene Personen waren von der Erlangung des Bür-
gerrechts befreit und unterlagen auch somit nicht der städtischen Rechtsprechung. Ihnen gehörten bereits um 1700 fast
die Hälfte der etwa 800 Häuser der Stadt innerhalb der Festungsmauern. Was könnte besser den Charakter Dresdens
als Residenzstadt illustrieren? Aus der Vielzahl der Handwerksmeister ragten die besonders wohlhabenden Goldschmiede,
Silberarbeiter, Kunsttischler, Edelsteinschneider und Vertreter anderer Luxusgewerbe heraus. Sie besaßen als Lieferanten
für den Hof und den Adel eine noch größere Bedeutung als
im 16. und 17. Jahrhundert. Bäcker, Schuhmacher, Fleischer,
Leineweber usw. mußten sich mit weit bescheideneren Einkommen zufriedengeben, ganz zu schweigen von den vielen
Handwerksgesellen, Tagelöhnern, Hauslehrern und Dienst-
boten. Im 18. Jahrhundert ist auch ein Anwachsen der wirk-

lichen Armut in der Stadt zu beobachten. Vor allem Witwen, alte Leute und ehemalige Soldaten gehörten zu dem entsprechenden Personenkreis. Das städtische Armenamt gab im Jahr 1683 für Bedürftige 700 Gulden aus, 1733 fast 12 000 Gulden. Zudem registrierten die Behörden eine starke Zunahme der sich in der Stadt aufhaltenden Bettler. Die ärmere Bevölkerung wohnte vor allem in den Mietshäusern der Vorstädte, deren Zahl gerade im 18. Jahrhundert rasch anwuchs. 1755 lebte dort mehr als die Hälfte der 63 000 Einwohner der Stadt. Auch der Großteil der um 1720 etwa 3500 Soldaten zählenden Garnison war in den Vorstädten einquartiert.

Der gewerbliche Bereich der städtischen Wirtschaft gewann in dieser Zeit auch durch die Gründung einer Reihe neuer Manufakturen an Bedeutung. Sie produzierten Tuche für Uniformen, Handschuhe, Spiegel und Gläser – alles Waren, für die in der Residenz ein großer Bedarf bestand. Dennoch beginnt die ganz große Zeit der Manufakturen in Dresden erst nach dem Siebenjährigen Kriege, wie noch zu zeigen sein wird. Einige herausragende Gründungen vor dieser Zeit seien jedoch an dieser Stelle genannt. Der Gelehrte Ehrenfried Walther von Tschirnhaus und Johann Friedrich Böttger gründeten 1698 bzw. 1710 an der Weißeritz zwei Schleif- und Poliermühlen zur Bearbeitung von Edelsteinen. Zwar existierten sie nur kurze Zeit, aber aus letzterer ging die »Churfürstliche Spiegel- Schleif- und Poliermühle« hervor, die bis 1813 bestand. In Neustadt-Ostra hatte Tschirnhaus nach seiner Erfindung des Glasgießens eine Glashütte begründet. Von Böttger angeleitet, richtete um 1709 der aus Berlin stammende Peter Eggebrecht in Altendresden eine Fayencemanufaktur ein, die bis 1785 existierte. Besonderer Förderung durch August den Starken konnte sich die 1725 von dem Franzosen Claude Pitras gegründete Seidenmanufaktur erfreuen. Von säkularer Bedeutung war natürlich der Beginn der Porzellanproduktion. Doch ist das europäische Porzellan von Böttger unter

Anleitung durch Tschirnhaus nur in Dresden – 1708 in seinem Laboratorium auf der Jungfernbastei der Dresdner Festung – erfunden worden. Die noch heute berühmte Manufaktur wurde dagegen in Meißen eröffnet und brachte August dem Starken und seinen Nachfolgern so manchen Gewinn. Wie schon im 17. Jahrhundert führte die Zunahme nicht zunftmäßig organisierter Produzenten zu Spannungen mit den Dresdner Handwerksmeistern. Im Vergleich zum Gewerbe spielte der Handel in der Residenzstadt eine wesentlich geringere Rolle. Hier konnte sich die Stadt etwa mit Leipzig zu keiner Zeit messen. In Dresden dominierten Krämer und Kleinhändler.

Im Verhältnis zwischen Rat und Landesherr hatten sich seit der zweiten Hälfte des 17. Jahrhunderts keine grundlegenden Veränderungen ergeben. Allerdings mußte oft genug die Bestätigung alter städtischer Rechte durch große Geldzahlungen erkauft werden. Kurfürstliche Beamte wurden wie früher schon gelegentlich in das Ratskollegium »eingeschleust«, um dort den Einfluß des Kurfürsten zu erhöhen. Offensichtlich wurde die relative Machtlosigkeit des Dresdner Rates gegenüber dem Landesherrn, als dieser im Jahr 1707 den Abriß des alten Rathauses an der Nordseite des Altmarktes befahl und auch durchsetzte. Das Gebäude stand den Festveranstaltungen Augusts des Starken im Wege.

Friedrich August I. hatte den ehrgeizigen Versuch unternommen, sein Haus als ein gleichberechtigtes Mitglied in den Kreis der großen europäischen Dynastien zu führen, Sachsen-Polen in den Rang einer Großmacht zu erheben. Dabei mußte er zahlreiche Rückschläge hinnehmen, und es war zum Zeitpunkt seines Todes am 1. Februar 1733 zweifelhaft, ob dieses Ziel tatsächlich erreichbar war. Sein Sohn und Nachfolger Friedrich August II. verdankte es allein russischer und österreichischer Hilfe – Voraussetzung für letztere war die Garantie der Pragmatischen Sanktion Kaiser Karls VI.

von 1713 gewesen –, daß nach dem polnischen Erbfolgekrieg er und nicht Stanislaus Leszczynski die polnische Krone trug. Beide waren 1733 von polnischen Adelsfraktionen gewählt worden. Anfang Januar 1734 wurde der sächsische Kurfürst als August III. in Krakau gekrönt. Doch erst 1736 war er von allen polnischen Magnaten als König anerkannt. Der neue Herrscher besaß weder die Tatkraft seines Vaters noch dessen politischen Ehrgeiz. Auch wenn er sich pflichtbewußt einer täglichen Aktendurchsicht unterzog, an den Regierungsgeschäften war er nicht wirklich interessiert, und er überließ sie seinen Günstlingen, anfangs dem Grafen Alexander Joseph von Sulkowski, danach seinem immer mächtiger werdenden Minister Heinrich Graf Brühl. Ein geradezu vernichtendes Urteil über August III. fällte der britische Gesandte am Dresdner Hof Sir Charles Hanbury Williams im Jahr 1747: »Des Königs unbedingter und eingestandener Widerwille gegen alle Geschäfte und seine bekannte Neigung zum Müßiggang und zu nichtigen Vergnügungen, als da sind Oper, Schauspiele, Mummereien, Lanzenstechen, Turniere, Bälle, Jagen und Schießen hindern ihn und sein Land in Europa die Rolle zu spielen, welche dieses schöne Kurfürstentum spielen sollte und schon oft gespielt hat.« Der von manchen Zeitgenossen auch noch für menschenscheu und phlegmatisch gehaltene Fürst lebte also in erster Linie seinen persönlichen Neigungen. Friedrich August II. war ein exzellenter Kenner der Malerei und ein großer Liebhaber der italienischen Oper. Als Förderer insbesondere dieser Künste zeigte er ein wahrhaft königliches Format. Dabei waren ihm auch weniger anspruchsvolle Leidenschaften nicht fremd – die Jagd, wie Williams erwähnte, aber auch die Freuden der Tafel. Als Schürzenjäger allerdings hat er sich im Gegensatz zu seinem Vater nicht hervorgetan.

Augusts des Starken Ziel war es gewesen, seiner sächsischen Residenz den ihr gebührenden architektonischen Rahmen zu geben. In der Regierungszeit Augusts III., der persönlich weniger als sein Vater an Architektur und Städtebau interessiert war, sind diese Bestrebungen weiterverfolgt worden. Mit dem Bau der Katholischen Hofkirche von 1738 bis 1751, dem bedeutendsten Bauwerk des italienischen Hochbarock nördlich der Alpen, den in der Anfangsphase der Architekt Gaetano Chiaveri vor Ort leitete, wandte sich die Silhouette der Stadt nunmehr tatsächlich dem Elbstrom zu, so wie es einst August dem Starken vorschwebte. Die 78 überlebensgroßen Sandsteinfiguren an dem Sakralbau schuf der Hofbildhauer Lorenzo Mattielli. Das große Altarbild ist ein Werk Anton Raphael Mengs', der Louis de Silvestres Stellung als Hofmaler eingenommen hatte. Die Errichtung des Kirchenbaus in der Hauptstadt eines durch und durch protestantischen Landes war für den katholischen Landesherrn eine heikle Angelegenheit. Um die Bevölkerung nicht über Gebühr zu provozieren, wurden die Bauarbeiten ohne viel Aufsehen begonnen. Den Innenraum der Kirche gestaltete man so, daß hier geschützt vor den mißbilligenden Blicken der Dresdner Bürger auch Fronleichnamsprozessionen abgehalten werden konnten. Die Behausungen der italienischen Bauarbeiter befanden sich an der Stelle der späteren Gaststätte »Italienisches Dörfchen«. Die auf Veranlassung des Grafen Brühl bebauten Teile der der Elbseite zugewandten Festungswerke – August III. hatte das Areal seinem Günstling geschenkt – vervollständigten das beeindruckende Panorama des altstädtischen Elbufers. Überhaupt prägte nach 1733 nicht in erster Linie der Landesherr, sondern Brühl das Baugeschehen in der Residenz. Das erste von Nosseni im 17. Jahrhundert entworfene »Belvedere« war 1747 infolge einer Pulverexplosion in den darunterliegenden Kasematten zerstört worden. Im Auftrag Brühls ließ J. Chr. Knöffel an derselben Stelle von 1749 bis 1751 das zweite Belvedere erbauen. Inmitten der nach 1739 auf der Festungsmauer angelegten Gärten im französischen Stil ließ sich

Brühl 1746 ebenfalls von Knöffel ein Galeriegebäude für seine bedeutende Gemäldesammlung errichten. Nach Brühls Tod 1763 wurden die Gemälde 1768 von Katharina II. von Rußland gekauft. Das Gebäude wurde danach für Kunstausstellungen genutzt und ging in den Besitz des Sächsischen Kunstvereins über. 1887-94 mußte es dem Neubau der Kunstakademie weichen. Nach Plänen Knöffels entstand auch das 1748 fertiggestellte Gebäude für die zuletzt 62 000 Bände umfassende Bibliothek des Ministers. Es schloß sich an die Rückseite des Brühlschen Stadtpalais an der Augustusstraße an. Dieses war auch nach Entwürfen Knöffels von 1737 bis 1753 erbaut worden. Während das Bibliotheksgebäude – seit 1789 Sitz der Kunstakademie – 1897 dem neobarocken Sekundogeniturgebäude geopfert wurde, brach man das große Palais des Grafen in der Augustusstraße im Jahr 1900 ab, um Platz für das Landtagsgebäude Paul Wallots zu schaffen. Aus der Sicht heutiger Denkmalspflege ist eine derartige Vorgehensweise nicht nachvollziehbar. An die Bebauung der Brühlschen Terrasse im 18. Jahrhundert erinnert nur noch der um 1750 angelegte Delphinbrunnen.

Seit ihren Anfängen in der Zeit des Kurfürsten August im 16. Jahrhundert und mehr noch seit Friedrich August I. sie in eine Ordnung gebracht und erweitert hatte, waren die Kunstsammlungen des Hofes weithin berühmt. Wie schon angedeutet, gehörte das Sammeln von Gemälden zu den großen Leidenschaften Friedrich Augusts II. Mit einer gezielten Sammeltätigkeit hatte zu Beginn des 18. Jahrhunderts schon August der Starke begonnen. Um 1700 zählte man in der Kunstkammer 342 Gemälde. Im Jahr 1728 umfaßte die Sammlung bereits 3600 Kunstwerke. August III. sammelte nun im großen Stil. Seine Beauftragten, darunter vor allem Francesco Algarotti und Carl Heinrich von Heinecken, schauten sich in ganz Europa um – nach wertvollen Einzelstücken oder ganzen Sammlungen. 1741 wurden die 268 Bilder der Wallensteinschen Sammlung im böhmischen Dux erworben, im selben Jahr etwa 200 »Niederländer« in Amsterdam und Den Haag gekauft. Der wohl bedeutendste Ankauf wurde 1746 getätigt. Für 100 000 Zechinen erwarb der Kurfürst 100 kostbare Gemälde aus der Sammlung des Herzogs Francesco III. von Modena, vor allem italienische Meister – Veronese, Tintoretto, Tizian und Correggio. Die heute weltberühmte »Sixtinische Madonna« von Raffael gelangte 1754 für den Preis von 20 000 Dukaten in den Besitz Augusts III. Sie befand sich bis dahin in der Klosterkirche San Sisto in Piacenza. Die meisten Gemälde waren seit 1718 im Galeriesaal und später im Riesensaal des Schlosses ausgestellt. Seit 1740 nutzte man die oberen Räume des Stallgebäudes am Jüdenhof. 1744 bis 1746 baute Knöffel das Gebäude – das spätere Johanneum – zur »Galerie Royale« um. Während des Siebenjährigen Krieges konnte die mittlerweile 4700 Gemälde umfassende Sammlung sicher auf dem Königstein verwahrt werden.

Die Musik, insbesondere die italienische Oper, war die zweite Leidenschaft Augusts III. 1731 weilte der Komponist Johann Adolph Hasse mit seiner Frau, der Sängerin Faustina Bordoni-Hasse, anläßlich der Uraufführung seiner Oper »Cleofide« am Dresdner Hof. Im Dezember 1733 ließ ihn der Kurfürst als Hofkapellmeister fest anstellen. Unter seiner Leitung erreichte die Hofkapelle einen Höhepunkt ihrer künstlerischer Arbeit. Auch die von Hasse inszenierten Opernaufführungen gehörten zu den glanzvollsten Leistungen in der Geschichte des Dresdner Musiklebens. Hasse komponierte in diesen Jahren selbst etwa 100 Opern, aber auch geistliche Musikstücke.

Es ergäbe ein unvollständiges Bild, wollte man das barocke Dresden ausschließlich als Stadt großartiger Bauwerke, höfischer Feste, bedeutender Kunstsammlungen und glanzvoller Opernaufführungen beschreiben. Auch wenn das bürgerliche Element im Schatten der höfischen Gesellschaft stand, so waren doch die kulturellen und wissenschaftlichen Leistungen, die es hervorbrachte, beachtlich, Leistungen und Aktivitäten, die nicht nur dem Hofe dienten bzw. in dessen Auftrag entstanden. Es ist die Rede beispielsweise von dem Hofbuchhändler Georg Conrad Walther, einem der bedeutendsten deutschen Verleger des 18. Jahrhunderts. In seiner Verlagsbuchhandlung erschienen zwei autorisierte Voltaire-Gesamtausgaben, aber auch Werke anderer bedeutender französischer Aufklärer. Dresden stand um 1730 hinsichtlich seiner Verlagsproduktion an sechster Stelle unter allen deutschen Städten. Auch der Kreuzschulrektor und bedeutende Historiker Johann Christian Schöttgen und die Schriftsteller Gottlieb Wilhelm Rabener und Christian Ludwig Liscow zählten zu den herausragenden Vertretern einer bürgerlichen Intelligenz in der Stadt. Letzterer prangerte als Sekretär Brühls in anonymen Pamphleten Mißstände im Lande an, wurde entdeckt, inhaftiert und schließlich des Landes verwiesen. Von 1748 bis 1754 lebte Johann Joachim Winckelmann in Nöthnitz nahe der Stadt als Bibliothekar des Historikers und Staatsmannes Heinrich Graf Bünau, dessen Bibliothek als die bedeutendste Gelehrtenbibliothek des 18. Jahrhunderts in Deutschland galt. Im Jahr 1755, bevor er seine Italienreise antrat, lebte Winckelmann für einige Monate in Dresden. Der Begründer der klassischen Archäologie und der modernen Kunstgeschichte wurde insbesondere durch die Antikensammlung, aber auch durch den Gedankenaustausch mit dem befreundeten Zeichner Adam Friedrich Oeser, dem Kunstsammler Christian Ludwig von Hagedorn und Leo Rauch, dem Beichtvater Augusts III., sowie der Nutzung des reichen Sortiments der Waltherschen Hofbuchhandlung zu seinen bahnbrechenden wissenschaftlichen Leistungen inspiriert. In Friedrichstadt bei Dresden erschienen 1755 seine »Gedancken über die Nachahmung der Griechischen Wercke in der Mahlerey und Bildhauer-Kunst«. Sein Hauptwerk, die »Geschichte der Kunst des Alterthums«, verlegte 1764 Georg Conrad Walther. Nicht zuletzt waren die Auftritte der berühmten Schauspieltruppe der Friederike Caroline Neuber im großen Saal des Gewandhauses – erstmals 1730 – Ausdruck eines teilweise schon bürgerlich geprägten Kunstlebens. Das 1591/92 nach Plänen von Paul Buchner errichtete Gebäude am Neumarkt war bis zur Mitte des 18. Jahrhunderts übrigens auch Versammlungsort der kursächsischen Stände.

Die wirtschaftlich florierende und von vielfältigen kulturellen Aktivitäten erfüllte sächsische Metropole sah sich nach 1740 wieder einmal den Auswirkungen und Folgen der großen Politik ausgesetzt. Der Österreichische Erbfolgekrieg war ausgebrochen. Kursachsen/Polen trat der preußischen Kriegspartei bei, in der Hoffnung, durch die Erwerbung wenigstens einer schmalen Landbrücke durch Schlesien eine Verbindung zwischen Sachsen und Polen herstellen zu können. Daß Sachsen die Pragmatische Sanktion von 1713 anerkannt hatte, war für Brühl kein Grund, nicht gegen Österreich Krieg zu führen. Ja, er hatte von Maria Theresia gegen die Zusage der Neutralität die Abtretung böhmischer Gebiete zu erpressen versucht. Nun führte man auf seiten der Preußen Krieg und stieß dabei vor bis vor die Tore Prags. Nichts illustrierte die Unfähigkeit der sächsischen Politik in dieser Zeit besser als der Besuch Friedrichs II. am Dresdner Hof im Januar 1742. Brühl konnte nicht verhindern, daß sich August III. im Gespräch mit dem Preußenkönig von diesem geradezu überrumpeln ließ, indem er seine Armee bedingungslos Friedrichs Befehl unterstellte. Zu spät hatte Brühl die Unterredung unterbrechen können, als er seinem Herrn mitteilte, daß die Aufführung der Oper, an der Friedrich August und sein Gast teilnehmen sollten, soeben begonnen habe. August III. schien sichtlich erleichtert zu sein. Den preußischen König veranlaßte dies, in seinen Memoiren später verächtlich zu bemerken, dem polnischen König sei offensichtlich mehr an einer Opernaufführung gelegen gewesen als an seinen Staatsgeschäften. Damit hatte er ja nicht ganz unrecht. Im Friedensschluß von Breslau zwischen Preußen und Österreich im selben Jahr blieben die sächsischen Interessen dann auch prompt unberücksichtigt. Während Friedrich der Große vorerst Schlesien gewann, ging Sachsen leer aus. Im Zweiten Schlesischen Krieg setzte Brühl daher auf die österreichische Karte. Anfang 1745 trat August III., der sich schon 1743 dem Kaiserhof angenähert hatte, der österreichisch-britisch-holländischen Allianz bei. Doch das vermeintlich geschickte diplomatische Spiel Brühls zahlte sich nicht aus. Allzusehr vertraute er politischen Mitteln und vernachlässigte dabei die militärischen Rüstungen, ohne die auch im 18. Jahrhundert Machtansprüche nicht glaubhaft vertreten werden konnten. So kam es, wie es kommen mußte. Nach anfänglichen Erfolgen erlitten die österreichisch-sächsischen Truppen im Juni 1745 in der Schlacht bei Hohenfriedberg eine empfindliche Niederlage. Im Herbst fielen dann die Preußen in Sachsen ein. Am 15. Dezember kam es bei Kesselsdorf vor den Toren zum entscheidenden Kampf. 30 000 Preußen unter dem Fürsten Leopold von Anhalt-Dessau, einem der fähigsten Feldherren des 18. Jahrhunderts, schlugen eine fast gleich starke sächsische Armee, die unter dem Befehl des Grafen Rutowski stand, eines Halbbruders des Kurfürsten und Königs. Friedrich II. besetzte daraufhin Dresden mit seinen Truppen und erlegte der Stadt hohe Kontributionszahlungen auf. Im Frieden von Dresden, der am 25. Dezember 1745 abgeschlossen wurde, mußte sich das Land insgesamt zur Zahlung einer Kriegsentschädigung an Preußen in Höhe von 1 Million Taler verpflichten. Am 29. Dezember zogen die preußischen Soldaten aus Dresden ab. Der kunstsinnige König hatte es sich zuvor nicht nehmen lassen, in seinem Quartier, dem Palais Rutowski in der Kreuzgasse, noch einmal persönlich mit Mitgliedern der schon damals weltberühmten sächsischen Hofkapelle zu musizieren.

Die Stadt im Siebenjährigen Krieg

Der Zweite Schlesische Krieg hatte das Ansehen Kursachsens schwer erschüttert. Das Ende aller Großmachtträume Brühls und Augusts III. besiegelte schließlich der Siebenjährige Krieg. Er brachte auch für die Residenzstadt eine einschneidende Zäsur. Aufgrund seiner geographischen Lage und seiner wirtschaftlichen Ressourcen mußte das Land zwangsläufig von Anfang an zu einem der Hauptkriegsschauplätze werden. Der Kurfürst und polnische König stand zusammen mit Österreich, Rußland und Schweden auf seiten Frankreichs. Preußen verfolgte zwar eigene Interessen, mußte sich aber an Großbritannien anlehnen, da es auf dessen Subsidienzahlungen angewiesen war, und verfocht somit praktisch die Interessen des Inselreiches in dem großen Spiel. Im Grunde genommen handelte es sich um den ersten Weltkrieg, der ja zwischen den Hauptkontrahenten Frankreich und Großbritannien auch in Nordamerika ausgetragen wurde.

Am 29. August 1756 fiel Friedrich der Große ohne förmliche Kriegserklärung mit etwa 60 000 Mann in Sachsen ein. Die nur 17 000 Soldaten zählende sächsische Armee zog sich schleunigst in Richtung Pirna zurück. Am 9. September rückten die Preußen unter dem General Wylich in die Residenz ein. Einen Tag später bezog Friedrich II. das Palais Mosczynska an der Bürgerwiese. Der Feind richtete sich in Dresden ein. Das Zeughaus wurde ausgeräumt, die dort lagernden 250 Kanonen nach Magdeburg verbracht. Die Kassen und das Kabinettsarchiv beschlagnahmte man bzw. durchsuchte es. Die sächsischen Minister entließ man. Die Bürger hatten erste Einquartierungen und Kontributionszahlungen zu ertragen.

Friedrich August II. und sein Premierminister hatten sich auf den Königstein begeben, durften aber am 20. Oktober von dort nach Polen ausreisen, wo sie bis zum Ende des Krieges blieben. Vom Königstein mußten sie noch mit ansehen, wie die in Struppen eingeschlossene sächsische Armee am 16. Oktober kapitulierte.

Da die Preußen begannen, in den Münzstätten Dresden und Leipzig minderwertiges Geld zu prägen, um damit der rasch steigenden Kriegskosten Herr zu werden, war eine schnelle Erhöhung der Lebensmittelpreise und damit ein bald eintretender Mangel an Nahrungsmitteln unvermeidlich. 1757 mußte die Stadt Dresden Kontributionszahlungen in Höhe von 120 000 Talern leisten – und daher außerordentliche Steuern auf Grundbesitz und Mieteinnahmen erheben. Einige Hausbesitzer waren aus diesem Grund noch zu Beginn des 19. Jahrhunderts verschuldet. Nicht zu vergessen sind die Zwangsrekrutierungen durch die preußischen Offiziere, von denen nicht einmal die Kreuzschüler verschont blieben. Im selben Jahr mußten die Hausbesitzer nach der verlustreichen Schlacht bei Kolin 5000 Verwundete aufnehmen. 1757 verließen auch Johann Adolph Hasse und Teile der Opern-, Ballett- und Schauspielensembles die Stadt. Krieg und ein blühendes kulturelles Leben schlossen einander aus. 1758 kam alles noch viel schlimmer. Der Rat mußte 200 000 Taler für die Preußen aufbringen – zusätzlich zu den schon 1000 Talern, die die Stadt pro Woche an die preußische Besatzung zu zahlen hatte. Auf diese Weise ließe sich die Liste der Grausamkeiten fortsetzen.

Im Siebenjährigen Krieg wurde Dresden im Vergleich zum Dreißigjährigen Krieg von den Kriegsereignissen wesentlich härter und unmittelbarer betroffen. Im Sommer 1758 drangen die Österreicher unter dem Feldmarschall Leopold Reichsgraf von Daun und die Reichsarmee unter dem Herzog von Zweibrücken in Sachsen ein. Im September schloß Daun Dresden ein und begann mit der Belagerung, brach diese jedoch ab, als der preußische Stadtkommandant Karl Christoph Graf Schmettau drohte, die Vorstädte abzubrennen

Die Ruinen der Pirnaischen Vorstadt, Radierung von
Bernardo Belotto, gen. Canaletto, 1766

und jeden Fußbreit Boden in der Stadt ohne Rücksicht auf
die Bevölkerung erbittert zu verteidigen. Nach der preußischen Niederlage in der Schlacht bei Hochkirch tauchten
die Österreicher erneut vor Dresden auf. Ohne zu zögern, ließ
Schmettau am 10. November die Pirnaische Vorstadt anzün-
den. Nach vier Tagen zogen sich Dauns Truppen zurück.
Doch waren 285 Häuser der Vorstadt zerstört worden und
500 Familien hatten ihr Hab und Gut verloren. Das rigorose
Vorgehen der Preußen veranlaßte den sächsischen Gesandten
beim Regensburger Reichstag zu einer flammenden Anklage-
schrift, die die Betroffenheit der Zeitgenossen über diese Art
der Kriegführung widerspiegelte, zugleich aber auch Ausgangspunkt einer geschickten »Medienkampagne« im Reich
gegen den preußischen Gegner wurde.

1759 war für Friedrich den Großen ein schlechtes Jahr. Von
allen Seiten bedrängten die Gegner seine Armeen. Um so

wichtiger war es für ihn, das reiche Sachsen weiter soviel wie möglich ausplündern und so den Krieg fortsetzen zu können. Die eigenen Steuereinnahmen und die britischen Zahlungen konnten die Kriegskosten bei weitem nicht decken. Doch die militärische Lage war prekär. Der Gegner konnte große Teile des Kurfürstentums einschließlich der Städte Leipzig, Wittenberg und Torgau besetzen. Am 9. August begannen Österreicher und Reichstruppen mit der Belagerung Dresdens. Ihren etwa 30 000 Mann stand eine preußische Besatzung von nur 3500 Mann gegenüber. Schmettau räumte daher sofort die Neustadt, um seine Kräfte innerhalb der Festung zu konzentrieren. Außerdem ließ er die Elbbrücke zur Sprengung vorbereiten. Die Bevölkerung der Stadt litt unter dem sich rapide verschärfenden Lebensmittelmangel. Am 30. August griffen die Österreicher die Friedrichstadt an. Schmettau ließ daraufhin die Wilsdruffer Vorstadt in Brand setzen, wobei 82 Häuser zerstört und einige Einwohner getötet wurden. Er mußte jedoch erkennen, daß seine Lage aussichtslos war. Auf Entsatz konnte er nach der katastrophalen Niederlage Friedrichs bei Kunersdorf nicht hoffen. Der König erlaubte Schmettau daher eine ehrenvolle Kapitulation. Am 4. September wurde diese gegen die Zusage eines freien Abzugs aus der Stadt mit den Österreichern ausgehandelt. Als der Preußenkönig seine Kapitulationsgenehmigung aufgrund der sich plötzlich zu seinen Gunsten verändernden militärischen Lage rückgängig machte, war es zu spät. Dresden war bereits von den Österreichern und den Reichstruppen besetzt worden. Nie wieder sollten die Preußen in diesem Krieg die Stadt betreten. Der Dresdener Rat bezifferte damals die durch die lange preußische Besatzung verursachten Schäden mit etwa drei Millionen Talern. Der Dresdner Chronist Hasche, selbst Augenzeuge der Kriegsereignisse, vermerkte allerdings: »Nun waren wir kaiserlich, aber nicht glücklicher.« Die Einquartierungen nahmen ein für die Bürger bisher nicht gekanntes Ausmaß an. Von den 14 000 »verbündeten« Soldaten der Besatzung entfielen auf ein Haus 30 bis 40 Mann. Die Versorgung mit Nahrungsmitteln wurde zu einem fast unlösbaren Problem.

Das Kriegsjahr 1760 brachte für Dresden die härtesten Prüfungen. Am 12. Juli setzte Friedrich II. aus Schlesien heranrückend zwischen Weißig und Trachenberge seine Truppen über die Elbe. Tags darauf war die Stadt eingeschlossen. Die nun folgende Belagerung sollte bis zum 30. Juli andauern. Hasche schreibt in seiner Geschichte Dresdens, daß die Stadt »belagert war von Feinden, die sich die äußersten und härtesten Mittel erlaubten, vertheidigt von Bundesgenossen, denen es mehr um die Behauptung des Platzes, als um die Erhaltung der Einwohner und ihrer Häuser zu thun war«. Die Österreicher lehnten die Aufforderung zur Kapitulation ab, räumten alle Vorstädte und verschanzten sich hinter den Festungsmauern. Am 14. Juli versuchten die Preußen dreimal vergeblich, mit mehreren tausend Mann zwischen dem Pirnaischen Tor und dem Seetor in die Stadt einzubrechen. Am Tage zuvor war dem eine erste Beschießung Dresdens aus diesem Abschnitt heraus vorangegangen. Der 19. Juli brachte den Höhepunkt des preußischen Bombardements. Die Batterien hinter dem Pirnaischen Schlag und dem Zinzendorfschen Garten, am Johanniskirchhof und die westlich der Stadt positionierten Kanonen begannen Tod und Verderben zu speien. Bereits vormittags um 10 Uhr brannten die Häuser der Kreuzgasse, einschließlich des dort gelegenen Amtshauses mit seinen Archivbeständen. Im Laufe des Tages wurden weite Teile der Altstadt in Brand geschossen. Auch die Kreuzkirche fiel den Granaten zum Opfer. Hingegen trotzte die Kuppel der Frauenkirche dem gezielten Beschuß. »Laßt den alten Dickkopf stehen«, soll Friedrich gesagt haben. Zugleich versuchten die Belagerer immer wieder, durch Infanterieangriffe von Süden her eine Bresche in den Verteidigungsring zu schlagen. Der preußische Offizier und Schriftsteller Johann Wilhelm von Archenholtz berichtete über diesen Tag: »Das Feuer wütete nun entsetzlich in und außerhalb der Stadt, viele der vornehmsten Straßen brannten von einem Ende zum andern. Prächtige Paläste, die jede Stadt Italiens würden gezieret haben, wurden ein Raub der Flammen. Alle Augenblicke stürzten Häuser aus vielen Stockwerken ein, die Sitze der Industrie und des Wohlstandes; oft wurden die armen Einwohner unter dem Schutt begraben, oder sie flohen und ließen alles im Stich.« Eine eindrucksvolle Schilderung. Zugleich eine gespenstische, möchte man doch meinen, der Autor habe in diesem Text auch die Zerstörung Dresdens im Februar 1945 vorweggenommen. Die fliehenden Menschen strömten in die weit weniger betroffene Neustadt oder durch die preußischen Linien hindurch in die umliegenden Dörfer. Oft flohen sie nicht vor dem Feuer, sondern vor den plündernden österreichischen Verbündeten. Die Beschießung hielt bis zum 21. Juli an. Bereits am 18. Juli waren Spähtrupps der Armee des österreichischen Feldmarschalls Daun am Weißen Hirsch aufgetaucht. Schon am 20. und 21. Juli konnte dieser bei Übigau 10 000 Mann über den Fluß setzen. Nach schweren Gefechten mußten die Preußen die Belagerung aufgeben. Am 30. Juli zogen sie sich zurück.

Dresden hatte durch die Belagerung die schwersten Zerstörungen infolge Kriegseinwirkungen vor 1945 erlitten. 416 Häuser waren vernichtet, 90 schwer beschädigt worden. Obdachlose Familien lagerten in Gärten und sogar auf Friedhöfen. Es herrschte Hunger in der Stadt. Viele Gewerbetreibende und Künstler waren geflohen. Der Glanz des augusteischen Dresden war längst verloschen. Lebten im Jahr 1755 63 000 Menschen in der Stadt, so hatte sie 1762 nur noch 44 000 Einwohner. Bis 1761 brachten 6577 Fuhren Bauschutt aus der Stadt. Zu allem Unglück wurden die Neustadt und die Vorstädte im selben Jahr von Hochwasser heimgesucht. Der Staat ließ noch während des Krieges den geschädigten Einwohnern Hilfe zukommen. Am 8. August 1760 gab die »Königliche Ober-Accis-Kommission« bekannt, daß allen betroffenen Hausbesitzern und Mietern für ein Jahr die General-Accis-Steuer erlassen werde. Der Siebenjährige Krieg endete schließlich infolge allgemeiner Erschöpfung aller kriegführenden Staaten. Preußen behauptete den Besitz Schlesiens und stieg zur fünften Großmacht Europas auf. Der Hubertusburger Friede vom 15. Februar 1763 beließ Kursachsen zwar in seinen alten Grenzen, beendete aber endgültig sein Dasein als einer ernstzunehmenden politischen Macht im Reich und in Mitteleuropa. Im selben Jahr starben kurz nach ihrer Rückkehr aus Polen Kurfürst Friedrich August II. und sein Premierminister Brühl. Die sächsisch-polnische Union war damit beendet, und sie wurde zumindest in dieser Form auch nie wieder hergestellt.

V · Die Geschichte der Stadt
von 1763 bis 1830

Ende des Ancien régime und heraufziehendes
bürgerliches Zeitalter

Hatte Sachsen auch seine einstige politische Bedeutung unwiderruflich eingebüßt, so erholte sich doch die Wirtschaft des Landes wie schon nach dem Dreißigjährigen Krieg überraschend schnell – diesmal aber nicht ohne tiefgreifende Reformen und dabei nicht ohne die aktive und führende Teilnahme bürgerlicher Kräfte. Vor allem die während des Krieges gewaltig angewachsenen Staatsschulden – für ihre Bedienung mußten nahezu zwei Drittel des Steueraufkommens verwendet werden – erforderten rasches Handeln. Hinzu traten die Zerstörungen in Dresden und in anderen sächsischen Städten, eine rückläufige landwirtschaftliche Produktion und nicht zuletzt der spürbare Bevölkerungsrückgang. Noch Friedrich August II. berief daher 1762 eine »Restaurationskommission« mit dem aus dem Leipziger Großbürgertum stammenden und später in den Adelsstand erhobenen Thomas von Fritsch an der Spitze. Ende 1763 legte das Gremium einen Abschlußbericht vor, in dem ausdrücklich Reformen nicht nur in der Wirtschaft, sondern in allen Bereichen der Gesellschaft angemahnt wurden. Unter den Bedingungen eines aufgeklärten Absolutismus, vertreten durch den nur zwei Monate regierenden Kurfürsten Friedrich Christian und dessen Bruder Xaver, der bis 1768 für den noch minderjährigen Friedrich August III. die Regentschaft ausübte, gelang zumindest der wirtschaftliche Teil des sogenannten sächsischen Retablissements. Eine entscheidende Rolle fiel dabei in den folgenden Jahrzehnten der Anfang 1764 gebildeten »Landesökonomie-, Manufaktur- und Kommerziendeputation« zu.

1774 konnte das Land wieder einen ausgeglichenen Staatshaushalt vorweisen. Die Zeiten einer ausufernden Hofhaltung ohne Rücksicht auf die Ressourcen des Staates waren vorbei. Schon kurz nach dem Tod Friedrich Augusts II. waren die Italienische Oper, die Komoedie und das Hofballett vorerst aufgelöst worden. Johann Adolph Hasse hatte seine Entlassung erhalten, Bernardo Belotto, genannt Canaletto, der das augusteische Dresden in seinen Veduten festgehalten hatte, verließ Dresden endgültig. Andererseits wurde 1764 von Christian Ludwig von Hagedorn die Kunstakademie begründet, eine Hochschule, die bald zu den bedeutendsten Einrichtungen ihrer Art in Deutschland gehören sollte.

In der Residenzstadt machte sich der allmählich im Land einsetzende wirtschaftliche Erholungsprozeß vorerst nur zögernd bemerkbar. Allzulange war das wirtschaftliche und kulturelle Leben der Stadt auf eine exzessiv lebende Hofgesellschaft ausgerichtet gewesen. Das Bürgertum der Stadt konnte deren Stelle als Auftraggeber für das Gewerbe nicht ohne weiteres einnehmen. Kapitalkräftige Kaufmannsfamilien wie etwa in Leipzig gab es hier nicht. Reisende, die am Ende des 18. und zu Beginn des 19. Jahrhunderts Dresden besuchten, äußerten sich kritisch bis abfällig über die provinziellen Zustände in der Stadt, über die Verhaltensweisen ihrer im kleinbürgerlichen Denken befangenen Bewohner. Johann Gottfried Seume berührte, von Grimma kommend, auf seiner berühmten Fußreise nach Syrakus im Jahr 1801 auch Dresden. Dort fielen ihm die vielen »trübseligen, entmenschten Gesichter« auf.

Die Residenz war im letzten Drittel des 18. Jahrhunderts gewiß nicht mit der Stadt, so wie sie sich in der ersten Hälfte jenes Jahrhunderts dargestellt hatte, zu vergleichen. Aber in jedem Niedergang steckt auch ein Neuanfang. Die Wahrnehmungen prominenter Besucher der Stadt sind sicher nicht falsch gewesen. Doch es gibt immer mehrere Wahrheiten.

Eine Reihe von Entwicklungen und Ereignissen zwischen 1770 und 1815 ergeben ein weit differenzierteres Bild. Da wäre zum einen der wirtschaftliche Sektor. Die Masse der Bevölkerung mußte sich zwar in Bescheidenheit üben. Doch gleichzeitig partizipierte Dresden an der ganz Sachsen erfassenden Welle von Manufakturgründungen, die die industrielle Revolution vorbereitete, die ja, was Deutschland angeht, in Sachsen und nicht im Rheinland ihren Anfang nahm. Bis 1800 kam es im Land zur Gründung von etwa 150 Manufakturen, überwiegend Tuch- und Wollmanufakturen. Auf Dresden entfielen davon mehr als ein Dutzend. So gründete hier Johann David Leberecht Fritzsche, lange Zeit Verwalter der Brühlschen Tuchmanufaktur in Forst, 1789 ebenfalls eine Tuchmanufaktur, die Dutzende Spinner in der Stadt und ihrer ländlichen Umgebung beschäftigte. Nach 1765 waren in Dresden unter anderem auch einige »Handschuh-Fabriquen« entstanden.

Der Wiederaufbau der zerstörten öffentlichen Gebäude, aber auch der Wohnhäuser in der Stadt verlief sehr langsam. Der junge Student Johann Wolfgang Goethe konnte bei seinem ersten Besuch Dresdens im Jahr 1768 zahlreiche Ruinen in der Innenstadt sehen. Noch 1779 zählte man in den Vorstädten 193 wüste Hausstellen. Die wiederhergestellte Kreuzkirche konnte erst 1782 eingeweiht werden. Auch der Zwinger war im Siebenjährigen Krieg in Mitleidenschaft gezogen worden. Anfang der neunziger Jahre war man hier noch mit Ausbesserungsarbeiten beschäftigt. Die Trümmer des von Knöffel errichteten »Belvederes« auf der Brühlschen Terrasse – Friedrich der Große hatte den Besitz seines Intimfeindes Brühl 1759 gezielt zerstören lassen – konnten noch 1814 besichtigt werden. Nur wenige neue öffentliche Gebäude entstanden in diesen Jahrzehnten. Nach Plänen von Johann Friedrich Knöbel war 1768/70 zwischen Kreuz- und Gewandhausstraße das neue Gewandhaus erbaut worden. Das alte

Gewandhaus am Neumarkt war dem Beschuß der Stadt im Jahr 1760 zum Opfer gefallen. Die dort tagenden Landstände erhielten mit dem nach dem Entwurf von Friedrich August Krubsacius zwischen 1770 und 1776 errichteten Landhaus ein neues Domizil. Das Bauwerk, das heute das Stadtmuseum beherbergt, ist das vielleicht bedeutendste architektonische Zeugnis des Frühklassizismus in Deutschland.

Auch das von kritischen Beobachtern und Besuchern der Stadt überlieferte Bild einer in geistigen Provinzialismus versunkenen Gesellschaft traf für die Zeit zwischen 1763 und 1800 so nicht zu. Immerhin gehörte Dresden auch am Ende des 18. Jahrhunderts noch zu den großen Städten Deutschlands. Um 1800 zählte es fast 50 000 Einwohner. Selbst in dieser angeblich so verschlafenen Residenz war das Wetterleuchten, das am Horizont ein neues Zeitalter ankündigte, nicht zu übersehen. Es zeigte sich, daß die Stadt am Ende des 18. Jahrhunderts so abseits vom Weltgeschehen nicht stand. Breite Kreise der Bevölkerung nahmen nicht nur Anteil am Zeitgeschehen, sie waren durchaus auch anfällig für aufrührerisches Gedankengut. Die Beschäftigung der Zensurbehörden mit der Verbreitung antifeudalen Schrifttums legte dafür ein beredtes Zeugnis ab. Seit 1789 ergoß sich ein ständig breiter werdender Strom von politischer Literatur über den Rhein nach Deutschland. Bald meldeten sich auch deutsche Parteigänger der Französischen Revolution zu Wort. In Sachsen übernahmen fast ausschließlich Leipziger Buchhändler den Vertrieb dieses Schrifttums, das im Land sofort ein zahlreiches Publikum fand. Die kurfürstliche Regierung nahm nicht ohne Grund die revolutionäre Propaganda von Anfang an sehr ernst. Der sächsische Bauernaufstand des Jahres 1790 hatte ihr die der staatlichen Ordnung drohenden Gefahren überdeutlich gemacht. In der von geflüchteten Adelsfamilien überfüllten Residenzstadt war es Ende August und Anfang September 1790 wegen der durch den Aufstand hervorgerufenen Preiserhöhungen bei Lebensmitteln zu »Bewegungen« unter den Zünften gekommen. Mehrere Dresdner Bürger wurden unter dem Verdacht der Begünstigung aufständischer Bauern verhaftet. Wegen der unsicheren Lage sagten die städtischen Behörden den Jahrmarkt in der Neustadt ab. Als es zu Unruhen unter den Tischlergesellen kam, arbeitete das Militär schon mal für alle Fälle einen Einsatzplan aus. Der Verbreitung verbotener Schriften entgegenzutreten war weit schwieriger. Die Zensurvorschriften wurden verschärft. Am 11. September 1790 erließ die Regierung ein Generale gegen »bedenkliche« Schriften, am 18. Januar 1791 ein noch umfassenderes »Mandat wider Tumult und Aufruhr«. Selbst das Fürstentreffen in Pillnitz, wo am 25. August 1791 Kaiser Leopold II., der preußische König Friedrich Wilhelm II. und der Graf von Artois, der spätere französische König Karl X., zusammengetroffen waren, um die Grundlagen für das Vorgehen des feudalen Europa gegen das revolutionäre Frankreich zu legen, widmete sich diesem Thema. 1793 stellten die Behörden eine Liste von 40 verbotenen Schriften zusammen, die auf Märkten kursierten, aber vor allem in Leih- und Lesebibliotheken der Stadt auftauchten. Der Buchhändler Arnold betrieb z. B. seit 1795 in der Neustadt eine solche Einrichtung, bevor er 1799 sein berühmtes »Lesemuseum« am Altmarkt eröffnete. Wichtiger waren sicher die kleineren, unauffälligeren Leihbibliotheken, von denen es eine größere Anzahl in Dresden gab. Eine besondere Rolle spielte die Lesestube des Buchhändlers und Verlegers Carl Christian Richter. Von ihm selbst ist wenig bekannt, aber er verlegte die von Georg Friedrich Rebmann seit 1793 redigierten »Neuen Dresdner Merkwürdigkeiten gemeinnützigen Inhalts« und die Monatsschrift »Allgemeiner Sächsischer Annalist«, die von Januar bis Juni 1793 erschien. Rebmann, der später zum vielleicht bedeutendsten publizistischen Vertreter der Ideen der Französischen Revolution in Deutschland wurde, war Mitte November 1792 nach Dresden gekommen, zählte zu diesem Zeitpunkt jedoch noch zu den gemäßigten Kritikern der bestehenden feudalen Gesellschaft. Das schlug sich besonders in seinen Beiträgen im »Sächsischen Annalisten« nieder. Es war schwierig, in Zeitschriften klare politische Ansichten zu äußern und diese damit als Plattform für eine öffentliche Meinung zu nutzen. Journale – in Dresden existierten zwischen 1789 und 1800 fünf oder sechs – bedurften einer besonderen Privilegierung für eine politische Berichterstattung und waren daher auch sehr viel leichter von den Zensurbehörden zu kontrollieren als die unter der Hand verbreiteten Flugschriften. Deutlicher konnte Rebmann seine Kritik in den 1796 in Altona erschienenen »Wanderungen und Kreuzzügen durch einen Theil Deutschlands« anbringen. In dem »Reisebuch« befaßte er sich ausführlich mit den sächsischen und Dresdner Verhältnissen. Es wurde in Kursachsen sofort verboten. Bereits 1794 hatte sich der Schriftsteller größeren Unannehmlichkeiten durch die Flucht von Dresden nach Dessau entzogen. Im selben Jahr löste eine an sich belanglose Auseinandersetzung eines Schneidergesellen mit seinem Meister eine Streikbewegung in der Stadt aus, die zuletzt 3000 Gesellen verschiedener Zünfte erfaßte. Gesellenunruhen waren am Ende des 18. Jahrhunderts in deutschen Städten nichts Ungewöhnliches. Aber indirekt standen sie mit den Ereignissen in Frankreich in Verbindung, steigerten diese doch offensichtlich die allgemeine Unzufriedenheit der Bevölkerung. 300 Gesellen wurden verhaftet. Der Kanzler Christian Gottlob von Burgsdorff ließ es sich nicht nehmen, den Verhören im Rathaus persönlich beizuwohnen.

Unter der Bezeichnung »Broschürenstreit« ist eine publizistische Auseinandersetzung in der Residenz in die Geschichte eingegangen, die von der Bevölkerung der Stadt sicher nicht als ein spektakuläres Ereignis wahrgenommen wurde, die aber die feudale Ordnung ernsthafter in Frage stellte als manche spontane Aktion in diesen Jahren. Auslöser war der am 6. Januar 1793 in Dresden turnusmäßig eröffnete Landtag. Wie gewöhnlich war die Bewilligung der Steuern der Hauptverhandlungsgegenstand. Die kleineren sächsischen Städte hatten sich eine Erleichterung der drückenden Steuerlast erhofft. Als aber im Gegenteil die Regierung infolge der Teilnahme Sachsens am Reichskrieg gegen Frankreich zusätzliche Steuern forderte, kam es zum Eklat. Abgesandte der kleinen Städte griffen nun die traditionelle Steuerfreiheit des Adels an, also ein zentrales Privileg der feudalen Klasse. Ein entsprechendes Schriftstück – verfaßt von dem Stadtschreiber von Prettin, Karl Gottlob Schmoll – wurde entgegen allen bisherigen Gepflogenheiten der Öffentlichkeit zugespielt. Innerhalb kurzer Zeit waren in der Residenz zahlreiche Abschriften in Umlauf. Bürgerliche Kritiker des feudalen Staates nutzten dies sofort für eine publizistische Kampagne. Eine Schrift, die bereits 1791 anonym in der Richterschen Buchhandlung erschienen war, gewann plötzlich eine aktuelle Bedeutung. Der Text »Über den Verfall der Städte, insbesondere der kursächsischen« stammte von dem damals bedeutendsten sächsischen Staatsrechtler Carl Heinrich von Römer, der seit 1791 in Dresden als Advokat lebte. Er hatte in dieser Broschüre die Steuerfreiheit des Adels und die überlebten Zunftgesetze angeprangert sowie eine wirtschaftliche Liberalisierung besonders im Bank- und Kreditwesen gefordert. Nun wurde Römer verhaftet, nach Bautzen gebracht und dort eingekerkert. Aber andere sächsische Autoren griffen Römers Gedanken auf. Erst am Ende des Jahrhunderts ebbte der »Broschürenstreit« ab.

Nicht alle Angehörigen der bürgerlichen Intelligenz in Dresden engagierten sich politisch so eindeutig. Die zu dieser Zeit in der Stadt lebenden oder sich dort vorübergehend aufhaltenden Künstler und andere Geistesschaffende werden sich über die großen Fragen der Zeit in den Salons ausgetauscht haben. Der Mittelpunkt des geistig-kulturellen Lebens in Dresden war zu dieser Zeit das Haus des Oberappellationsgerichtsrates Christian Gottfried Körner. Der Vater Theodor Körners, des Dichters der Befreiungskriege, war 1783 nach Dresden zugezogen, wohnte anfangs am Kohlmarkt in der Neustadt, später bis zu seinem Weggang nach Berlin im Jahr 1813 in einem Haus am Palaisplatz bzw. im Haus Moritzstraße 10. Nicht nur Friedrich Schiller fand Aufnahme bei Körner – dreimal zwischen 1785 und 1801 nahm der Dichter die Einladungen seines Freundes an. Im Körnerschen Gartenhaus in Loschwitz schrieb er am »Don Carlos«. Auch Besucher und Freunde wie Mozart, Johann Gottlieb Naumann, Anton Graff, der Sprachwissenschaftler und kurfürstliche Bibliothekar Johann Christoph Adelung, Novalis, die Gebrüder Schlegel, Heinrich von Kleist, Friedrich Gentz und andere schätzten die freimütige Atmosphäre im Hause Körner. Dieser selbst sprach sich für gewisse Staatsreformen und eine Lockerung der Zensur aus und positionierte sich in aller Vorsicht zumindest intern zu den drängenden Fragen der Zeit. Von säkularer Bedeutung in künstlerisch-literarischer Hinsicht war der Gedankenaustausch, den Novalis, die Gebrüder Schlegel, Caroline Ernst, geb. Schlegel, und der Philosoph Friedrich Wilhelm Joseph Schelling im Landhaus des Hofrats Ludwig Emanuel Ernst in Pillnitz und gelegentlich auch in den Räumen der Gemäldegalerie im Jahr 1798 pflegten. Dresden wurde in jenen Tagen und Wochen zu einem der Geburtsorte der Frühromantik in Deutschland. Die Reihe namhafter Schriftsteller und bildender Künstler, die in dieser Zeit in der Stadt wirksam waren, läßt sich mühelos fortsetzen. Zwischen Herbst 1800 und Frühjahr 1809 hielt sich Heinrich von Kleist viermal in Dresden auf. Bedeutsam war sein letzter Aufenthalt. Nicht deshalb, weil im Liebhabertheater des österreichischen Gesandten Graf Buol in dessen Haus in der Landhausstraße der »Zerbrochene Krug« aufgeführt wurde, sondern weil Kleist zusammen mit dem Staatsrechtler Adam Müller 1808/09 im Eigenverlag die ersten Nummern des »Phöbus«, der berühmten Kunst- und Literaturzeitschrift, herausgegeben hat. Müller sorgte schon seit 1806 in den Kreisen der Dresdner Gesellschaft mit seinen »Vorlesungen über deutsche Wissenschaft und Literatur« und diversen staatsrechtlichen Vorträgen, die er später als »Elemente der Staatskunst« veröffentlichte, für Aufsehen. Der Schweizer Porträtmaler Anton Graff lebte wie sein Landsmann Adrian Zingg auch schon seit 1766 in der Stadt. Beide hatten Professuren an der Kunstakademie inne. Graff porträtierte zahlreiche Dresdner Honoratioren und berühmte Besucher der Stadt – so auch Friedrich Schiller. Beide entdeckten auch die bizarre Schönheit des nahe gelegenen Elbsandsteingebirges, für das sie die Bezeichnung »Sächsische Schweiz« prägten. Auch Ludwig Tieck, der erst Jahre später eine große Bedeutung für das Dresdner Kulturleben erlangen sollte, hielt sich zwischen 1801 und 1803 erstmals in der sächsischen Residenzstadt auf, um hier zusammen mit Friedrich Schlegel Schriften von Novalis herauszugeben. Schließlich, das sei auch erwähnt, machte Johann Gottfried Herder auf der Rückreise von einem Kuraufenthalt in Eger im Sommer 1803 – seinem Todesjahr – in Dresden Station. 1802 hatte er in einem in der Zeitschrift »Adastrea« erschienen Beitrag den Begriff »Deutsches Florenz« (Elbflorenz) geprägt, der sich aber nicht in erster Linie auf die Silhouette der Stadt bezog, sondern auf deren berühmte Kunstsammlungen. Es war ein vom Bürgertum getragenes Kulturleben, das sich Ende des 18. und Anfang des 19. Jahrhunderts in Dresden darstellte. Sicher prägte es die städtische Gesellschaft und die geistige Atmosphäre in der Stadt nicht tiefgreifend. Aber dieses Phänomen einer gewissen Isoliertheit vor allem von Künstlergruppen sollte auch für spätere Epochen der Dresdner Kulturgeschichte typisch sein. Jedenfalls gehörten die Zeiten, in denen Künstler, Buchhändler oder Gelehrte überwiegend einer höfischen Gesellschaft dienstbar waren, der Vergangenheit an.

In den ersten Jahren des 19. Jahrhunderts ist in den Salons der sächsischen Hauptstadt nicht nur über Literatur und Kunst gesprochen worden. Hier trafen sich auch französische Emigranten, politische Schriftsteller und Diplomaten der gegen das napoleonische Frankreich kriegführenden Koalitionsmächte. Insbesondere nach der Katastrophe von Austerlitz im Jahr 1805 ist Dresden für einige Monate der Ort gewesen, an dem sich die wichtigsten Vordenker des antinapoleonischen Kampfes einfanden und berieten. Friedrich von Gentz hatte die Stadt bereits 1802 erstmals aufgesucht und war damals mit dem jungen Clemens von Metternich, zu dieser Zeit österreichischer Vertreter am Dresdner Hof, bekannt geworden. Nun schmiedete er mit seinem alten Bekannten Adam Müller, dem Historiker Johannes von Müller, dem Grafen d'Antraigues, einem der wichtigsten Vertreter der französischen Emigranten, dem Grafen Marcolini und dem österreichischen Gesandten Joseph von Buol Pläne für die politische Zukunft Europas nach Napoleon. Doch diese Zukunft schien noch in weiter Ferne zu liegen. Am 20. Oktober 1806, sechs Tage nach der verheerenden Niederlage der preußischen und sächsischen Truppen bei Jena und Auerstedt, verließ Gentz aus Angst vor Repressalien seitens des Siegers die Elbstadt und begab sich nach Prag. Fünf Tage später marschierten bayerische Rheinbundtruppen in Dresden ein. Das altersschwache Heilige Römische Reich Deutscher Nation hatte mit der Bildung des Rheinbundes, in dem Napoleon seine deutschen Vasallen zusammenfaßte, im Juli des Jahres faktisch aufgehört zu bestehen. Kaiser Franz II. zog daraus die Konsequenzen und legte am 6. August die römisch-deutsche Kaiserkrone nieder. Vorausschauend hatte er allerdings schon 1804 für seine Erbländer ein österreichisches Kaisertum proklamiert.

Der sächsische Kurfürst Friedrich August III. richtete seine Politik streng nach dem Legalitätsprinzip aus. Damit war er den Herausforderungen dieser von Umbrüchen geprägten Zeit nicht gewachsen. Anfangs hielt er an der Fiktion des Reiches fest. Als sich die Ereignisse zu überschlagen begannen, dachte er ernsthaft, sich aus allem heraushalten zu können. Nachdem er erkennen mußte, daß dies nicht realistisch war, stellte er sich widerstrebend auf die Seite Preußens, des Landes, das schon zu Friedrichs des Großen Zeiten Sachsen am liebsten annektiert hätte. Nach Jena und Auerstedt wurde er von Napoleon nicht allzusehr abgestraft, sieht man von der Tatsache ab, daß das Land sieben Millionen Taler an Frankreich zu zahlen hatte. Der Korse beschloß sogar, den Kurfürsten innerhalb des Rheinbundes zu einem seiner bevorzugten Vasallen zu machen. Im Frieden von Posen am 11. Dezember 1806 wurde das Kurfürstentum von Napoleon zum Königreich erhoben. 1807 verband er das aus preußischen Gebieten gebildete Herzogtum (später Großherzogtum) Warschau in Personalunion mit Sachsen – eine schwache Kopie der alten sächsisch-polnischen Union im 18. Jahrhundert. Von einigen Verwaltungsreformen abgesehen verlangte der französische Kaiser von dem frischgebackenen König Friedrich August I. keine wirklichen Veränderungen im Innern. Im Gegensatz zu anderen Rheinbundstaaten führte dieser in seinem Land keine moderne Verfassung ein – trotz der dringenden Forderungen nach Reformen seitens bürgerlich orientierter Kräfte in Sachsen.

Die nun folgenden Jahre erwiesen sich für das Land einerseits als eine Zeit äußerster Belastung. Napoleon beutete vor allem die menschlichen Ressourcen Sachsens wie die der anderen Rheinbundstaaten rücksichtslos für seine endlosen Eroberungszüge aus. Andererseits profitierte die sächsische Wirtschaft in mancherlei Hinsicht von der von Napoleon gegen Großbritannien verhängten Kontinentalsperre. Während des französisch-österreichischen Krieges 1809 besetzten kurzzeitig die Freiwilligenverbände des Herzogs Wilhelm von Braunschweig die von Truppen völlig entblößte Residenzstadt. Daraufhin wurde noch im selben Jahr eine Nationalgarde gebildet, die sich aus der Bürgerschaft rekrutierte. Sie sollte später – während der Ereignisse des Jahres 1830 und in einer veränderten Organisation während der Revolution von 1848/49 – eine Rolle spielen.

Pfingsten 1812 traf Napoleon mit großem Gefolge in Dresden ein. Der Korse war ganz offensichtlich auf dem Höhepunkt seiner Macht angelangt. Um dies auch aller Welt deutlich zu machen, hatte er den österreichischen Kaiser, den preußischen König und einige weniger bedeutende Vasallen und Verbündete herbeizitiert. Der Rußlandfeldzug stand unmittelbar bevor. Die sächsischen Hilfstruppen waren schon im März nach Polen verlegt worden. Im Juni überschritt dann die »Große Armee« die russische Grenze. Doch der Triumph des Imperators währte nur kurze Zeit. Moskau wurde zwar erobert, aber die von den Russen selbst angezündete Stadt war als Winterquartier denkbar ungeeignet. Bei klirrender Kälte mußte der Rückzug angetreten werden. Nur Reste des einst gewaltigen Heeres kehrten zurück. Von den etwa 20 000 Sachsen überlebten kaum 4000 Mann. Der französische Kaiser selbst war in einem Pferdeschlitten seinen sich aus den Weiten Osteuropas zurückziehenden Truppen vorausgeeilt, um eine neue Armee aus dem Boden zu stampfen. Fast unerkannt traf er am 14. Dezember 1812 in Dresden ein. Im Palais Loß in der Kreuzgasse, dem Sitz seines Gesandten in Sachsen, informierte er König Friedrich August I. über seine katastrophale Niederlage. Allerdings dürfte er ihm auch deutlich gemacht haben, daß weiterhin mit ihm zu rechnen sei. Dem Kaiser folgten die geschlagenen, sich in Auflösung befindlichen kümmerlichen Reste der »Großen Armee«. Der Maler Ludwig Richter konnte sich erinnern, als Kind

Die alte Augustusbrücke nach der am 19. März 1813
erfolgten Sprengung, kolorierter Stich

im Winter 1812/13 die sich bei eisigem Wind über die Elbbrük-
ke schleppenden Grenadiere gesehen zu haben. Die nun folgenden Monate rissen die Dresdner Bevölkerung aus ihrem
gewohnten Alltagsleben. Die verbündeten Russen und Preußen – letztere hatten nach der Konvention von Tauroggen
die französische Fremdherrschaft abgeschüttelt – folgten
den Franzosen und Rheinbundtruppen auf dem Fuße. Diese
sprengten zum Zorn der Dresdner Bürger am 19. März einige
Pfeiler der Elbbrücke. Drei Tage später besetzten Kosaken
die Neustadt. Auch die Altstadt mußten die Franzosen am
26. März räumen. Ende April 1813 beobachtete der Geheime
Rat Goethe, der sich auf der Durchreise nach Teplitz für
einige Tage in Dresden aufhielt, vom Fenster des Hauses des
Malers Gerhard von Kügelgen in der Hauptstraße mit sicht-
lichem Mißvergnügen den Einzug Kaiser Alexanders von
Rußland und Friedrich Wilhelms III. von Preußen in die
Stadt.

Anfang Mai 1813, nach ihrem Sieg über die Preußen bei Lützen, kehrten die Franzosen zurück. König Friedrich August I., der nach Prag ausgewichen war, sah sich nach unverhohlenen Drohungen Napoleons gezwungen, in seine Residenzstadt zurückzukehren und wurde so zusammen mit seinem Land zur Geisel des Korsen. Am 21. Mai erlitten die Verbündeten bei Bautzen eine weitere Niederlage. Dresden war zum Angelpunkt des französischen Truppenaufmarsches geworden. Am 10. Juni verlegte Napoleon sein Hauptquartier in das Palais Marcolini in der Friedrichstadt. Doch hatte er bereits einen verhängnisvollen Fehler begangen. Am 4. Juni stimmte er einem Waffenstillstand zu, um sich besser auf den kommenden Feldzug vorbereiten zu können. In Wirklichkeit verschaffte er damit den Verbündeten eine dringend notwendige Atempause. Am 26. Juni empfing der Kaiser im Palais Marcolini Metternich, den Außenminister des noch neutralen Österreich, zu einem folgenschweren Gespräch. Dem Wiener Hof war keineswegs an einer völligen Niederlage Frankreichs gelegen. Auch konnte der Vielvölkerstaat an der nationalen Erhebung der Deutschen nicht wirklich interessiert sein. Metternich, der allerdings schon enge Verbindungen zu den Preußen und Russen hielt, suchte dem Korsen goldene Brücken zu bauen. Er mußte jedoch erkennen, daß der Krieg unvermeidlich war, als Napoleon jegliche substanziellen Zugeständnisse ablehnte. So brachte er wenigstens den Kaiser dazu, einer Verlängerung des Waffenstillstands und einer Friedenskonferenz in Prag – die jedoch ergebnislos blieb und die von beiden Seiten auch nicht ernsthaft angestrebt wurde – zuzustimmen, um so selbst den Zeitpunkt des österreichischen Kriegseintritts bestimmen zu können. Am 12. August 1813 erklärte Wien den Franzosen den Krieg und schloß sich den Verbündeten an. Das Ende der napoleonischen Fremdherrschaft über Europa war damit besiegelt. Jedoch schien nach Ablauf des Waffenstillstands am 10. August das Kriegsglück Napoleon noch einmal gewogen zu sein. Am 26. und 27. August 1813 kam es bei Dresden zu einer gewaltigen Schlacht.

Der französische Kaiser war am 15. August, an seinem Geburtstag, den er schon fünf Tage zuvor mit großem Pomp in Dresden gefeiert hatte, mit seinen Truppen nach Schlesien aufgebrochen, um die Armee Blüchers anzugreifen. Eine Woche später wälzte sich die etwa 180 000 Mann zählende Hauptarmee der Verbündeten unter der Führung des Fürsten Karl Philipp von Schwarzenberg über die Pässe des Erzgebirges Dresden entgegen. Russen, Österreicher und Preußen schlossen die Altstadt am 24. und 25. August fast völlig ein. Ihre Kolonnen standen im Großen Garten, in Strehlen, Blasewitz und Löbtau. Doch noch einmal siegte das Feldherrengenie des Korsen über seinen nur mittelmäßig begabten Gegner Schwarzenberg. Die 30 000 Mann starke französische Besatzung Dresdens unter dem Marschall Saint-Cyr hätte gegen die Verbündeten allein trotz des erst kurz zuvor angelegten Ringes von Feldschanzen um die Stadt nicht die geringste Chance gehabt. Aber Napoleon kehrte auf seinem Marsch nach Schlesien in der Lausitz um und führte seine Streitkräfte in Eilmärschen in die sächsische Hauptstadt zurück. Am 25. August erreichten seine Garderegimenter Stolpen. Während am 26. August Schwarzenberg nach einigem Zögern – bedingt auch durch die Uneinigkeit zwischen den drei anwesenden verbündeten Monarchen – die Stadt angriff, dirigierte der französische Kaiser, der gegen 9 Uhr mit seinen Vorausabteilungen in Dresden eingetroffen war, vom Schloßplatz aus die über die Elbbrücke unaufhörlich heranrückenden Regimenter des Gros seiner Armee – mehr als 100 000 Soldaten – an die bedrohten Stadtgrenzen. Am Vormittag gelang es russischen Verbänden, Blasewitz, Striesen und Teile des Großen Gartens zu erobern, während die Preußen und Österreicher in Gruna, Cotta und Löbtau eindrangen. Trotz des heftigen

Artilleriebeschusses durch die Verbündeten seit dem Nachmittag und des Vorrückens ihrer Verbände teilweise bis an
die unmittelbare Stadtgrenze, gingen die Franzosen noch
am Abend unter der Führung des Kaisers selbst und der
Marschälle Mortier, Murat – des Königs von Neapel – und
Ney zum Gegenangriff über. Besonders das Dorf Striesen
wurde dabei verwüstet. Bereits am Mittag des 27. August gerieten die Hauptquartiere der Verbündeten, Schwarzenbergs
in Bannewitz, Kaiser Alexanders in Nöthnitz und das des
preußischen Königs in Leubnitz durch Artilleriefeuer in arge
Bedrängnis. In unmittelbarer Nähe des russischen Kaisers
wurden dabei dem General Jean Victor Moreau, dem auf
der Seite der Verbündeten stehenden fähigen ehemaligen
Feldherrn der Französischen Republik und Napoleons, durch
eine Kanonenkugel beide Beine zerschmettert. Im böhmischen Laun erlag er Tage später seinen schweren Verletzun-
gen. Ein von Gottlob Friedrich Thormeyer entworfenes und
von Christian Gottlieb Kühn ausgeführtes schlichtes Denkmal erinnert auf der Räcknitzer Höhe an den Tod des Generals. Nachdem die französischen Truppen den Belagerungs-
ring gesprengt hatten, zogen sich die Verbündeten seit dem
Abend des 27. August geschlagen zurück. 14 000 Gefangene
und 15 000 Tote und Verwundete mußten sie zurücklassen.
Napoleons Truppen hatten mehr als 10 000 Tote und Verwundete zu beklagen.

Die Dresdner Vorstädte waren bei den Kämpfen schwer
zerstört worden. E. T. A. Hoffmann, der sich 1813 für einige Monate in der Stadt aufhielt, schrieb in seiner auch als
Flugschrift verbreiteten »Vision auf dem Schlachtfelde zu
Dresden« unter anderem: »Auf den dampfenden Ruinen des
Feldschlößchens stand ich und sah hinab in die mit blutigen
Leichen, mit Sterbenden bedeckten Ebene, das dumpfe Rö-
cheln des Todeskampfes, das Gewinsel des Schmerzes, das
entsetzliche Geheul wütender Verzweiflung durchschnitt die

Lüfte, und wie ein ferner Orkan brauste der Kanonendonner ...« Die Lazarette in der Stadt waren völlig überfüllt. Hoffmann war als Kapellmeister der Seconda'schen Theatertruppe tätig, die häufig im Sommertheater des Lincke'schen Bades an der Elbe gastierte. In Dresden verfaßte er auch sein bekanntes Kunstmärchen »Der goldene Topf«.

Napoleon hatte an diesen beiden Augusttagen des Jahres 1813 seinen letzten großen Sieg im besetzten Deutschland errungen, einen Sieg, den er jedoch nicht mehr strategisch verwerten konnte. Es war ihm nicht gelungen, die verbündeten Armeen nacheinander zu schlagen. Der von Preußen ausgehende Befreiungskrieg erfaßte das ganze Volk. Er sollte zum Gründungsmythos der deutschen Nation werden. Französische Verbände verfolgten Schwarzenberg zwar bis ins Böhmische hinein, doch bei Kulm wurde das Korps des Generals Vandamme nahezu vernichtet, er selbst gefangen genommen. Nun ging es Schlag auf Schlag. Der legendäre Elbübergang der Armee Blücher bei Wartenberg drohte den Franzosen alle Rückzugslinien abzuschneiden. Der französische Kaiser, der Dresden schon am 7. Oktober verlassen hatte, wurde gezwungen, sich in der Leipziger Ebene den vereinten Armeen der Verbündeten zu stellen. Vom 16. bis zum 19. Oktober 1813 tobte die Entscheidungsschlacht. Dem Sieg der Alliierten in der Völkerschlacht folgte der Zusammenbruch der französischen Fremdherrschaft in Deutschland. Noch während des Kampfes waren Tausende sächsische Soldaten zu den verbündeten Truppen übergelaufen. König Friedrich August I., der »bis fünf nach zwölf« mehr oder minder gezwungen an der Seite des Korsen ausgeharrt hatte, wurde als Gefangener nach Friedrichsfelde bei Berlin verbracht. Das weitere Schicksal des Königreiches war ungewiß. Die in Dresden verbliebene französische Besatzung unter Saint-Cyr kapitulierte am 11. November 1813. Erst danach konnte das für das besetzte Sachsen errichtete Generalgouvernement von Leipzig nach

Dresden verlegt werden. Die Bevölkerung der Stadt hatte in den Wochen zuvor nicht nur Hunger gelitten. Eine Typhusepidemie kostete zahlreiche Opfer. Bis zum 9. November stand das Generalgouvernement unter russischer Leitung. National gesinnte Sachsen hatten nach dem 31. Oktober 1813 – freilich ein wenig verspätet – mit der Aufstellung eines Freiwilligenkorps, des »Banners der freiwilligen Sachsen« begonnen, um an den weiteren Kämpfen gegen Frankreich teilzunehmen. Die russische Verwaltung des Landes unter dem Fürsten Nikolai Repnin-Wolkonski sah sich schwierigen und zugleich vielfältigen Aufgaben gegenüber, um eine Normalisierung der Verhältnisse nach den Kriegswirren zu erreichen. Dabei konnte sie sich auf patriotische und reformfreudige Persönlichkeiten wie Dietrich von Miltitz stützen. In Dresden ließ Repnin den Großen Garten für die Bevölkerung frei zugänglich machen, und er veranlaßte den Bau der Freitreppe an der Brühlschen Terrasse durch Thormeyer. Es hieß, daß er sich auch sonst den Problemen der Bewohner der Stadt recht aufgeschlossen zeigte.

Hätten sich auf dem Wiener Kongreß 1815 Preußen und Rußland gegen Österreich, Großbritannien und Frankreich durchgesetzt, so wäre ganz Sachsen eine preußische Provinz geworden. So aber verlor es »nur« 60 % seines Territoriums und 40 % seiner Bevölkerung. Jedoch waren es die wirtschaftlich am weitesten entwickelten und die am dichtesten besiedelten Teile des Landes, die im Rahmen des Deutschen Bundes selbständig blieben. Sachsen sollte daher in den nächsten Jahrzehnten der wirtschaftlichen, aber durchaus auch der kulturellen Entwicklung Deutschlands wesentliche Impulse geben.

In den ersten Jahren nach der napoleonischen Ära war dies nicht sogleich sichtbar, auch in Dresden nicht. Die Zeit schien stillzustehen. Biedermeierliche Beschaulichkeit ging einher mit politischer Erstarrung. Das mußte all jene enttäuschen, die die Befreiungskriege als Aufbruchszeit empfunden hatten, als Beginn einer neuen Epoche, einer Epoche, in der die Deutschen in einem einheitlichen Nationalstaat leben, in der sie aber auch über politische Bürgerrechte verfügen würden. Die deutschen Staaten und fast ganz Europa waren vorerst fest im Griff des Metternichschen Systems.

Die gesellschaftlichen Rahmenbedingungen mochten auch noch so entmutigend sein, schon in den folgenden eineinhalb Jahrzehnten zeigte sich, daß sich die großen, längerfristig wirkenden Tendenzen der Geschichte allmählich doch unaufhaltsam Bahn brachen – und das auch in der beschaulichen Residenzstadt Dresden. Immerhin war man im 19. Jahrhundert angelangt. Wissenschaft, Technik und Industrie, aber auch politische Parteien, Parlamentarismus – wenn auch eingeschränkt – und gesellschaftliche Emanzipation allgemein sollten es an seinem Ende prägen. Fast unmerklich ging das Manufakturzeitalter in das der industriellen Revolution über. In Dresden entstanden vor 1830 die ersten bescheidenen Fabriken, fast ausschließlich Betriebe der Nahrungsmittelbranche. Hinter dem Italienischen Dörfchen an der Elbe eröffnete 1820 der Kaufmann Heinrich Wilhelm Calberla eine Zuckersiederei. Im selben Jahr gründete der Apotheker und Arzt Friedrich Adolf August Struve in der Seevorstadt die »Königlich Sächsische concessionierte Mineralwasseranstalt« – das erste Unternehmen seiner Art in der Welt. Ebenfalls 1820 nahm in der Friedrichstadt eine Preßhefen- und Kornspirituosenfabrik – die später bekannte Firma Bramsch – ihre Produktion auf. Den Ruf der Dresdner Schokoladenindustrie begründete 1823 die Firma Jordan & Timäus am Palaisplatz und in der Alaunstraße.

Eine wesentliche Voraussetzung für die räumliche Ausdehnung Dresdens in der Zeit der verstärkten Industrialisierung etwa seit der Mitte des 19. Jahrhunderts war die Entfestigung der Stadt. Ihre militärische Bedeutung hatte die Dresdner Fe-

Blick vom Neustädter Elbufer auf die Brühlsche Terrasse mit
den Gebäuden des Sächsischen Kunstvereins und der Hochschule
für Bildende Künste, im Hintergrund die Frauenkirche, 2004

stung schon Anfang des 18. Jahrhunderts weitgehend verloren, wie der Bau des Zwingers, die spätere Bebauung des an
den Grafen Brühl gelangten Teils der Befestigung und zuletzt
die Errichtung der Hofkirche im Festungsbereich zeigten. Bereits Anfang 1760 legte der Oberlandbaumeister Julius Heinrich Schwarze einen Plan zur Beseitigung der Festung vor.
Zwei Jahre später entwickelte der bayerische Hofarchitekt
François de Cuvilliés ähnliche Vorstellungen. 1809 begannen
die Entfestigungsarbeiten – wahrscheinlich auf Veranlassung
Napoleons. Mehr als eintausend zwangsverpflichtete Arbeiter
wurden zur Abtragung der Werke eingesetzt. Doch schon
1812 stellte man die Arbeiten wieder ein. Erst im Jahr 1817
setzte das Geheime Finanzkollegium eine »Demolitionskommission« ein, die die Entfestigung wieder aufnehmen ließ,
sie leitete und koordinierte. Eine maßgebliche Rolle spielte
dabei der schon mehrfach erwähnte Architekt Gottlob Friedrich Thormeyer. Um 1830 waren die Festungsanlagen abgetra-

gen bis auf die Brühlsche Terrasse, die ja bebaut und längst Bestandteil der einzigartigen Silhouette des Altstädter Elbufers war. Im Park des Japanischen Palais kann man noch heute die Reste einer Bastion der Neustädter Befestigung des 17./18. Jahrunderts erkennen. Die sogenannte Akzisemauer, die das Weichbild der Stadt vom weiteren Umland trennte, blieb bis zur Mitte des 19. Jahrhunderts erhalten. Thormeyer entwarf die Pläne zur Bebauung der im Zusammenhang mit der Abtragung der Festung neu entstandenen Plätze in Dresden – des Post- (1811), des Pirnaischen (1816) und des Antonplatzes (1826).

In der Anfangsphase der industriellen Revolution erlangten Technik- und Naturwissenschaften naturgemäß eine ganz neue Bedeutung. Ja, einige Disziplinen bildeten sich erst jetzt heraus. So ist es kein Zufall, daß die Anfänge des später so herausragenden Wissenschaftsstandortes Dresden ebenfalls in der Zeit liegen, in der in der Stadt die ersten bescheidenen Fabriken gegründet wurden. Schon 1814 war eine kunsthandwerkliche »Industrieschule« entstanden, die ihren Sitz in einem kleinen Gebäude auf der Brühlschen Terrasse hatte. Per königlichem Dekret aus dem Jahre 1827 erfolgte dann 1828 die Gründung der »Technischen Bildungsanstalt«, der Vorläufereinrichtung der heutigen Technischen Universität. Ihr erster Standort war ebenfalls ein bescheidener Pavillon auf der Brühlschen Terrasse, in dem übrigens Jahre später der Bildhauer Ernst Rietschel sein Atelier einrichtete. Der namhafte Geodät und Astronom Wilhelm Gotthelf Lohrmann leitete bis 1840 die Bildungsanstalt. Aber auch andere wissenschaftliche Einrichtungen wurden in jenen Jahren in Dresden ins Leben gerufen, so 1825 der »Sächsische Altertumsverein«. Der bedeutsame »Verein zur Beförderung der Naturkunde«, der später unter dem Namen »Naturwissenschaftliche Gesellschaft Isis« bekannt wurde, ist allerdings erst 1833 gegründet worden.

Das kulturelle Leben zwischen 1815 und 1830 war vielfältiger, als unter den doch bedrückenden politischen Zuständen zu vermuten war, auch wenn das Bild insgesamt ambivalent ist. Neben großen künstlerischen Leistungen stand provinzielles Mittelmaß.

1817 war Carl Maria von Weber zum Musikdirektor und bald darauf zum Kapellmeister an die neu errichtete deutsche Oper berufen worden. Die von ihm inszenierten Aufführungen – mehrere Dutzend im Jahr – im Morettischen Theater und im Sommertheater im Linckeschen Bad machten die Stadt bald zu einem der wichtigsten Zentren der Musikkultur der Romantik in Deutschland. In Dresden komponierte Weber wesentliche Teile seiner Opern »Freischütz«, »Euryanthe« und »Oberon«. Die sterblichen Überreste des früh verstorbenen Komponisten wurden Jahre nach seinem Tode auf Veranlassung Richard Wagners von London nach Dresden überführt und 1844 auf dem Alten Katholischen Friedhof in der Friedrichstadt beigesetzt.

Auch das Dresdner Theater genoß in dieser Zeit einen Ruf, der weit über die Stadt hinaus reichte – dank Schauspielern wie Carl Devrient und Wilhelmine Schröder-Devrient, aber vor allem dank des Wirkens von Ludwig Tieck. Dessen große Zeit setzte mit seiner Rückkehr in die Stadt im Jahr 1819 ein. Aufsehen erregten seine Inszenierungen von Kleists »Friedrich von Homburg« und Goethes »Faust I«. Tiecks Wohnung im Haus Altmarkt/Ecke Kreuzgasse war bis zu seinem Weggang im Jahr 1841 der unbestrittene Mittelpunkt des literarischen Lebens in der Stadt. Es heißt, daß es für die Besucher immer wieder ein besonderer Höhepunkt des Abends gewesen sei, wenn der Gastgeber allwöchentlich selbst aus Dramen der Weltliteratur vorlas. In seiner Dresdner Zeit verfaßte der Schriftsteller die meisten seiner eigenen Werke, darunter fast vierzig Novellen. Anfangs schrieb er auch Kritiken für die »Abendzeitung«, einer von 1817 bis 1857 in der

Arnoldschen Verlagsbuchhandlung erscheinenden Zeitschrift mit recht wechselvoller Geschichte. In den beiden ersten Jahrzehnten seines Bestehens stand das Blatt unter dem Einfluß des pseudoromantischen »Dresdner Liederkreis«, einer zwar in ganz Deutschland bekannten literarischen Gesellschaft, in der aber neben einigen durchaus respektablen Persönlichkeiten – dem Kunstgelehrten Karl August Böttiger etwa – unbedeutende Vertreter eines epigonenhaften Literatentums das Sagen hatten. Herausgeber der »Abendzeitung« waren in den ersten Jahren der einflußreiche Sekretär des Hoftheaters und Journalist Karl Gottfried Theodor Winkler (Pseudonym: Theodor Hell) und Friedrich Kind – u. a. Librettist von Webers »Freischütz«. Bald setzte sich Tieck kritisch mit den Elaboraten des »Liederkreises« auseinander und zog sich dadurch die Feindschaft der Lokalgrößen des Dresdner Kulturlebens und ihres Sprachrohres zu. Anfang der vierziger Jahre des 19. Jahrhunderts änderte die »Abendzeitung« völlig ihren Charakter. Sie geriet unter den Einfluß jungdeutsch orientierter Schriftsteller, wie Hoffmann von Fallersleben, Ernst Moritz Arndt und Julius Mosen, die in dem Blatt auch Beiträge veröffentlichten. Ein weiterer Treffpunkt der literarisch-geistigen »Szene« Dresdens war das Haus der Schriftstellerin Elisa von der Recke in der Körnerstraße, das sie zusammen mit ihrem »Gesellschafter« Christoph August Tiedge seit 1819 bewohnte. Beide standen dem »Liederkreis« sehr nahe. Tiedge brachte das Kunststück fertig, sich in seinen »Wanderungen durch den Markt des Lebens«, eine Art Kulturbild seiner Zeit, von allen auch nur einigermaßen bedeutenden zeitgenössischen geistigen Strömungen zu distanzieren.

Zur Kulturgeschichte einer Stadt gehören auch die Einzelgänger. Arthur Schopenhauer schrieb während seines Aufenthaltes in Dresden von 1814 bis 1818 – er weilte übrigens mehrfach in der Stadt – immerhin sein Hauptwerk »Die Welt als Wille und Vorstellung«.

Seit der Gründung der Kunstakademie nach dem Siebenjährigen Krieg nahmen die Bildenden Künste einen bedeutenden Platz im kulturellen Leben des Bürgertums der Stadt ein, auch wenn es bis in unsere Zeit in den Kreisen der Dresdner Gesellschaft immer wieder große Vorbehalte, ja Ablehnung gegenüber der jeweiligen Moderne gegeben hat und gibt. Nach 1800 stellten die Arbeiten Caspar David Friedrichs für das Publikum etwas völlig Ungewohntes dar. Der bedeutendste Landschaftsmaler der deutschen Romantik lebte von 1798 bis zu seinem Tod 1840 in Dresden. Die Akademie konnte zwar nicht umhin, ihn 1816 als Mitglied aufzunehmen – aber ein Lehramt gestand sie ihm nicht zu. Erst 1824 erhielt Friedrich eine Ernennung zum außerordentlichen Professor. Auch danach besaß er keine Lehrbefugnis. Die wahre Größe Caspar David Friedrichs erkannten in Dresden damals wohl nur der Malerkollege Johan Christian Clausen Dahl und der vielseitig begabte königliche Leibarzt, Maler und Philosoph Carl Gustav Carus.

Von großer Tragweite war die anläßlich des 300. Geburtstages von Albrecht Dürer auf Initiative Karl August Böttigers erfolgte Gründung des Sächsischen Kunstvereins zu Dresden. Er sollte der »Verbreitung und Vertiefung des Kunstempfindens« der Bürger, aber auch der »Förderung von Kunst und jungen talentierten Künstlern« dienen. Kunstinteressierte Dresdner konnten die Mitgliedschaft durch den Kauf von Aktien erwerben, die sie berechtigten, an der jährlichen Verlosung von Kunstwerken, die vom Verein angekauft worden waren und auf öffentlichen Kunstausstellungen gezeigt wurden, teilzunehmen. Kurzum, die vom Verein begründete Ausstellungstradition prägte ganz wesentlich das künstlerische und kulturelle Leben Dresdens bis in das 20. Jahrhundert. Der 1990 gegründete »Neue Sächsische Kunstverein« sucht diese Tradition fortzusetzen.

VI · Dresden von 1830 bis zur Reichsgründung

In den vier Jahrzehnten zwischen der Umwandlung des Königreiches Sachsen in eine mehr oder weniger konstitutionelle Monarchie und der Reichseinigung von 1870/71 sind auch in Dresden die Tore zu einer modernen bürgerlichen Gesellschaft endgültig aufgestoßen worden – zu einer Gesellschaft allerdings, die noch bis weit über diesen Zeitraum hinaus mit vielen Merkmalen der alten feudalen Ordnung behaftet sein sollte. Die Jahrzehnte nach 1830 sind durch Industrialisierung, politische Unruhen, erzwungene Reformen, eine gescheiterte Revolution, soziale Veränderungen innerhalb der städtischen Bevölkerung, ihr zahlenmäßiges Anwachsen und damit verbunden die flächenmäßige Ausdehnung Dresdens und die Anfänge einer Arbeiterbewegung gekennzeichnet. Die Stadt ging von nun an eigene Wege, bezog ihre Bedeutung nicht mehr in erster Linie aus der Tatsache, daß sie Residenzstadt und Sitz zentraler Landesbehörden war. Die Eisenbahn, das neue, anfangs furchterregende Beförderungsmittel sorgte dafür, daß Dresden wieder Anschluß an die großen Verkehrs- und Handelsströme fand. Kurzum, die Entwicklung zur Großstadt war nicht mehr aufzuhalten.

Die Zeit des Vormärz

Am 29. Juli 1830 hatten die aufgebrachten Bürger von Paris das Palais Bourbon gestürmt. Mit der Etablierung einer konstitutionellen Monarchie mit dem »Bürgerkönig« Louis Philippe an der Spitze konnte das gemäßigte Besitzbürgertum Schlimmeres verhindern. Doch das politische Erdbeben war stark genug, um mit seinen Ausläufern auch die deutschen

Staaten zu erreichen, zumal jene, in denen die politischen Eliten bisher hartnäckig bürgerliche Reformen verweigert hatten. Die Julireignisse in Frankreich waren dennoch für Sachsen lediglich der letzte Auslöser für die Septemberunruhen des Jahres 1830. Schon im Juni war es in der Hauptstadt anläßlich der Feiern zum 300. Jahrestag der Unterzeichnung der Augsburger Konfession zu Tumulten gekommen, glaubte doch die fast durchgehend protestantische Bevölkerung nicht ganz zu Unrecht, daß die Obrigkeit die Jubiläumsfeierlichkeiten aus Rücksicht auf das katholische Königshaus klein halten wollte. Doch die allgemeine Unzufriedenheit im Lande hatte tiefere Ursachen. Die einsetzende Industrialisierung verbunden mit einer Krise des Manufakturwesens produzierte auch Verlierer – Handwerker, Gesellen und Lohnarbeiter, deren soziale Lage sich verschlechterte. Auf der anderen Seite wurde der Modernisierungsprozeß durch die feudalen Verfassungszustände und die damit im Zusammenhang stehenden fehlenden politischen Rechte für den einzelnen behindert. Schon seit Jahren hatten fähige Beamte und Politiker, wie z. B. Bernhard August von Lindenau, Reformen angemahnt. Mit dem Regierungsantritt König Antons im Jahr 1827 erhielten diese politischen Kräfte einen gewissen Spielraum.

Die Nachrichten aus Paris verschärften schlagartig die gesellschaftliche Krise, der Reformdruck auf die Regierung erhöhte sich. Ein nichtiger Anlaß löste am 2. September in Leipzig tagelang anhaltende gewalttätige Unruhen aus. Am 9. September schlossen sich die Dresdner Bürger den Leipzigern an. Die »Sachsenzeitung« schrieb am 14. September in einem »Getreuen Bericht über die am 9. September in Dresden vorgefallnen Unruhen«: »Der bekannte Marseillaiser Marsch, welcher, durch die neuen Zeitereignisse wieder auflebend, hiesigen Orts im Conzerte vorgetragen wurde, erregte jederzeit stürmischen Beifall; die Musici wurden genöthigt, denselben oft schon zu wiederholen, und die jungen Leute ließen dabei Leipzig leben.« Am Abend des Tages wurden aus einer Menschenmenge heraus, die auf dem Altmarkt zusammengekommen war, die Fenster des Polizeihauses in der Scheffelgasse und die des Rathauses am Markt eingeworfen. Anschließend stürmte man beide Gebäude, warf Akten und Mobiliar auf die Straße und steckte die Häuser in Brand. Das daraufhin aus der Neustadt heranrückende Militär wurde mit einem Hagel von Steinen empfangen. Der Aufruhr dauerte am folgenden Tag an. Beim Angriff des Militärs auf das Polizeihaus gab es zwei Tote und zahlreiche Verletzte unter der Menge. Die Aufständischen stürmten nun die Wilsdruffer Torwache. Schließlich zogen sich die Soldaten in die Neustadt zurück. Nach einigen Berichten hatten sich Angehörige der Nationalgarde mit der Bevölkerung solidarisiert, ein Grund für ihre bald darauf erfolgte Auflösung. Auch in anderen sächsischen Städten kam es an diesem Tag zu Unruhen. Widerstrebend mußte der König erkennen, daß Reformschritte unumgänglich waren. Schon am 10. September setzte er eine »Kommission zur Wiederherstellung der Ruhe und Sicherheit« ein, in der Lindenau, Julius Traugott von Könneritz und andere reformorientierte Beamte und Politiker den Ton angaben. Zuallererst zog man die Truppen aus Dresden ab, um die Lage zu beruhigen. Die Bildung von Kommunalgarden in Dresden, Leipzig und anderen Städten wurde verfügt. Doch ohne den weiteren Druck der Bürger, ihren Forderungen nach Einführung einer Städteordnung und kommunaler Selbstverwaltungsrechte, nach Wahlen für eine neue Ständeversammlung, einer Milderung der Zensurvorschriften, einem gerechten Steuersystem etc. hätte König Anton wohl schwerlich schon am 13. September die reaktionäre Regierung des Grafen Detlef von Einsiedel entlassen. Das neue Kabinett unter Bernhard von Lindenau weckte große Hoffnungen. Lindenau war vor 1827 Minister in mehreren thüringischen Staaten gewesen, hatte entscheidend an der Schaffung des Mitteldeutschen Handelsvereins 1828 mitgewirkt und leitete in Sachsen zuletzt die Manufaktur- und Kommerziendeputation. Bis 1843 sollte er die sächsische Politik maßgeblich mitbestimmen.

Die Mehrheit der Bevölkerung war jedoch bald der Meinung, daß die Reformen bewußt verzögert würden. Dabei hatte es aufgrund eines Gesetzes vom 1. Oktober Mitte dieses Monats in Dresden Wahlen für eine provisorische Stadtverordnetenversammlung bzw. eine Kommunerepräsentation, wie man sie nannte, gegeben – ein Bruch mit der jahrhundertealten Verfassung der Stadt. Noch vor Inkrafttreten der Städteordnung von 1832 wurde damit die Ratsverfassung von 1517 und alle bis 1660 zusätzlich erlassenen Statuten außer Kraft gesetzt. Die 66 Repräsentanten der Bürgerschaft konnten allerdings nur von etwa 3000 Personen, denjenigen, die das Bürgerrecht besaßen, gewählt werden. Dresden hatte zu dieser Zeit etwa 60 000 Einwohner. Den wöchentlich zusammentretenden Abgeordneten stand bis 1837 der Advokat Christian Gottlob Eisenstuck vor.

Den Anlaß für die im Dezember 1830 erneut ausbrechenden Unruhen unter der Bevölkerung bot die Auflösung der alten, in napoleonischer Zeit gebildeten Nationalgarden in den Städten und die Aufstellung der neuen Kommunalgarden. In Wirklichkeit ging es um weit mehr. Die demokratischen Kräfte strebten schnelle und umfassende Reformen an. Anfang 1831 schlossen diese sich in Dresden – etwa 2000 Personen – zu einem Bürgerverein zusammen, in dem der Advokat Bernhard Moßdorf die führende Rolle spielte. Er war es, der auf die Ausarbeitung einer bürgerlichen Verfassung für das ganze Land drängte. Der von ihm erarbeitete Entwurf enthielt die uns heute geläufigen Elemente einer Verfassung: Gleichheit aller Bürger vor dem Gesetz, Presse-, Glaubens- und Versammlungsfreiheit, ein allgemeines Wahlrecht usw. Das hieß Umsturz aller politischen Machtverhältnisse. Der Regierung war das denn doch zuviel. Der Bürgerverein wurde am 15. April 1831 verboten. Es folgten einige Verhaftungen. Daraufhin kam es am 18. und 19. April in der Residenzstadt zu gewalttätigen Auseinandersetzungen zwischen Demonstranten, die die Verhafteten befreit hatten, und dem Militär. Drei Menschen wurden erschossen. Zeitgleich war eine regelrechte Verhaftungswelle unter den Angehörigen des Bürgervereins im Gange. Der Ausnahmezustand wurde ausgerufen. Die Gerichte verhängten zahlreiche Gefängnis- und Zuchthausstrafen. Moßdorf verurteilte man zu 15 Jahren Haft auf dem Königstein. Dort erhängte er sich 1833 angeblich in seiner Zelle.

Nach der Niederschlagung der Aprilunruhen konnte die Regierung ungestört ihre Reformvorstellungen verwirklichen. Am 4. September 1831 erhielt das Königreich eine Verfassung. Vorbilder waren die schon länger bestehenden Verfassungen anderer deutscher Mittelstaaten. Das Land war nun eine konstitutionelle Monarchie, wenn auch mit Einschränkungen. Der Landtag bestand demnach zukünftig aus zwei Kammern, war aber nach dem Ständeprinzip aufgebaut. Die Mitglieder der 1. Kammer wurden ausschließlich von der Regierung bestimmt. In der über Wahlmänner gewählten 2. Kammer – sie hatte 79 Mitglieder – durften aber immerhin fünf Vertreter des Industrie- und Handelsbürgertums vertreten sein. Gesetze bedurften sowohl der Zustimmung durch die 121 Abgeordneten beider Kammern, aber auch der Bestätigung durch den König. Von einer parlamentarischen Demokratie war man noch meilenweit entfernt. Mit der Einführung der Verfassung verband die Regierung auch diverse Verwaltungsreformen im Land. Das Volk meinte man mit einem Feuerwerk auf den Dresdner Elbwiesen erfreuen und es zugleich auf die historische Bedeutung der Vorgänge hinweisen zu müssen. Wichtiger für die Dresdner Bürger war die am 2. Februar 1832 erlassene Allgemeine Städteordnung, die die Einführung einer neuen kommunalen Selbstverwaltung mit sich brachte, vor allem aber die Bürger an der Regierung der Städte teilhaben ließ. Die schon erwähnte provisorische Kommunerepräsentation wurde nun neu gewählt – indirekt und nicht mehr direkt wie noch 1830. Die Abgeordneten bestimmten 12 Stadträte und den Bürgermeister, letzteren auf Lebenszeit. Der auf diese Weise neu gewählte Rat wurde am 31. Mai 1832 im festlich geschmückten Rathaus feierlich in sein Amt eingeführt. In den folgenden Jahren gingen einige alte städtische Zuständigkeiten allerdings in die Hände des Staates über. So am 1. Oktober 1851 die Gerichtsbarkeit und 1853 die Hoheit über die Sicherheitspolizei. 1853 erfolgte auch eine Umstrukturierung der städtischen Verwaltung. Unter anderem wurde dabei das Amt des Oberbürgermeisters eingeführt. Eine Modernisierung der Stadtverfassung insgesamt erfolgte erst in der Reichsgründungszeit und kurze Zeit danach. 1870 schaffte man die Bürgerrechtsgebühren ab und ermöglichte die direkte Wahl der Stadtverordneten. Dadurch konnten mehr Einwohner Dresdens an den Wahlen teilnehmen. Die revidierte Städteordnung von 1873, die im großen und ganzen bis 1918 galt, faßte all dies zusammen, legte aber auch die konkreten Bedingungen für den Erwerb des Bürgerrechtes fest.

Die Industrialisierung Sachsens trat nach 1830 in ein neues Stadium ein. Im Verlauf der folgenden Jahrzehnte wurde sie allerorten sichtbar und entfaltete allmählich auch ihre sozialen Auswirkungen. Der insgesamt positiven wirtschaftlichen Entwicklung des Landes trug die Regierung mit dem Beitritt zum Deutschen Zollverein im Jahr 1833 Rechnung. Entstanden anfangs überwiegend Textilfabriken – bis 1840 mehr als 200 in ganz Sachsen –, so förderte die Verbreitung der Dampfmaschine bald auch den Maschinenbau. In Dresden nahm die industrielle Entwicklung von Anfang an einen besonderen Verlauf. Hier siedelten sich in den nächsten Jahrzehnten

Der Leipziger Bahnhof in Dresden um 1839, kolorierter Stich

vorwiegend Firmen hochspezialisierter verarbeitender Industrien an. Zum einen setzte sich die Gründung von Betrieben der Nahrungs- und Genußmittelindustrie fort. Die 1836 entstandene »Societätsbrauerei zum Waldschlößchen« war mit einem Startkapital von 400 000 Talern die erste deutsche Aktienbierbrauerei. Die Feldschlößchenbrauerei an der Chemnitzer Straße nahm 1838 ihren Betrieb auf. Hinzu kamen in diesen Jahren noch einige Schokoladenfabriken. Vor 1840 liegen auch die Anfänge der chemisch-pharmazeutischen Industrie. Seit 1836 produzierte an der Königstraße in der Neustadt die Appreturanstalt Gehe & Co. Die seit 1865 an der Leipziger Straße ansässige Firma begründete den Weltruf der Dresdner Arzneimittelproduktion. Doch auch der Maschinenbau und die Herstellung verschiedenster Geräte sicherten sich einen Platz. So wurde 1836 in Übigau die »Aktien-Maschinenbau-Gesellschaft« gegründet.

Nichts symbolisierte das anbrechende Industriezeitalter mehr als die Eisenbahn. Der Bau von Lokomotiven und Schienen und die damit verbundene Nachfrage nach Eisen und Stahl war die Initialzündung für das Entstehen einer Schwerindustrie. Zudem revolutionierte die Eisenbahn das Verkehrswesen radikal. Der Mensch gewann ein ganz neues Verhältnis zu Raum und Zeit. Neue Verkehrswege weitab von alten Handelsstraßen entstanden, und so manche Stadt, die bisher eher ein Schattendasein geführt hatte, wurde bald zu einem wichtigen Verkehrsknotenpunkt und damit bevorzugter Ansiedlungsort für die verschiedensten Industriezweige. In Sachsen ergriffen Leipziger Großkaufleute die Initiative. Um den Bau einer Eisenbahn zwischen der Messestadt und der Hauptstadt des Landes zu finanzieren, gründeten sie eine Aktiengesellschaft. Am 19. Juli 1838 war der erste Streckenabschnitt zwischen dem Leipziger Bahnhof in der Dresdner Neustadt und Radebeul fertiggestellt. Das große Ereignis selbst fand am 7. April 1839 statt. Unter dem tosenden Beifall Tausender Menschen fuhr der erste aus Leipzig kommende Zug in Dresden ein. Damit war die erste Ferneisenbahnstrecke Deutschlands eröffnet. Die königliche Familie ließ es sich tags darauf nicht nehmen, in einem aus drei Wagen und von englischen Lokomotiven gezogenen Zug nach Leipzig zu fahren. Zu diesem Zeitpunkt hatte Johann Andreas Schubert die »Saxonia« in der Übigauer Maschinenfabrik fertigstellen lassen. Die erste deutsche Lokomotive fuhr hinter dem königlichen Festzug in Richtung Leipzig. Innerhalb weniger Jahrzehnte entwickelte sich die sächsische Landeshauptstadt zu einem der bedeutensten Eisenbahnknotenpunkte in Deutschland. Bereits 1847 konnte die Sächsisch-Schlesische Eisenbahn in Betrieb genommen werden. Ausgangspunkt in Dresden war der Schlesische Bahnhof an der Stelle des späteren Neustädter Bahnhofes. Auch die Elbe gewann als Verkehrsweg an Bedeutung. 1836 war die Böhmisch-sächsische Dampfschiffahrtsgesellschaft gegründet worden. Ein Jahr später konnte die von dem genialen Ingenieur Johann Andreas Schubert konstruierte »Königin Maria«, das erste voll einsatzfähige Dampfschiff auf der Oberelbe, in Dienst gestellt werden. Voraussetzung für den rasch zunehmenden Fracht- und Personenverkehr auf der Elbe war freilich die schon 1822 durch die Anrainerstaaten erfolgte Beseitigung rechtlicher Hindernisse für eine ungehinderte Elbschiffahrt.

Seit den 1830er Jahren wuchs die Bevölkerung Dresdens langsam, aber stetig an. 1849 lebten 94 000 Menschen in der Stadt. Auch räumlich setzte in dieser Zeit ein Wachstum ein, das bis in die jüngste Vergangenheit anhielt. 1835 wurde endlich die schon im 17. Jahrhundert angelegte Friedrichstadt nach Dresden eingemeindet, ebenso die Antonstadt – eine seit dem Ende des 18. Jahrhunderts zwischen Königsbrücker und Bautzener Straße entstandene Siedlung. Formell neu gegliedert hatte man im selben Jahr die zwölf alten Dresdner Vorstadtsiedlungen – in die Pirnaische, die Wilsdruffer sowie die Seevorstadt.

Die vorwärtsdrängenden wirtschaftlichen Kräfte kollidierten auch nach den 1831/32 erfolgten Staatsreformen im Königreich Sachsen mit den bestehenden politischen Verhältnissen. Nach wie vor hatten die alten politischen Eliten, der Adel und die höfische Bürokratie, in wesentlichen Fragen das Sagen, nicht das Bürgertum. Das mußte das gesellschaftliche Klima weiter aufheizen. Reiche Fabrikanten, Kaufleute, Intellektuelle, aber auch die zunehmend an den Rand der Gesellschaft gedrückten kleinen Handwerker, Handwerksgesellen und Lohnarbeiter konnten sich nicht damit abfinden, auf das politische Leben nur wenig Einfluß ausüben zu können oder davon ausgeschlossen zu sein. Diese Atmosphäre der Unzufriedenheit war auch in der Residenzstadt zunehmend spürbar. An den Stammtischen ließen die einfachen Leute ihrem Unmut freien Lauf, und in den Cafés und in Hinterzimmern führten Intellektuelle hitzige Debatten über die politischen Zustände. Am umtriebigsten war der Kreis um den jungdeutschen Schriftsteller Julius Mosen, der von 1834 bis 1844 in der Stadt lebte. In seiner Wohnung in der Frauengasse und in seinem Gartenhaus in Strehlen fanden sich der Altphilologe und Lehrer am Kreuzgymnasium Hermann Köchly, der Publizist und Schriftsteller Arnold Ruge und der Literaturhistoriker und Schriftsteller Theodor Echtermeyer, aber auch bedeutende Literaten und Dichter wie Karl Gutzkow und Ludwig Uhland ein. Ruge und Echtermeyer hatten 1838 die »Halleschen Jahrbücher für Kunst und Wissenschaft« gegründet. Nun gaben beide in Dresden als Fortsetzung dieses inzwischen verbotenen Organs die »Deutschen Jahrbücher« heraus – bis dieses junghegelianische Periodikum am Ende der Ära Lindenau 1843 ebenfalls verboten wurde. Anfang 1842 tauchte der russische Anarchist Michail Bakunin zum ersten Mal in der Stadt auf. Er kannte Ruge und den Journalisten Ludwig Wittig – der 1846 das »Veilchen«, die erste sozialistische Zeitschrift Sachsens gründen sollte – aus der Zeit des gemeinsamen Philosophiestudiums in Berlin. Bakunin schrieb unter einem Pseudonym einige Beiträge für die »Deutschen Jahrbücher«, reiste aber schon ein Jahr später nach Zürich weiter, um seiner in Sachsen drohenden Verhaftung zu entgehen. Während des Maiaufstandes 1849 war er jedoch rechtzeitig wieder im Brennpunkt des Geschehens. Im Jahr 1843 hielt sich übrigens auch ein junger Mann namens Karl Marx für einige Tage im Hotel »Stadt Rom« am Neumarkt auf, um mit Ruge die Herausgabe der geplanten »Deutsch-Französischen Jahrbücher« zu besprechen.

Ein nicht wegzudenkendes Element im politischen, aber auch im kulturellen Leben der Stadt in den Jahren nach 1830 waren die polnischen Emigranten: Adlige und Geistesschaffende, die nach dem gescheiterten Aufstand gegen die Zarenherrschaft 1831 ihre Heimat in Richtung Westeuropa verlassen hatten und in Sachsen – man fühlte sich dem Lande in Erinnerung an die sächsisch-polnische Union im 18. Jahrhundert wohl irgendwie verbunden – Station machten und sich hier teilweise auch längere Zeit aufhielten. So lebte der Dichter Adam Mickiewicz 1832 für einige Wochen in Dresden. 1831 war von polnischen Adligen hier ein Polenkomitee ins Leben gerufen worden. Namhafte Bürger der Stadt, Eisenstuck und Struve zum Beispiel, organisierten Spendenaktionen. Engen Kontakt zu den Emigranten hielt Ludwig Wittig. Die Arnoldsche Verlagsbuchhandlung verlegte verstärkt polnische Autoren und ließ in ihrem »Lesekabinett« polnische Zeitungen auslegen. Die Gespräche in den Kreisen der Dresdner Gesellschaft drehten sich nicht ausschließlich um politische Tagesfragen. Ein vielfältiges künstlerisch-literarisches Leben hatte sich in verschiedenen Salons etabliert. Seit 1846 traf regelmäßig im Gasthof »Engels« am Postplatz die »Montagsgesellschaft« um den Komponisten Ferdinand Hiller zusammen. Gottfried Semper, Richard Wagner und der Bildhauer Ernst Rietschel zählten unter anderen zu diesem Kreis. Dagegen dürften gesellschaftspolitische Fragen im »Literarischen Museum«, einer Lesegesellschaft, schon eine größere Aufmerksamkeit gefunden haben. Dafür sorgten allein Mitglieder wie Köchly und Wittig. Die Gesellschaft traf sich ebenfalls im »Engels«, gelegentlich auch in einem Café in der Waisenhausstraße. Künstlerische Themen standen im Mittelpunkt der geselligen Gesprächsrunden im Hause des Kunstmäzens Friedrich Anton Serre in der Neustadt. Ludwig Tieck, Robert Schumann und Carl Gustav Carus verkehrten hier neben zahlreichen durchreisenden Künstlern – Hans Christian Andersen und Friedrich Liszt etwa. Der politischen Tagesfragen wohl besonders fernstehende Carus, der übrigens neben seinen zahlreichen bedeutenden wissenschaftlichen Arbeiten ebenso wie seine Zeitgenossen Arthur Graf Gobineau und der Dresdner Kulturhistoriker und Bibliothekar Gustav Klemm auch eine obskure Theorie von der Ungleichheit der menschlichen Rassen zu Papier gebracht hatte, gehörte wie die Dichter und Übersetzer Wolf Graf von Baudissin und

Karl August Förster der elitären unter der Leitung des Prinzen Johann stehenden »Accademia Dantesca« an.

Auch ihrem Ruf als Stadt der Künste wurde Dresden in der Zeit des Vormärz gerecht. Von der Malerei war schon im Zusammenhang mit Caspar David Friedrich die Rede. Hinzu traten nun die spätromantische Schule, deren Hauptvertreter Ludwig Richter war, die von Carl Peschel und Friedrich Overbeck repräsentierten Dresdner »Präraffaeliten« und schließlich die »Düsseldorfer Malerschule«. Deren Vertreter Eduard Bendemann und Julius Hübner erhielten 1839 einen Ruf an die Kunstakademie. Sie übten auf die Dresdner Malerei der ersten Hälfte des 19. Jahrhunderts großen Einfluß aus. Viele Dresdner Künstler erfuhren großzügige Förderung und Unterstützung durch den Mäzen und Sammler Johann Gottlob von Quandt, einen der Mitbegründer des »Sächsischen Kunstvereins«.

Ernst Rietschel – seit 1832 Professor an der Kunstakademie – und Ernst Julius Hähnel begründeten die Dresdner Bildhauerschule des 19. Jahrhunderts. Von Rietschel, der unter anderem Schüler Christian Daniel Rauchs in Berlin gewesen war, stammen das Denkmal König Friedrich Augusts I. neben dem Japanischen Palais und das Carl-Maria-von-Weber-Denkmal an der Gemäldegalerie Alte Meister. Meisterschüler Rietschels war Johannes Schilling, der 1863-68 die Plastiken »Vier Tageszeiten« an der Freitreppe der Brühlschen Terrasse, die Denkmale für Rietschel (1872) und Semper (1892) auf der Brühlschen Terrasse und nicht zuletzt das Reiterstandbild König Johanns (1889) auf dem Theaterplatz schuf.

Das Dresdner Musiktheater brach in dieser Zeit zu neuen Ufern auf. Die italienische Oper als Institution war nach 1832 endgültig passé. Die deutsche Oper wurde in der Nachfolge von Weber von Carl Gottlieb Reißiger weitergeführt. Er inszenierte 1842 Wagners »Rienzi«. Im selben Jahr war der Komponist nach Dresden übergesiedelt. Anfang 1843 wurde Wagner, der eine neue Epoche des Musiktheaters und der Oper personifizierte, zum Hofkapellmeister ernannt. In Dresden bzw. in seinem Landhaus in Graupa komponierte er den »Tannhäuser« und den »Lohengrin«. 1844 zog auch Robert Schumann von Leipzig nach Dresden. Ein großer Teil seines Gesamtwerks ist in der Elbstadt entstanden. Seine Frau, die bedeutende Pianistin Clara Schumann, führte im Dezember 1845 das berühmte Klavierkonzert a-moll ihres Mannes mit dem Hillerschen Konzertorchester in Dresden erstmals auf. Die erste Hälfte des 19. Jahrhunderts hinterließ auch in der traditionsreichen großen Architekturlandschaft der Stadt tiefe Spuren. Nach einem Entwurf Karl Friedrich Schinkels vollendete Joseph Thürmer 1832 die Altstädter Wache. Man wird auch die schon 1814 von Hofbaumeister Gottlob Friedrich Thormeyer entworfenen Torhäuser an der Hauptallee im Großen Garten und am Weißen Tor in der Neustadt erwähnen müssen, ebenso die noch heute existierenden Villenhäuser aus dieser Zeit, insbesondere die an der Antonstraße. Doch erst Gottfried Semper setzte unübersehbare, neue Akzente im Stadtbild. Ende 1834 war er als Professor für Baukunst an die Kunstakademie berufen worden. Die von ihm im Stil der italienischen Renaissance entworfenen Villenbauten, das Palais Kaskel-Oppenheim an der Bürgerwiese und die ebenfalls für den Bankier Oppenheim gebaute »Villa Rosa« in der Neustadt, sind während der Luftangriffe im Februar 1945 zerstört worden. Doch Sempers Ehrgeiz ging über den Entwurf einzelner Bauten weit hinaus. Er legte Pläne für die Gestaltung ganzer Bereiche des Stadtzentrums vor. Auf der Altstädter Seite wollte er nach antikem Vorbild in Fortsetzung des Zwingers in Richtung Elbe ein großes Forum errichten, eingerahmt auf der Westseite durch ein Opernhaus und eine Orangerie und ein Galeriegebäude auf der Ostseite. Eine breite Freitreppe zur Elbe sollte den Platz abschließen. Auch das Neustädter Elbufer sollte nach seinen Vorstellungen neu gestaltet werden. Hier war ein Museumsbau als Mittelpunkt vorgesehen. Auch wenn Semper seine Pläne nicht in diesen Dimensionen verwirklichen konnte, so schuf er doch mit der Gestaltung des Theaterplatzes einen der beeindruckendsten und schönsten Plätze Europas, der ein wesentlicher Bestandteil der heute noch im originalen Zustand erhaltenen Bereiche des historischen Stadtzentrums ist. Mit dem Opernhaus – es entstand zwischen 1838 und 1841 im Neorenaissancestil – sowie dem im gleichen Stil erbauten Museumsgebäude – das 1848 bis 1854 errichtete Bauwerk beherbergt die Gemäldegalerie Alte Meister – schuf er eine architektonisch-räumliche Beziehung zum Residenzschloß und zur barocken Hofkirche, wie sie idealer nicht sein könnte. Das Opernhaus, die Wirkungsstätte Richard Wagners, brannte 1869 ab. Doch schon im Februar 1878 konnte die zweite »Semperoper«, für die nach seinen Plänen 1871 der Grundstein gelegt worden war, unter der Bauleitung seines Sohnes Manfred fertiggestellt und eingeweiht werden. Abgesehen von der Fassade ist auch dieses Bauwerk im Februar 1945 ein Opfer der Bomben geworden. Der kostspielige und mühevolle Wiederaufbau erfolgte von 1977 bis 1985. Ein weiteres bedeutendes von Semper entworfenes Gebäude ist die im byzantinischen Stil 1838 an der Brühlschen Terrasse erbaute Synagoge gewesen. Einhundert Jahre nach seiner Vollendung ist das Gotteshaus während der »Reichskristallnacht« dem Naziterror zum Opfer gefallen. Die etwas futuristisch anmutende etwa an derselben Stelle erbaute neue Synagoge ist 2001 eingeweiht worden.

Die Revolution von 1848/49

Die Revolutionen von 1848/49 gehörten zu den krisenhaften Höhepunkten des sich seit der Französischen Revolution in Westeuropa vollziehenden Modernisierungsprozesses, eines Prozesses, der sich durch die von England ausgehende industrielle Revolution in den vierziger Jahren des 19. Jahrhunderts beschleunigt hatte und dabei immer konfliktträchtiger wurde. Die sich 1847 von dem Inselreich ausbreitende Wirtschaftskrise führte in weiten Teilen des Kontinentes zu einer aktuellen Verschlechterung der Lebenssituation breiter Bevölkerungsschichten und trug damit zur Schaffung eines beträchtlichen Unruhepotentials bei.

Wie schon 1830 wurden die revolutionären Erschütterungen in Mitteleuropa durch entsprechende Ereignisse in Frankreich ausgelöst – in diesem Fall durch den Sturz der Julimonarchie am 24. Februar 1848. Aufgrund der staatlichen Zersplitterung Deutschlands verliefen die gewaltsamen Erhebungen hier nicht nur teilweise zeitlich nacheinander, sondern trotz aller gegenseitigen Beeinflussung in den einzelnen deutschen Staaten auch weitgehend isoliert voneinander ab. Wie in allen Revolutionen verfolgten die Beteiligten unterschiedliche Ziele. Forderten Liberale und Demokraten – überwiegend Unternehmer, Intellektuelle und Angehörige freier Berufe – von den autoritären und halbfeudalen Regierungen die Einführung von Verfassungen, die diesen Namen auch verdienten, und die Gewährung bürgerlicher Freiheiten und Rechte, so standen für Handwerker und das entstehende Industrieproletariat durchaus soziale Fragen im Vordergrund. Eigene Ziele – nämlich die Beseitigung der Reste der feudalen Agrarverfassung – verfolgte die Landbevölkerung. Mit Ausnahme der Bauern stellten alle politischen Gruppierungen mehr oder weniger nachdrücklich die Forderung nach einem einheitlichen deutschen Nationalstaat. Im Verlauf der Revolution bewahrheitete sich auch die alte Erfahrung, daß den hauptsächlichen Nutznießern eines gesellschaftlichen Umbruchs die Kontrolle über den Gang der Ereignisse entgleitet. So verwundert es nicht, daß die Revolution von 1848/49 in Deutschland aus der Sicht des gemäßigten liberalen Besitzbürgertums im nachhinein eine »ungewollte Revolution« (Wolfgang J. Mommsen) gewesen ist.

Seit 1847 wurde auch Sachsen, das wirtschaftlich und hinsichtlich der Sozialstruktur seiner Bevölkerung am weitesten fortgeschrittene Territorium innerhalb des Deutschen Bundes, von Mißernten, Hungerkrisen, Arbeitslosigkeit und Teuerungswellen heimgesucht. Es konnte nur eine Frage der Zeit sein, bis sich die allgemeine Unzufriedenheit artikulierte und in die Formulierung politischer Forderungen einmündete. In der Residenzstadt Dresden verlangten Stadtrat und Stadtverordnete am 6. März 1848 von der Regierung die Einberufung eines außerordentlichen Landtags. Am 8. März unterzeichneten mehrere hundert Personen im »Hotel Pologne« in der Schloßgasse eine u. a. von Hermann Köchly verfaßte Petition an die Regierung, in der diese aufgefordert wurde, politische Reformen einzuleiten oder zurückzutreten. Ausschlaggebend war jedoch die bereits am 1. März unter Führung von Robert Blum in Leipzig beginnende Protestbewegung. Sie zwang letztlich den König, das unter Leitung von Julius Traugott von Könneritz stehende konservative Kabinett am 13. März 1848 zu entlassen und es durch eine von dem liberalen Advokaten Alexander Karl Hermann Braun geführte Regierung zu ersetzen. Am Tag der Entlassung des Kabinetts Könneritz war in Wien ein Volksaufstand ausgebrochen. Fünf Tage später wurde Berlin Schauplatz von Straßenkämpfen.

Die Berufung der Märzministerien in den wichtigsten deutschen Staaten war Ausdruck der Defensive, in die die reaktionären Regime in Wien, Berlin oder Dresden geraten waren. Sie mußten die Zensur aufheben sowie Presse- und

Koalitionsfreiheit gewähren. Die neuen politischen Vereine – allen voran die demokratischen »Deutschen Vaterlandsvereine« – wurden auch in Sachsen und in der Hauptstadt des Landes aktiv. In Dresden zählte der Vaterlandsverein Ende 1848 etwa 4000 Mitglieder. Am 4. September des Jahres hatten sich Tausende Teilnehmer einer Kundgebung im Reisewitzschen Garten die Forderungen des Vereins zu eigen gemacht, insbesondere die nach einer Wahlrechtsreform. Die Debatten um das Wahlrecht verstärkten sich im Zusammenhang mit den nur nach einem indirekten Verfahren erfolgten Wahlen zur Nationalversammlung, die am 19. Mai in der Frankfurter Paulskirche zusammengetreten war, und sie trieben die revolutionäre Entwicklung voran. Im November konnte die Regierung in dem noch in der Zeit des Vormärz gewählten Landtag ein neues Wahlgesetz durchbringen, das für die Wahl der zweiten Kammer in Zukunft das direkte Wahlrecht für alle erwachsenen und selbständigen Männer vorsah. Die Mitglieder der ersten Kammer konnten nur von Grundbesitzern gewählt werden. In dem im Dezember 1848 nach dem neuen Recht gewählten Landtag, der bis Ende April 1849 tagen sollte, dominierten eindeutig die Demokraten gegenüber den Liberalen, was die Zusammenarbeit zwischen Landtag und gemäßigter liberaler Regierung nicht gerade leicht machte. Inzwischen hatte sich die Situation in Deutschland insgesamt in folgenschwerer Weise verändert. Im Spätherbst des Jahres 1848 war die Revolution in den beiden wichtigsten deutschen Staaten, in Österreich und in Preußen, gescheitert. Hier übten die alten reaktionären Kräfte bereits wieder fast unangefochten ihre Herrschaft aus. Die Revolution, die mit der Verabschiedung der Reichsverfassung durch die Nationalversammlung in Frankfurt im März 1849 scheinbar noch an Dynamik gewann, hatte in Wirklichkeit ihre stärksten Bastionen längst verloren. In Sachsen war mittlerweile das Kabinett Braun am 24. Februar 1849 aufgrund der

Unmöglichkeit, die Positionen des Königs und die des Landtags in Übereinstimmung zu bringen, zurückgetreten. König Friedrich August II. setzte das Übergangsministerium Held ein, dem auch der entschieden konservative Ferdinand Freiherr von Beust angehörte. Eine gedeihliche Zusammenarbeit mit dieser aus Vertretern der höheren Bürokratie bestehenden Regierung war für den Landtag, der immer mehr darauf drängte, ein konkretes Reformprogramm einzuleiten, erst recht nicht möglich. Als am 28. April 1849 beide Kammern des Landtags – der einen Tag zuvor die neue Steuerbewilligung abgelehnt hatte – vom König auch die Anerkennung der Reichsverfassung forderte, löste dieser ihn auf. Ermutigt durch den Sieg der Konterrevolution in Wien und Berlin hatte sich der König gegen die Nationalversammlung in Frankfurt und gegen die von ihr verabschiedete Reichsverfassung entschieden. Damit allerdings stellte sich Friedrich August II. auch gegen die breite Öffentlichkeit seines Landes, die von den gemäßigten Liberalen bis hin zu radikalen Demokraten reichte. Das Kabinett Held spaltete sich. Während die Minister von Beust und von Rabenhorst weiter im Amt blieben, traten die Minister Held, Weinlig und von Ehrenstein zurück. Seitens der Öffentlichkeit setzte nun eine regelrechte Flut von Petitionen an den König ein, in denen die Anerkennung der Reichsverfassung gefordert wurde. Am 1. Mai verabschiedeten die Stadtverordneten und der Rat in Dresden eine solche Adresse an den König. Am selben Tag zog eine große Menschenmenge vom Pirnaischen Platz über den Neumarkt zum Justizministerium in der Augustusstraße, um den Forderungen Nachdruck zu verleihen. Schon seit Ende April trafen Ludwig Wittig, der Redakteur der 1848 gegründeten »Dresdner Zeitung«, Bakunin, der Musikdirektor der Hofkapelle August Röckel, Richard Wagner, Johann Andreas Schubert und Gottfried Semper des öfteren zu schon fast konspirativen Gesprächen in Röckels Wohnung in der Friedrichstadt und

Maiaufstand 1849, Barrikadenkämpfe auf dem Neumarkt in der
Nähe des Hotels »Stadt Rom«, Neu-Ruppiner Bilderbogen

in Wagners Gartenhaus im Marcolinischen Palais zusammen.
Auch die Führung des Dresdner Vaterlandsvereins beriet sich
fast täglich. Auf konkrete revolutionäre Aktionen einigte man
sich nicht.

Als bekannt wurde, daß seitens des Hofes ein militärisches
Hilfeersuchen an Preußen ergangen war, und als Friedrich August II. am 3. Mai eine Parade der Dresdner Kommunalgarde
auf dem Altmarkt für die Reichsverfassung verbot, brach am
selben Tag in der sächsischen Hauptstadt spontan ein Volksaufstand aus. Stephan Born, der in den nächsten Tagen eine
bedeutsame Rolle in der Stadt spielen sollte, wurde während
einer Sitzung der von der Regierung eingesetzten Kommission zur Vorbereitung eines neuen Gewerbegesetzes von den
Ereignissen überrascht. Um die Mittagsstunde sammelten
sich aufgebrachte Menschenmassen in der Schloßgasse, auf
dem Neumarkt und vor dem Zeughaus. Kavallerie erschien

auf dem Platz. Die ersten Barrikaden wurden errichtet. Unter Führung des Schneidergesellen Peter Kappler, der eine schwarz-rot-goldene Fahne in den Händen hielt, versuchte eine Gruppe, das Zeughaus zu erstürmen, um die dort lagernden Waffenbestände in die Hände zu bekommen. Der Versuch scheiterte blutig. Elf Tote blieben zurück. Inzwischen waren immer mehr Menschen, vor allem aus den Vorstädten, ins Stadtzentrum geeilt. Gegen Abend läutete der Zimmergeselle Werner die Glocken der Frauenkirche. Bis zum Morgen des 4. Mai wurden in der Innenstadt von den Aufständischen an die einhundert Barrikaden errichtet. In der Nacht war Friedrich August II. auf den Königstein geflohen. Dresden wurde nun für einige Tage zum Zentrum der Revolution in Deutschland, die in ihrer Schlußphase im Zeichen des Kampfes um die Anerkennung und Durchsetzung der Reichsverfassung stand. Das liberale Bürgertum und der Großteil seiner Abgeordneten stand nicht auf seiten der Barrikadenkämpfer. Selbst der von den Demokraten beherrschte Landtag hatte sich widerstandslos auflösen lassen. Doch nun bildeten die noch im Rathaus tagenden Stadtverordneten einen Sicherheitsausschuß. Dieser beauftragte Alexander Clarus Heinze, einen früher in griechischen Diensten gestandenen Offizier, mit dem Kommando über die Kommunalgarde und die Aufständischen, die die Stadt gegen die sächsischen und die zu erwartenden preußischen Truppen verteidigen sollten. Im Grunde genommen war es jedoch Samuel Erdmann Tzschirner, der Sprecher der äußersten Linken im Landtag und Mitglied des Zentralausschusses der deutschen Vaterlandsvereine, der darauf drängte, daß die Verteidigungsvorbereitungen vorangetrieben wurden. Er gehörte auch neben dem gemäßigten Demokraten Otto Heubner und dem Liberalen Karl Gotthelf Todt der ebenfalls am 4. Mai – als der Aufstand bereits im Gange war – von den in der Stadt verbliebenen Landtagsabgeordneten gebildeten provisorischen Regierung an, die die

Durchsetzung der Reichsverfassung im Lande als ihre vordringlichste Aufgabe ansah.

Die Chancen der ganz unzureichend bewaffneten etwa 3000 Aufständischen gegen die 3000 sächsischen und die am 5. Mai eintreffenden 2000 preußischen Soldaten standen von Anfang an äußerst schlecht, da sich die meisten Kommunalgardisten aus den Kämpfen heraushielten und da – was entscheidend war – der Aufstand praktisch isoliert blieb. Aus dem Umland traf kaum Verstärkung für die Barrikadenkämpfer ein. Der Plan des Militärs war es, einmal vom Schloß aus den Zwinger, die Ostraallee und den Postplatz unter Kontrolle zu bringen und vom linken Flügel, d. h. vom Zeughaus und der Brühlschen Terrasse aus den Neumarkt zu besetzen und durch die Pirnaische Gasse und die Moritzgasse bis zur Kreuzkirche vorzudringen. Auf diese Weise sollten die Aufständischen auf dem Altmarkt zusammengedrängt und zur Aufgabe gezwungen werden. Doch dies sollte sich als ein äußerst schwer zu realisierendes Unterfangen erweisen, obwohl die Aufständischen den Fehler gemacht hatten, noch am 4. Mai mit dem Militär einen kurzen Waffenstillstand auszuhandeln. Um jede der zahlreichen Barrikaden, um jedes Haus – besonders die Eckhäuser wurden zu wahren Festungen umfunktioniert – entbrannte ein erbitterter und blutiger Kampf. Obwohl die Kämpfer über unerschrockene Führer verfügten – an erster Stelle Stephan Born, der bis zuletzt mit seinen Leuten die große Barrikade in der Schloßgasse erfolgreich verteidigen konnte –, machte sich für sie zunehmend das Fehlen einer koordiniert handelnden zentralen militärischen Führung negativ bemerkbar. Neben Born und Heinze, der allerdings am 7. Mai vorzeitig in Gefangenschaft geriet, versuchten August Röckel und die beiden polnischen Emigranten Heltman und Krzyzanowski, die Übersicht über das Geschehen zu behalten. Die oft gerühmte Rolle Michail Bakunins als militärischer Führer der Aufständischen entspricht wohl nicht ganz den Tatsachen. Der russische Anarchist war von Tzschirner zwar zu einer Art Generalstabschef ernannt worden, beriet aber wohl nur die Aufständischen und kümmerte sich ansonsten vom Rathaus aus um den Nachschub für die Barrikadenkämpfer. Am Aufstand beteiligten sich auch Ludwig Wittig, der dem Ausschuß des Dresdner Vaterlandsvereins angehörte und schon an den Kämpfen in Wien teilgenommen hatte, und die anderen bereits erwähnten Persönlichkeiten um ihn. Gottfried Semper gab als Angehöriger der Kommunalgarde Hinweise zur Errichtung der großen Barrikade auf der Wilsdruffer Gasse und befehligte selbst eine Barrikade in der Waisenhausgasse. Richard Wagners politische »Jugendsünden« beschränkten sich hingegen darauf, nachts vom Turm der Kreuzkirche die Bewegungen der Truppen zu beobachten und seine Erkenntnisse auf kleinen Zetteln bekanntzugeben, die er mit einem Stein beschwert an einem Strick herabließ. Die berühmte Sängerin und Schauspielerin Wilhelmine Schröder-Devrient soll nach der einen Lesart vom Erker ihrer Wohnung am Altmarkt an die Aufständischen flammende Aufrufe gerichtet haben. Stephan Born berichtet freilich in seinen Erinnerungen, die Diva habe die Fenster ihrer Wohnung aufgerissen und wild gestikulierend den unter ihr vorbeiziehenden Kämpfern unverständliche Worte zugeschrien, die diese wohl als Aufmunterung deuten sollten. Man muß dabei berücksichtigen, daß sich Born inzwischen vom Mitglied des Bundes der Kommunisten zu einem Anhänger Bismarcks – wie viele ehemalige Achtundvierziger übrigens – gewandelt hatte und seine Erinnerungen möglicherweise im nachhinein etwas frisiert hatte.

Die härtesten Auseinandersetzungen zwischen den Aufständischen und dem Militär entwickelten sich am Neumarkt, wo fast jede Wohnung eines Hauses erbittert verteidigt wurde. Dennoch besetzten die Truppen am 6. Mai den Platz, die Moritzstraße und die Innere Pirnaische Gasse.

Der im Hotel »Stadt Rom« zufällig logierende Prinz Wilhelm von Schwarzburg-Sondershausen wurde dabei getötet. Unter dem 7. Mai schrieb der Schauspieler Eduard Devrient in sein Tagebuch: »Das Militär hat unleugbar Fortschritte gemacht, ich glaube nicht mehr an die Möglichkeit des Sieges für das Volk.« August Röckel berichtete später über die äußerst brutale Behandlung gefangener Aufständischer in der Frauenkirche. Am 8. Mai übernahm Born anstelle des in Gefangenschaft geratenen Heinze das Kommando über die Kämpfer. Am selben Tag scheiterte deren Ausfallversuch in Richtung Ostraallee. Am 9. Mai kam das Ende. Der Postplatz mit dem Postgebäude und selbst die Barrikade in der Wilsdruffer Gasse gingen verloren. Stephan Born und Bakunin führten daraufhin die restlichen etwa 1800 Kämpfer geordnet über den Dippoldiswalder Platz und die Große Plauensche Gasse in Richtung Freiberg. Heubner und Bakunin wurden in Chemnitz verhaftet, während Born, Wittig und Semper, aber auch Köchly und Richard Wagner die Flucht ins Ausland gelang. Todt hatte sich schon am 5. Mai abgesetzt. Tzschirner ließ die Aufständischen am 6. Mai im Stich und ging nach Süddeutschland. 200 Tote hatten die Revolutionäre zu beklagen. Darunter waren 50 Gefangene, die von Soldaten in die Elbe gestoßen und bei dem Versuch, sich schwimmend zu retten, erschossen worden. Einige Kämpfer wurden auf dem Alten Annenfriedhof bestattet. Mehr als 800 Aufständische gerieten in Gefangenschaft.

Die Zerstörungen in der Dresdner Innenstadt hatten sich trotz der schweren Straßenkämpfe in Grenzen gehalten. Nur das alte Opernhaus, zwei Pavillons des Zwingers und mehrere Häuser auf der Zwingerstraße und der Kleinen Brüdergasse waren abgebrannt.

Politische Selbstbeschränkung und
wirtschaftlicher Aufbruch

Alle Hoffnungen waren zerstoben, spätestens nach den gescheiterten Aufständen in Baden und in der Pfalz. Die einen
gingen in die Emigration, in die Schweiz, aber auch nach England, die anderen wanderten aus – in die USA vor allem.
Manch alter Barrikadenkämpfer arrangierte sich Jahre später mit den Verhältnissen. Der Traum von einem geeinten
und demokratischen Deutschland war ausgeträumt oder
schien zumindest in eine weite, unwirklich scheinende Ferne
gerückt. Der nach Dresden zurückgekehrte König verhängte
für die Stadt den Kriegszustand, die Regierung führte die
Pressezensur wieder ein und verbot die politischen Vereine.
Die Kommunalgarde und die Stadtverordnetenversammlung
wurden vorübergehend aufgelöst. Flüchtige Aufständische
wurden per Steckbrief zur Fahndung ausgeschrieben. Viele
derjenigen, die in Gefangenschaft geraten waren, wurden in
der Folge zu langjährigen Haftstrafen verurteilt.

Der starke Mann in der sächsischen Politik in der nun folgenden Zeit der Reaktion war Friedrich Ferdinand Freiherr
von Beust. Bis zum Juni 1850 hielt er das Land in einer Art
Belagerungszustand. Danach hob man nun auch per Gesetz
in ganz Sachsen die Presse- und Versammlungsfreiheit auf,
ebenso das Wahlgesetz vom November 1848. Der Landtag
wurde zukünftig nach den Modalitäten von 1831 gewählt,
denn die Neuwahlen im Herbst 1849 hatten trotz der Niederlage der Revolution wieder eine Mehrheit für demokratisch
gesinnte Abgeordnete ergeben. In der großen Bundespolitik
steuerten Preußen und Österreich aufgrund der gegensätz-
lichen Auffassungen über die Zukunft des Deutschen Bundes
auf eine kriegerische Auseinandersetzung zu. Preußen verfocht nun auf Kabinettsebene genau das, was auch die Revolutionäre von 1848/49 gewollt hatten – die Schaffung eines

einheitlichen Nationalstaates, wenn auch von »oben« und auf kleindeutscher Basis – ohne Österreich. Durch das Olmützer Treffen konnte der Krieg gerade noch verhindert werden. Die weiteren Verhandlungen fanden vom Dezember 1850 bis zum Mai 1851 in Dresden statt. Preußen mußte in den »Dresdner Conferenzen« – auch unter russischem Druck – klein beigeben. Der Deutsche Bund blieb vorerst in seiner alten Form bestehen. Doch die Entscheidung der deutschen Frage war damit nur vertagt.

Die politische Reaktion konnte auch nach 1849 die mit aller Macht vorwärtsdrängende wirtschaftliche Entwicklung nicht ernsthaft behindern – und sie wollte dies auch gar nicht. 1861 wurde staatlicherseits per Gesetz sogar die völlige Gewerbefreiheit hergestellt. Das deutsche Bürgertum schloß mit den alten Eliten seinen Frieden. Es beschränkte sich auf die ungehinderte Verfolgung seiner ökonomischen Interessen. Die Schlüsselstellungen in der Verwaltung und im Staatsapparat überließ man dem Adel und der alten Bürokratie. Und das Industrie- und Handelsbürgertum fand sich damit ab, daß es in Landtagen und Parlamenten nur sehr eingeschränkte Rechte hinsichtlich der Kontrolle der Regierungen und damit kaum Einfluß auf die Politik besaß.

Auch in Dresden zeigte sich, daß nach 1850 Gewerbe und Handel florierten, daß die Industrialisierung weitere Fortschritte machte. In den zwei Jahrzehnten bis zur Reichsgründung stieg insbesondere durch den ständigen Zuzug von Arbeitskräften für die entstehenden neuen Fabriken die Bevölkerungszahl der Stadt um 80 000 Menschen auf etwa 177 000. Mit der Eröffnung der Sächsisch-Böhmischen Eisenbahn 1851 – die Strecke bis Pirna war schon seit 1848 befahrbar – hatte sich Dresdens Stellung im Netz der deutschen und internationalen Verkehrswege verbessert. Das war entscheidend für die weitere wirtschaftliche Entwicklung der Stadt und ihres Umfeldes. Als Vorgänger des späteren Hauptbahnhofs bildete der Böhmische Bahnhof den Endpunkt der Strecke in Sachsen. 1851 wurde auch die Prager Straße angelegt, als Verbindung vom Bahnhof zur Stadt. Jahrzehnte später war sie mit ihren Nobelgeschäften, Kaufhäusern, Cafés und Theatern eine der pulsierenden Hauptstraßen Dresdens. Um die Sächsisch-Böhmische Linie mit der Sächsisch-Schlesischen Bahn zu verbinden, ist im April 1852 die Marienbrücke eröffnet worden. Dresden erhielt damit seine zweite Elbbrücke. 1855 konnte die Albertbahn bis nach Tharandt fertiggestellt werden, als erste Etappe der Eisenbahnverbindung in die aufstrebende Industriestadt Chemnitz. In der Wilsdruffer Vorstadt entstand 1862 ein Güterbahnhof. Die Eisenbahnstrecke Dresden–Berlin mit dem Berliner Bahnhof in der Friedrichstadt und der Elbbrücke bei Niederwartha wurde 1875, also erst nach der Reichsgründung, eröffnet. Anfangs wurde sie von einer privaten Gesellschaft betrieben. Der Eisenbahnbau förderte die Gründung einiger größerer Betriebe der Schwerindustrie, wie z. B. C. E. Rost & Co. in der Fabrikstraße. Hier wurden u. a. Dampfkessel und Lokomotiven hergestellt. Im Bereich der für Dresden typischen Nahrungsmittelindustrie hatte 1852 die Bienertsche Hofmühle ihren Betrieb aufgenommen. 1857 wurde die Felsenkellerbrauerei gegründet und 1870 an der Rosenstraße die bekannte Schokoladenfabrik Hartwig & Vogel. Den weltweiten Ruf der Dresdner feinmechanischen Industrie begründete der Unternehmer Clemens Müller. Er stellte 1855 die erste Nähmaschine in Europa her. 1874 produzierten die 200 Arbeiter seiner Firma an der Großenhainer Straße bereits 500 Maschinen pro Woche. In der Kleinen Plauenschen Gasse hatte 1869 Bruno Naumann die Produktion der später berühmten Singer-Nähmaschinen aufgenommen. Auch die Schreibmaschinen und Fahrräder der Firma Seidel & Naumann sollten Jahre später zu einem Qualitätsbegriff werden. Mit dem 1856 von der Firma Villeroy & Boch an der Leipziger Straße eröffneten großen Werk gewann die Steingutproduktion für lange Zeit in Dresden eine große Bedeutung. Als Kuriosum könnte man die Kunstblumen- und Strohwarenfabrikation abtun. Aber mit vierzig Firmen war Dresden nach 1850 in dieser Branche deutschlandweit führend. Nicht unbedeutend war die Papierherstellung oder konkreter die Herstellung von Spezialpapier – Buntpapier und später Fotopapier. Ein wichtiger Arbeitgeber, wenn auch etwas untypisch für die Stadt, war eine 1862 an der Tharandter Straße in Löbtau errichtete Glasfabrik. Die Geschichte der in der Folgezeit das Industrieprofil der Stadt maßgeblich mitbestimmenden Zigarettenherstellung nahm im Jahr 1862 mit der Firma Huppmann-Valbella in der Ostraallee – seit 1874 als Compagnie Laferme in der Großen und Kleinen Plauenschen Gasse fortgeführt – ihren Anfang. Sie war die erste deutsche Zigarettenfabrik überhaupt. Erwähnt sei auch die 1867 gegründete später sehr bekannte Firma Eschebach, die vornehmlich Küchengeräte herstellte.

Das Bevölkerungswachstum im Zusammenhang mit der Industrialisierung führte zunehmend zur Veränderung der sozialen Strukturen in Dresden. Die Zahl der Fabrikarbeiter nahm stetig zu. Damit wurde auch in der königlichen Residenzstadt die »soziale Frage« zu einem Thema. Die Armut und Not unter dem Industrieproletariat zog die Entstehung erster Arbeiter-Organisationen nach sich. 1861 war in Dresden ein Bildungsverein für Gewerbetreibende gegründet worden, den der Schmied Emil Försterling alsbald zu einer politischen Organisation umfunktionierte. Försterling war auch maßgeblich an der Gründung der Ortsgruppe des »Allgemeinen Deutschen Arbeitervereins« im Jahr 1863 beteiligt. Die führende Persönlichkeit in den ersten Jahren der Dresdener Arbeiterbewegung war jedoch Julius Vahlteich. Als Berichterstatter einer Zeitung übersiedelte er Anfang 1864 von Leipzig nach Dresden, wurde nach 1866 im hiesigen Arbeiterbildungsverein tätig und übernahm 1867 dessen Vorsitz. 1869 gehörte er der Dresdener Delegation auf dem Arbeiterkongreß in Eisenach an. Vahlteich war dort eines der Gründungsmitglieder der Sozialdemokratischen Arbeiterpartei (SDAP). 1870 ging er als Zeitungsredakteur nach Crimmitschau und wanderte später in die USA aus. In Dresden existierte von Anfang an ein Ortsverein der SDAP. Parteiorgan war der seit 1871 erscheinende »Dresdner Volksbote«. Der Herausgeber, der Journalist und Schriftsteller August Otto-Walster übernahm nach der Verhaftung der Parteispitze von September 1870 bis Januar 1871 das Sekretariat der Gesamtpartei. 1871 war Dresden auch Veranstaltungsort des 2. Parteitages der SDAP. Die 56 Delegierten kamen in der »Centralhalle« am Fischhofplatz bzw. im Lokal »Münchner Hof« in der Kreuzgasse zusammen.

Das Anwachsen der sozialen Unterschichten spiegelte sich allmählich auch im Stadtbild wider, das heißt, es entstanden nach 1850 erste größere Arbeiterwohnviertel in Dresden. Schon 1836 hatte der damalige Polizeidirektor Hans Ludwig von Oppell das Areal zwischen Bischofsweg und Königsbrücker Straße im Norden der Stadt aufgekauft. Nach 1855 entstand dann der anfangs als Oppellvorstadt bezeichnete, später aber unter dem Namen Hechtviertel (nach der Hechtstraße benannt) bekannte Wohnbezirk. Seit 1875 errichtete man hier mehrgeschossige Mietskasernen. Das Viertel hatte um 1900 die höchste Bevölkerungsdichte aller Dresdner Stadtteile – ein Hinweis auf die beengten Wohnverhältnisse.

Andererseits wurden im Stadtbild auch andere neue reizvolle Akzente gesetzt. 1854 baute Adolf Lohse für den Prinzen Albrecht von Preußen das Schloß Albrechtsberg auf dem ehemaligen Findlaterschen Weinberg an der Elbe und für den Kammerherrn des Prinzen Baron Stockhausen die benachbarte Villa. 1861 schuf Christian Friedrich Arnold im neogotischen Stil ein neues Gebäude für die Kreuzschule am Georg-

platz. 1859 bis 1861 hatte Arnold als letztes der drei Elbschlösser auf dem ehemaligen Weinberg, ebenfalls im neogotischen
Stil, eine Villa für den Großkaufmann John Daniel Souchoy
gebaut. Das nach dem Grundstück später Schloß Eckberg
benannte Bauwerk wechselte mehrfach seinen Besitzer. Um
1920 wohnte hier der bekannte Sänger Tino Pattiera, 1925 ging
das Schloß an den Industriellen Heinsius von Mayenburg.
Schließlich gestaltete Arnold von 1864 bis 1868 die Sophienkirche im neogotischen Stil um. Insbesondere fügte er der
bis dahin turmlosen ehemaligen Franziskanerkirche die zwei
Türme an der Vorderfront an. Die Ruinen der 1945 ausge-
brannten Kirche mußten 1962/64 auf Anordnung der SED-
Machthaber abgerissen werden, obwohl das Bauwerk durchaus wieder hätte rekonstruiert werden können. Im Süden
und Osten der Stadt entstanden nach 1850 die ersten vornehmen Villenvororte – das Schweizer und das Englische Viertel
im Süden und Südosten, das Preußische Viertel nordöstlich
der Stadt sowie die Villenbezirke in Blasewitz und Loschwitz.

Das kulturelle Leben in diesen zuallererst von wirtschaft-
lichem Wachstum bestimmten Jahren war nicht im entfernte-
sten so bedeutsam, interessant und vielfältig wie vor 1848.
Große Namen wie Semper oder Wagner wird man vergebens
suchen. Was das musikalische Leben anlangt, so ist immerhin
erwähnenswert, daß es eine erstaunliche Breitenwirkung zu
entfalten begann. In dieser Zeit erlangt Dresden den Ruf, eine
Stadt der Chöre und Sängerfeste zu sein. Die »Dresdner Lie-
dertafel« – der Männerchor wurde vor 1848 u. a. von Richard
Wagner betreut – spielte eine herausragende Rolle während
des 1. Deutschen Sängerbundfestes 1865. Im Juli jenes Jahres
fanden sich – man mag es kaum glauben – 16 000 Sänger
aus mehreren hundert deutschen Vereinen in Dresden ein.
Für die zahlreichen Veranstaltungen hatte man auf den Elbwiesen vor dem Waldschlößchen eine provisorische riesige
Halle errichtet.

Die literarische Szene in der Stadt dominierten die Schriftsteller Karl Gutzkow und Berthold Auerbach. Ersterer, Dramatiker am Hoftheater und vor 1848 mit Julius Mosen bekannt, widmete sich in seinem Bühnenstück »Wullenweber« und in seinen Romanen auch sozialen Themen.

In der zweiten Hälfte des 19. Jahrhunderts wird die Stadt zunehmend das Ziel von »Touristen«. Dank der Eisenbahn war ja das Reisen längst nicht mehr so beschwerlich wie noch einige Jahrzehnte zuvor. Die kulturellen Schätze und das Flair Dresdens zogen englische Globetrotter und russische Aristokraten und Künstler an – ganz so, wie dies heutzutage für Dresdenbesucher unter den Bedingungen des Massentourismus gilt. Auch damals schon wandelte man auf der Brühlschen Terrasse, für die in diesen Jahren nicht zufällig die Bezeichnung »Balkon Europas« aufkam. Selbstverständlich war die sächsische Residenz, wie schon mehrfach angedeutet, bereits im 17. und 18. Jahrhundert ein Anziehungspunkt für Reisende – aber zahlenmäßig gesehen handelte es sich doch insgesamt um wenige, zumeist prominente Besucher. Diese fehlten natürlich auch jetzt nicht. So besuchte Henrik Ibsen 1852 erstmals die Stadt. Von 1868 bis 1875 lebte er in Dresden. Gottfried Keller suchte 1855 den befreundeten Literaturhistoriker Hermann Hettner auf. Der polnische Schriftsteller Jozef Ignacy Kraszewski lebte nach dem 1863 gescheiterten Aufstand gegen die russische Fremdherrschaft in seiner Heimat zwanzig Jahre in Dresden. Hier schrieb er die meisten seiner noch heute beliebten Romane, die die Zeit der sächsisch-polnischen Union im 18. Jahrhundert zum Gegenstand haben. Fjodor Michailowitsch Dostojewskij hielt sich mehrfach in der Stadt auf. Während eines längeren Aufenthaltes von 1869 bis 1871 schrieb er den Roman »Die Dämonen«.

In der Mitte der sechziger Jahre des 19. Jahrhunderts erfuhr die deutsche Geschichte eine Zäsur, die als solche heute kaum mehr wahrgenommen wird. Der Deutsche Bund, der alle deutschen Staaten umfaßte, zerbrach endgültig. Die Geschichte Österreichs ist seitdem nicht mehr Teil der deutschen Geschichte. Der Begriff Deutschland verengte sich geographisch und politisch auf das 1870/71 gegründete kleindeutsch-preußische Reich bzw. seine Nachfolgestaaten. Dabei hatten König Johann und das Land 1866 kurz vor Ausbruch des preußisch-österreichischen Krieges noch fest auf die großdeutsche Lösung der deutschen Frage gesetzt. In der für Österreich katastrophal verlaufenen Schlacht bei Königgrätz in Böhmen hatten allein die sächsischen Verbündeten den Preußen standgehalten und konnten so den Rückzug des sich auflösenden österreichischen Heeres decken. Doch seit dem 18. Juni 1866 standen die preußischen Truppen in Dresden und begannen, einen Ring von Feldbefestigungen um die Stadt zu legen. Der Ausgang des Krieges ist bekannt. Sachsen mußte 1867 dem Norddeutschen Bund beitreten und darüber hinaus an den Sieger Kontributionszahlungen in Höhe von 10 Millionen Talern entrichten. 1871 ist Sachsen Bundesstaat innerhalb des Deutschen Reiches geworden und damit auch nach Jahrhunderten wieder Grenzland. Während des Reichseinigungskrieges gegen das Frankreich Napoleons III. erfochten sächsische Truppen – selten genug in der Geschichte des Landes – glänzende Siege.

VII · Dresden in der Zeit des Kaiserreiches

Gründerjahre

Das neue Reich war mit Eisen und Blut geschmiedet worden. In den einzelnen Bundesstaaten wurden allerorten Jubelfeiern ausgerichtet und Siegesparaden abgehalten. Auch in Dresden. Am 5. März 1871 feierte man hier den Friedensschluß mit Frankreich auf den großen illuminierten Plätzen und Straßen, inklusive Fackelzügen und Festreden. Zu einem wahren Triumphzug geriet der Einzug der siegreichen sächsischen Truppen am 11. Juli mit dem Kronprinzen Albert an der Spitze. Kaiser Wilhelm I. hatte ihn gerade erst zum Generalfeldmarschall ernannt. Damit auch künftige Generationen sich der großen Ereignisse erinnerten, hieß der Palaisplatz fortan Kaiser-Wilhelm-Platz und der Bautzener Platz Albertplatz. Auch andere Straßen und Plätze erhielten neue Namen.

Die französischen Kontributionszahlungen in Höhe von fünf Milliarden Franken bewirkten auch in Dresden eine atemberaubende Beschleunigung der wirtschaftlichen Entwicklung. In der sogenannten Gründerzeit entstanden mehr als drei Dutzend Aktiengesellschaften, mehr als in den dreißig Jahren zuvor. Insbesondere die Banken- und die Baubranche profitierten von diesem Boom. 1872 war das Geburtsjahr der aus dem Bankhaus Kaskel hervorgegangenen »Dresdner Bank«. Die Geschäfte florierten in allen Bereichen, so daß die Dresdner Börse glaubte, sich in der Waisenhausstraße ein neues protziges Gebäude leisten zu können. Überall sichtbar war das beeindruckende Baugeschehen. Allein 1871 und im Jahr darauf wuchsen mehrere hundert neue mehrgeschossige Wohnhäuser aus dem Boden. Baugesellschaften kauften große Areale an den Rändern der Stadt auf. Hier entstanden in den nächsten Jahren neue Stadtviertel, wie die Johannstadt im Osten Ende der siebziger Jahre. 1877 war dort mit der Albertbrücke die dritte Brücke über die Elbe fertiggestellt worden. Freilich wurde die stürmische Entwicklung durch den weltweiten Börsenkrach 1873 erst einmal abgebremst. Viele der in Dresden erst vor kurzem gegründeten Aktiengesellschaften und Firmen mußten Konkurs anmelden. Ende der siebziger Jahre war die Krise überwunden.

Das Bevölkerungswachstum und die beschleunigte Wirtschaftsentwicklung machten den Ausbau der Infrastruktur in der Stadt notwendig. Seit Ende der sechziger Jahre war man dabei, das Kanalisationssystem zu modernisieren. Dem deutlich gestiegenen Bedarf an Trinkwasser – an sauberem, wie die letzte große Choleraepidemie 1873 gelehrt hatte –, trug das 1875 in Betrieb genommene erste städtische Wasserwerk an der Saloppe, einer alten Gastwirtschaft an der Elbe, Rechnung. In der zweiten Hälfte des Jahrhunderts gewann das aus Steinkohle erzeugte Gas als Energiequelle in der Industrie und auch in den Haushalten rasch an Bedeutung. Vor allem aber ermöglichte Gas eine Verbesserung der künstlichen Beleuchtung. Die ersten Gaslaternen leuchteten in Dresden bereits 1829 in der Nähe des Schlosses, nachdem Rudolf Sigismund Blochmann 1825 bei Hofe die neuartige Lichtquelle vorgeführt hatte. Mit Hilfe einer »Gasaufbereitungsanstalt« am Zwingerwall betrieb der begabte Techniker die ersten Laternen. Das erste größere Gaswerk wurde dann 1839 in der Stiftstraße in Betrieb genommen und ein weiteres städtisches Gaswerk 1865 in der Lößnitzstraße errichtet. Danach konnten mehr als 30 000 Dresdner Haushalte und fast 3000 Straßenlaternen mit Gas versorgt werden. Im Jahr 1881 nahm das große Werk in Dresden-Reick seinen Betrieb auf. Seit den zwanziger Jahren des 20. Jahrhunderts war es in der Lage, allein die gesamte Stadt zu versorgen.

Um des zunehmenden Straßenverkehrs Herr zu werden,

war der Bau neuer Straßenverbindungen notwendig. Dabei war es unumgänglich, Eingriffe in das alte Straßennetz und in bestehende Bausubstanz vorzunehmen. Bereits mit der Abtragung der Festungswerke waren seit 1820 Ringstraßen als Fußgängerzonen um das Zentrum der Stadt gelegt worden: die Johannis-, Friedrichs-, Maximilians- und Moritzallee. Erst 1886 wurden sie für den normalen Straßenverkehr freigegeben. Doch galt es vor allem, die Verbindung zu den aus gewerblicher Sicht wichtigen westlich des Stadtzentrums gelegenen Vorstädten, insbesondere der Friedrichstadt, zu verbessern, zumal letztere schon durch die Weißeritz, die sie von der übrigen Stadt trennte, benachteiligt war. Seit Ende der sechziger Jahre ließ die Stadt daher die Wettiner Straße bauen. 1875 erfolgte der Durchbruch von dieser Straße zum Postplatz. Die 1886-88 von der Ostseite des Altmarktes als Verlängerung der Wilsdruffer Straße angelegte König-Johann-Straße, die sich am Verlauf der alten Badergasse orientierte, stellte die direkte Verbindung zum Pirnaischen Platz und damit zu den östlichen Vororten her. Als Fortsetzung dieser neuen West-Ost-Achse war schon 1878 die Grunaer Straße angelegt worden. Am Altstädter Elbufer war bereits nach 1820 die spätere Terrassenuferstraße aufgeschüttet worden. Abgesehen vom befestigten Terrassenufer und dem Elbkai weiter westlich verzichtete die Stadt aber später auf den Bau einer unmittelbar am Ufer des Flusses verlaufenden durchgehenden Straße. Die Auswirkungen des verheerenden Hochwassers von 1845 waren nicht vergessen. Auch die Bebauung der Elbwiesen und die Regulierung des Flusses konnte aus diesem Grund bis heute verhindert werden. In diesen Jahren setzte auch die Revolutionierung der Straßenverkehrsmittel ein. Die Droschken erhielten Konkurrenz. 1872 war das Geburtsjahr des schienengebundenen öffentlichen Nahverkehrs in Dresden. Zwischen dem Böhmischen Bahnhof und Blasewitz wurde die erste Pferdestraßenbahnlinie in Betrieb genom-

Zigarettenfabrik »Yenidze«, Martin Hammitzsch
1908/1909, Aufnahme 1982

men. Die Konzession für den Bau der eingleisigen Linie hatte
ein englischer Geschäftsmann erworben.

Die weitere Industrialisierung machte stadtplanerische
Entscheidungen immer dringlicher, wenn nicht das Bild der
historisch gewachsenen Stadt durch regellos gebaute Fabrikanlagen zerstört werden sollte. Pläne der Stadtverwaltung,
genauer des seit 1855 bestehenden Bauamtes, Dresden so zu
strukturieren, daß die inneren Stadtteile – Altstadt, innere
Neustadt, die Anton- und die Friedrichstadt – der geschlossenen Bebauung vorbehalten blieben, die Randgebiete für eine

lockere Bebauung vorgesehen waren und Fabriken nur in besonderen Gewerbezonen am Rande Dresdens angelegt werden durften, konnten nicht sogleich durchgesetzt werden. Erst mit dem 1878 erlassenen Ortsstatut wurde die Stadt wieder Herr des Baugeschehens. Das Ortsgesetz verbannte zumindest große Industriebetriebe zukünftig aus der inneren Stadt. Für deren Ansiedlung galten die Eisenbahnlinien als Orientierung. Nur westlich der Sächsisch-Schlesischen Eisenbahn, also in der Leipziger Vorstadt und in Pieschen, sowie westlich der Albertbahn, in der Friedrichstadt und in Löbtau durften größere Fabrikanlagen errichtet werden. Das schloß nicht aus, daß auch späterhin etwa Firmen der Foto- und Zigarettenbranche, die weniger umweltfeindlich hinsichtlich der Verwendung von Dampfmaschinen oder der Art der Fabrikgebäude waren, in anderen Stadtgebieten entstanden. Ein Kuriosum unter den Dresdner Industriebauten sei schon an dieser Stelle erwähnt, obwohl es erst 1908/09 errichtet wurde – die in ihrem pseudoorientalischen Stil einer Moschee nachempfundene Yenidze an der Weißeritzstraße für die 1886 gegründete gleichnamige Zigarettenfabrik.

Nicht nur Industrieanlagen, neue Stadtteile und Straßen veränderten das äußere Erscheinungsbild Dresdens. Nördlich der Stadt wurde bis 1877 ein riesiger Kasernenkomplex angelegt. Die Dresdner Garnison war damals mit 12 000 Soldaten nach Potsdam die zweitgrößte des Reiches. Erst 1945 allerdings wurde die Albertstadt nach Dresden eingemeindet. Eine Reihe repräsentativer Bauten bereicherte bis 1880 das innere Stadtgebiet, Bauwerke, die auch ein wenig vom Selbstbewußtsein des jungen Reiches in den Jahren der Gründerzeit künden. 1873 wurde das im Stil der Neorenaissance nach Plänen von Bernhard Schreiber errichtete Alberttheater am gleichnamigen Platz eingeweiht. Im Februar 1945 wurde es zerstört. In der Nähe des Böhmischen Bahnhofes erhielt das Polytechnikum ein neues Domizil, und an der Pillnitzer Straße entstand nach 1876 das Landgerichtsgebäude von Carl Adolph Canzler.

Die Großstadt

Der Redakteur der »Dresdner Zeitung« Franz Koppel-Ellfeld hat 1888 in einem Beitrag für die »Gartenlaube« eindrucksvoll den Umbruch und Wandel, von dem die Stadt in den siebziger und achtziger Jahren des 19. Jahrhunderts erfaßt wurde, beschrieben. Dresden sei wegen seiner »herrlichen Umgebungen und gartengeschmückten Villenvorstädten das Eldorado der Rentiers und hat noch vielfach den Charakter eines fashionablen Weltbadeortes; aber der Ruß, der von den vielen Schloten des Plauenschen Grundes und den Westvorstädten als eine wahre Plage über Dresden sich ergießt; die entwickelte Kettenschleppschiffahrt auf der Elbe, die mit ihren dichten Rauchwolken und dem Getöse der Nebelpfeife die Besucher der Terrasse, des Lincke'schen Bades oder des Waldschlößchens mitten in der schönsten Bewunderung stört, geben fühlbar zu erkennen, daß Dresden bereits ein wichtiger Schiffahrtsplatz, eine ansehnliche Industriestadt geworden ist. Die sächsische Residenz befindet sich gegenwärtig gleich anderen Städten im Reich im Uebergangsprozeß von der großen Stadt zur Großstadt.« Der Text lenkt den Blick keineswegs nur wehmütig auf eine idyllische Vergangenheit, er ist durchaus auch von Stolz auf das bisher Erreichte und von Neugier auf kommende Entwicklungen erfüllt.

Ende der achtziger Jahre setzte noch einmal ein Industrialisierungsschub ein. Die Dresdner Industrie nahm auch in den neu entstehenden Branchen einen Spitzenplatz in Deutschland ein. Am Ende des Jahrhunderts war die Stadt – so würde man es heute ausdrücken – zu einem der wichtigsten »Hightech-Standorte« im Reich geworden. 1889 begann der gelernte Textilkaufmann Johann Heinrich Ernemann in seiner Werkstatt einfache Kameras aus Holz herzustellen. 1898 bezog die in eine Aktiengesellschaft umgewandelte Firma ihren neuen Standort in der Schandauer Straße. Der 1923 errichtete »Ernemann-Turm« ist noch heute ein Wahrzeichen des Dresdner Stadtteiles Striesen. Mit ihren Präzisionskameras und Kinoprojektoren gehörte die Heinrich-Ernemann-AG, die 1926 mit einigen anderen Werken zur Firma Zeiss-Ikon Dresden fusionierte, zu den führenden Herstellern optischer Geräte in der Welt. Die erste bedeutende Firma der elektrotechnischen Industrie gründete 1887 Oskar Ludwig Kummer in Niedersedlitz. Im späteren Sachsenwerk wurden Elekromotoren hergestellt – Motoren, die nicht zuletzt auch in die Wagen der seit 1893 entstehenden Linien der Dresdner elektrischen Straßenbahn eingebaut wurden. Die erste Linie verband den Schloßplatz mit dem Schillerplatz. Noch im selben Jahr wurde die Linie Blasewitz-Laubegast eröffnet. Der Vorläufer des später bedeutenden Transformatoren- und Röntgenwerkes in Dresden-Übigau war die 1904 gegründete Firma Koch & Sterzel in der Zwickauer Straße. Eine große Rolle in der Dresdner Industrie spielte am Ende des Jahrhunderts auch die Verpackungsmaschinenherstellung. Am bekanntesten wurde die Firma »Universelle«. Doch auch in den schon traditionellen Dresdner Industriezweigen kam es zu spektakulären Neugründungen. Schon 1880 hatte der Grieche Georg Jasmatzi in der Waisenhausstraße eine Zigarettenfabrik in Betrieb genommen. Das später in der Schandauer und Glashütter Straße gelegene Werk gehörte bald zu den bedeutendsten der Branche in der Stadt. 1892 gründete der ehemalige kaufmännische Angestellte der Nähmaschinenfabrik Seidel & Naumann, Karl August Lingner, ein »Chemisches Laboratorium«, in dem er das Mundwasser der Marke »Odol« kreierte. Es sollte bald darauf seinen Siegeszug um die Welt antreten. 1897 eröffnete Lingner sein Werk in der Zwickauer/Nossener Straße. Lingner, der mit seinen Produkten in kurzer Zeit ein beträchtliches Vermögen erwarb, machte sich auch als Vorkämpfer auf dem Gebiet der Volksgesundheit einen Namen. Zusammen mit einem Mediziner gründete er im Johannstädter Krankenhaus 1898 eine der ersten Säuglingsstationen in Deutschland. Die Ausstellung »Volkskrankheiten und ihre Bekämpfung« im Rahmen der 1903 in Dresden stattfindenden Städteausstellung ermutigte ihn, seinen lange gehegten Plan einer Internationalen Hygieneausstellung in Angriff zu nehmen. Auf einer riesigen Fläche westlich des Großen Gartens stellten 1911 in 50 Pavillons und Hallen elf Nationen ihre Exponate aus. Den größten Andrang erlebte mit mehr als fünf Millionen Besuchern der Ausstellungsteil »Der Mensch«. Der überwältigende Erfolg dieser bis dahin weltweit einzigartigen Schau lieferte den Anlaß für die ebenfalls auf Initiative Lingners erfolgte Gründung des »Deutschen Hygiene-Museums« im Jahr 1912. Der in seiner zeitlosen Modernität beeindruckende Museumsbau von Wilhelm Kreis entstand allerdings erst nach 1927. Zur II. Internationalen Hygieneausstellung 1930 konnte er eröffnet werden. Die Exponate des Museums, insbesondere die berühmte seit 1931 gezeigte »Gläserne Frau« setzten Maßstäbe für anatomisch-medizinische Anschauungs- und Lehrmittel. Das Logo des Museums, das bekannte »Hygieneauge«, schuf übrigens der mit Lingner befreundete Maler Franz von Stuck. Der einen recht extravaganten Lebensstil pflegende Unternehmer selbst verstarb 1916. 1906 hatte er die Villa Stockhausen gekauft. Das mittlere der drei Elbschlösser ist seitdem auch unter dem Namen Lingnerschloß bekannt.

Seit 1871 war die Bevölkerungszahl der Stadt wie schon erwähnt stetig angestiegen. Zu den hohen Geburtenraten trat der nicht abreißende Zustrom von Arbeitskräften aus dem Umland und aus anderen Landesteilen – und die von 1892 bis 1903 andauernde Welle von Eingemeindungen umliegender, zum Teil sehr bevölkerungsstarker Siedlungen bzw.

bis dahin selbständiger Vororte: Strehlen, Striesen, Pieschen, Trachenberge, Seidnitz, Cotta, Löbtau, Mickten, Plauen, Trachau, Übigau, um die wichtigsten zu nennen. 1905 zählte Dresden 517 000 Einwohner.

In den Arbeiterwohnvierteln herrschten, wie in anderen Großstädten auch, in der zweiten Hälfte des 19. Jahrhunderts unzumutbare Wohnverhältnisse und äußerst mangelhafte hygienische Zustände. Selbst die Stadtverwaltung bezeichnete 1877 die meisten der etwa 2000 Kellerwohnungen als eigentlich nicht bewohnbar. Die ohnehin nicht großen Unterkünfte waren hoffnungslos überbelegt, da viele Arbeiterfamilien Untermieter beherbergten, um ihr schmales Einkommen etwas aufzubessern. Erst die Bismarckschen Sozialreformen verbesserten allmählich etwas die Lage der Unterschichten. 1899 erließ die Stadt eine Wohnungsordnung, die Mindeststandards festlegte und auch den beginnenden sozialen Wohnungsbau förderte. Allzulange hatten sich die Fraktionen der Stadtverordneten-Versammlung mit Grundstückspreisen, Steuern für Hausbesitzer etc. beschäftigt, auch wenn sie 1880 immerhin eine Ortsarmenordnung verabschiedeten. Eine besonders unrühmliche Rolle im Dresdner Stadtparlament spielte lange Zeit die starke Fraktion des Allgemeinen Hausbesitzervereins. Die nunmehr eine halbe Million Einwohner zählende sächsische Hauptstadt – sie rückte damit Anfang des 20. Jahrhunderts zur viertgrößten Stadt Deutschlands auf – hatte sich nicht nur mit Fragen der Armenfürsorge und mit Wohnungsproblemen auseinanderzusetzen. Die Großstadt stand vor ganz neuen Infrastrukturproblemen. Die Versorgung der Bevölkerung mit Lebensmitteln konnte nicht mehr allein über die traditionellen Wochenmärkte abgewickelt werden. 1891-93 wurde daher am Antonsplatz die erste große Markthalle errichtet, 1893-95 folgte die Hauptmarkthalle am Rande der Friedrichstadt – 9500 Quadratmeter überdachte Verkaufsfläche mit eigenem Eisenbahnanschluß. 1899 schließlich konnte die Markthalle in der Neustadt fertiggestellt werden. Es war zudem die Zeit der Eröffnung neuer großer Kaufhäuser. Das Kaufhaus Renner an der Südseite des Altmarktes, das bekannteste Haus, war schon 1854 gegründet worden.

Auch die bisherige Energie- und Wasserversorgung der Stadt genügte nicht mehr den Anforderungen. 1895 war in der Stiftstraße das erste Elektrizitätswerk Dresdens erbaut worden. Im Jahr 1900 nahm das Elektrizitätswerk an der Wettiner Straße den Betrieb auf. In Tolkewitz errichtete die Stadt in den Jahren 1896 bis 1899 ein zweites Wasserwerk. Probleme galt es im Bereich des Verkehrs zu lösen, sowohl im innerstädtischen Bereich als auch hinsichtlich der großen Verkehrsanbindungen. Das Straßennetz mußte erweitert werden. Als ein lästiges Hindernis stellte sich immer mehr der Weißeritzfluß heraus, der die Friedrichstadt von der Innenstadt trennte. Die Stadt entschloß sich zu einem für die damalige Zeit doch recht mutigen Schritt. Sie leitete den bei Hochwasser nicht ungefährlichen Fluß einfach um. Von 1891 bis 1893 legte man zwischen Löbtau und Cotta ein künstliches, reguliertes Flußbett an. Damit wurde die Mündung der Weißeritz um mehrere Kilometer nach Westen verlegt. Allerdings fand und findet der Fluß bei jedem großen Hochwassser sein altes Flußbett wieder. Der innerstädtische Verkehr konnte 1895 durch die Carolabrücke entlastet werden. Im Osten der Stadt war 1893 die 1891 begonnene Loschwitzer Elbbrücke für den Verkehr freigegeben worden. Die Stahlfachwerkkonstruktion mit einer Spannweite von 141,5 m stellte eine technische Spitzenleistung jener Zeit dar. Der grün-blaue Farbanstrich verhalf ihr bald zu dem Namen »Blaues Wunder«. Als technische Wunderwerke werden den Zeitgenossen auch die ebenfalls in Loschwitz errichteten beiden Seilbahnen erschienen sein. Die vom Körnerplatz zum Weißen Hirsch führende Standseilbahn wurde 1894/95 erbaut. Bis zum Jahr 1900 diente sie allerdings nur dem Güterverkehr. Die nach Oberlosch-

Blick von den Loschwitzhöhen, im Vordergrund das
»Blaue Wunder«, 1969

witz führende erste Personenseilbahn Europas – die Schwebe-
bahn – wurde 1901 eröffnet.

Auch die ohnehin schon große Bedeutung Dresdens als na-
tionaler und internationaler Eisenbahnverkehrsknotenpunkt
nahm zu. Die unpraktische Trennung der Endpunkte der
Dresden-Leipziger Strecke und der Sächsisch-Schlesischen
Bahn hob man mit dem Bau des Neustädter Bahnhofes von
1896 bis 1901 auf. Der alte Böhmische Bahnhof war 1897 durch
einen neuen Hauptbahnhof ersetzt worden. In der Friedrichstadt entstand von 1891 bis 1894 einer der größten Rangier-
bahnhöfe Europas. Für die Anlage des Ablaufbergs dieses
Bahnhofs verwendete man teilweise Erdmassen, die bei der
Ausbaggerung des Hafenbeckens für den 1891-95 angelegten
Alberthafen an der Elbe in der Nähe des Ostrageheges angefal-
len waren. Der Vollständigkeit halber – was das Thema Dresden als Verkehrsknotenpunkt betrifft – muß die Anlage des
ersten Dresdner Flughafens im Jahr 1913 in Kaditz erwähnt

werden. Freilich steckte der Flugverkehr zu dieser Zeit noch in seinen Kinderschuhen und besaß keine nennenswerte wirtschaftliche Bedeutung.

Es liegt auf der Hand, daß in jenen Jahrzehnten die Aufgaben der städtischen Verwaltung immer unfangreicher geworden waren. Dem trug der Bau eines neuen Rathauses Rechnung. Nach dem preisgekrönten Entwurf des Darmstädter Architekten Karl Roth wurde es unter seiner und der Leitung Edmund Bräters von 1905 bis 1910 errichtet. Der 98 Meter hohe wuchtige Turm gehört seitdem zu den Wahrzeichen der Stadt. Von »höherer Stelle« soll man dem Architekten zu verstehen gegeben haben, daß der Rathausturm keinesfalls den Turm des Residenzschlosses überragen dürfe. Doch mit der fünf Meter hohen vergoldete Skulptur des »Rathausmannes« von Richard Guhr, die dem Turm aufgesetzt wurde, umging man am Ende diese Vorgabe. Auch die Königliche Regierung verstand es, sich zu präsentieren. 1890-94 ließ sie das monumentale Neorenaissancegebäude für das Finanzministerium am Neustädter Elbufer errichten. Das Gesamtministerium, später und heute Sitz des Ministerpräsidenten des Freistaates Sachsen, zwischen Carola- und Albertbrücke ebenfalls am Neustädter Elbufer konnte 1904 bezogen werden.

Zu Beginn des 20. Jahrhunderts stellte sich Dresden als eine von großstädtischer Atmosphäre erfüllte Metropole dar, auch wenn Beobachter den Bewohnern der Stadt immer wieder die fehlende Großstadtmentalität attestieren sollten. Prunkvolle Geschäfts- und Kaufhäuser, wie das 1912 ganz modern in Beton und Glas erbaute Residenzkaufhaus in der Prager Straße, Hotels und Cafés, wie etwa das Residenzcafé Ecke Altmarkt/König-Johann-Straße, sowie Theater und Varietés prägten das Bild der Innenstadt. Das Centraltheater an der Waisenhaus/Ecke Prager Straße – 1899/1900 von W. Lossow und H. Viehweger anstelle des alten abgerissenen Palais Boxberg erbaut – bot 2000 Personen Platz, nicht gerechnet die

Prager Straße nach Norden mit Blick auf das Viktoriahaus,
um 1930

dem Haus angeschlossenen Restaurants, Cafés und Billard-
säle. Einen legendären Ruf erlangte der Zirkus Sarrasani,
eines der größten Unternehmen seiner Art in Europa. Der
Gründer Hans Stosch hatte für den 1911/12 erfolgten Bau
des festen Zirkusgebäudes, das fast 4000 Zuschauer aufnehmen konnte, ein Gelände neben dem Jägerhof in der Neustadt erworben.

Auf den von geschäftigem Treiben erfüllten Plätzen und
Straßen konnten Passanten die ersten Automobile beobachten. Für immer mehr Touristen wurde die Stadt zum Anziehungspunkt. So registrierten die Dresdner Hotels im Jahr
1909 mehr als 400 000 Gäste. Abseits vom Massentourismus
suchten gelegentlich reiche Nichtstuer, aber auch Unternehmer oder arrivierte Künstler – wie Gerhard Hauptmann
und Thomas Mann – aus allen Teilen des Reiches und aus
dem Ausland das 1888 eröffnete Lahmann'sche Sanatorium
oder andere exklusive Einrichtungen dieser Art am Weißen
Hirsch und in Oberloschwitz auf. Das kulturelle Leben in

Dresden war zu Beginn des 20. Jahrhunderts nicht nur vielfältig, es verzeichnete auch glanzvolle Höhepunkte. Der geniale Dirigent Ernst von Schuch verhalf zusammen mit dem Intendanten der Dresdner Hoftheater Nikolaus von Seebach der Oper zu neuem Ruhm. Er dirigierte die Uraufführungen der von Richard Strauss in dieser Zeit geschaffenen Opernwerke – 1905 die »Salome«, 1909 die »Elektra« und 1911 den »Rosenkavalier«. In der »Ära Seebach« erlebte auch das Sprechtheater eine große Zeit. 1913 wurde das überwiegend mit Spenden Dresdner Bürger und Unternehmer finanzierte neue Schauspielhaus an der Ostraallee eröffnet. Doch die spektakulären Theaterereignisse fanden schon zuvor im Neustädter Alberttheater statt. Hier gelangten die Werke Hebbels, Sternheims und Gerhard Hauptmanns zur Aufführung.

Bemerkenswerte Entwicklungen registrierten die Zeitgenossen im Bereich der Bildenden Künste, genauer gesagt in der Dresdner Malerei. Carl Bantzer hatte die Freie Vereinigung Dresdner Künstler gegründet, Gotthard Kuehl stand an der Spitze der Goppelner Landschaftsschule. Einen herausragenden Platz in der Geschichte der Kunst der Moderne aber sicherte sich die expressionistische Künstlervereinigung »Brücke«. Die 1905 von Fritz Bleyl, Erich Heckel, Ernst Ludwig Kirchner und Karl Schmidt-Rottluff ins Leben gerufene Gruppe wandte sich explizit gegen den zeitgenössischen akademischen Kunstbetrieb. In der Berliner Straße in der Friedrichstadt nutzten die jungen Autodidakten ein ehemaliges Ladengeschäft als gemeinsames Atelier. Die erste Ausstellung ihrer Werke konnten sie im Saal einer Lampenfabrik in Löbtau – eine heute völlig unbeachtete Ruine – veranstalten. 1910 organisierte dann die Galerie Arnold eine größere Ausstellung der »Brücke«. Doch es wurde bald deutlich, daß die Künstlergruppe unter dem Dresdner Publikum auf wenig Akzeptanz, ja zum Teil auf Ablehnung stieß. 1911 hatten alle ihre Mitglieder die Stadt verlassen.

Zugleich pflegte Dresden die Tradition der großen Kunstausstellungen, die übrigens einen nicht unbeträchtlichen Anteil an der Anziehungskraft hatten, die die Stadt auf auswärtige Besucher ausübte. Nach 1887 fanden drei internationale Ausstellungen, 1904, 1908 und 1912, die großen nationalen Veranstaltungen dieser Art in Dresden zahlreiche Besucher. Präsentiert wurden sie zum Teil in dem 1894 bis 1896 von A. Hauschild und E. Bräter am Stübelplatz erbauten Ausstellungspalast.

Theoretisch diskutierte man künstlerische und kulturelle Fragen im 1902 von dem Kulturpädagogen Ferdinand Avenarius gegründeten »Dürerbund«. Der von einem ausgeprägten Sendungsbewußtsein erfüllte Schriftsteller gab seit 1887 in Dresden auch die Zeitschrift »Kunstwart« heraus.

Aus den Jahren vor dem Ersten Weltkrieg sind herausragende Zeugnisse der Architektur erhalten. Neben der von 1905 bis 1911 von R. Schilling und J. Gräbner im Jugendstil erbauten Christuskirche in Strehlen, dem 1909-11 nach Plänen von F. Schumacher errichteten Krematorium in Tolkewitz – eines der bedeutendsten Zeugnisse der Jugendstilarchitektur in Deutschland – und dem 1915 vollendeten Gebäude im gleichen Stil für das Sächsische Staatsarchiv in der Neustadt sind es vor allem die nach den Plänen des Architekten und Stadtbaurates Hans Erlwein geschaffenen Bauten, unter anderem der Schlachthof im Ostragehege, das Gasometer in Dresden-Reick, die 1911-13 erbaute Gaststätte »Italienisches Dörfchen« und das Speichergebäude an der Elbe. Der gigantische Stahlbetonbau – einer der ersten in Deutschland – entstand in den Jahren 1913/14. Die von Erlwein entworfenen Bauten trugen ganz wesentlich zur Modernisierung des Stadtbildes bei.

Der Ort Hellerau wurde erst 1950 nach Dresden eingemeindet. Sein Name ist aus der jüngeren europäischen Kulturgeschichte nicht wegzudenken. Die 1908 gegründete erste deutsche Gartenstadt wurde nach der nahe gelegenen Flur benannt.

Der Mitbegründer des Deutschen Werkbundes Karl Schmidt hatte 130 Hektar Land aufgekauft, auf denen nach einer Konzeption des Architekten und Malers Richard Riemerschmid und des Architekten Hermann Muthesius die Bebauung mit den für Hellerau typischen Reihenhäusern begann. Einzelne herausragende Gebäude, insbesondere das Festspielhaus, entwarf Heinrich Tessenow. Während Karl Schmidt die berühmten »Deutschen Werkstätten Hellerau« gründete und dabei die künstlerischen Fähigkeiten Riemerschmids nutzte, standen der Philologe und Freund des bekannten liberalen Politikers Friedrich Naumann, Wolf Dohrn, und der von ihm für das »Projekt« Hellerau gewonnene Musik- und Tanzpädagoge Émile Jaques-Dalcroze für die geistige Botschaft, die von der Gartenstadt ausgehen sollte. Es war eine Botschaft, die auf die Reformierung des bürgerlichen Lebens abzielte, aber wie ähnliche reformerische Bestrebungen in jener Zeit in Deutschland und in Europa letztlich Ausdruck der ersten großen Krise der Moderne gewesen ist. Das Experimentierfeld Hellerau, das zahlreiche Geistesgrößen – Schriftsteller in erster Linie – anzog, für deren Aufzählung hier der Raum fehlt, reiht sich ein in die unterschiedlichen kulturellen und politischen Bestrebungen und Programme des ausgehenden 19. und beginnenden 20. Jahrhunderts, die alle von dem nicht ungefährlichen Traum von der Schaffung eines neuen Menschen erfüllt waren.

Hellerau war die Ausnahmeerscheinung, die sich regionalen oder gar lokalen Maßstäben entzog. Die Stadt selbst und einige andere Vorstadtsiedlungen wurden seit dem letzten Drittel des 19. Jahrhunderts zu auch von pensionierten Beamten und anderen betuchten Ruheständlern bevorzugten Wohnorten. Die meisten von ihnen dürften nur mäßiges Interesse für gesellschaftliche Reformversuche oder für die Suche nach neuen Lebensformen im Sinne der Gründer der Gartenstadt Hellerau gezeigt haben. Eher sympathisierten sie mit konservativen oder reaktionären Kräften und Organisationen, wie dem Alldeutschen Verband, dem Ostmarkenverein oder dem Deutschen Flottenverein. Auch kleinere nationalistische Splittergruppen fanden hier ihre Anhänger. In der sächsischen Hauptstadt waren aber auch noch lange Zeit großdeutsch-föderalistisch orientierte Gegner des Bismarckreiches recht aktiv. Konstantin Frantz übersiedelte 1873 nicht zufällig von Berlin nach Dresden. Der politische Schriftsteller und einer der prominentesten Widersacher Bismarcks im konservativen Lager nahm hier Kontakt zu den sächsischen Gesinnungsgenossen auf – zu Theodor Petermann vor allem, dem Chef des Königlichen Statistischen Bureaus. Dieser konnte 1885 den Dresdner Unternehmer Franz Ludwig Gehe dazu bewegen, eine Stiftung »zur Pflege der moralischen und politischen Wissenschaften« zu gründen. Die Gehestiftung mit ihren Vortragsveranstaltungen und Publikationen war bis ins 20. Jahrhundert im Sinne der großdeutschen Föderalisten aktiv. Im Sommer 1874 hatte Frantz in der kurzlebigen, in Dresden von Petermann herausgegebenen Zeitschrift »Debatte«, einem der interessantesten Presseorgane der deutschen Föderalisten und konservativen Gegner des neuen Reiches, einige bemerkenswerte Beiträge veröffentlicht. Petermann selbst wurde nach einem von ihm in der »Debatte« publizierten Artikel auf die Intervention des Leiters der Reichskanzlei und preußischen Staatsministers Rudolf von Delbrück hin von der sächsischen Regierung in den unbefristeten Wartestand versetzt. Konstantin Frantz lebte in seinen letzten Lebensjahren – er verstarb 1891 – ziemlich isoliert in Blasewitz, korrespondierte mit Richard Wagner, der ihn bewunderte. Wagner war es, der ihm wenigstens die Möglichkeit verschaffte, in den »Bayreuther Blättern« zu publizieren. Frantz' Faszination bestand darin, daß er als Altkonservativer den Nationalstaat ablehnte, zugleich aber visionär wie etwa Alexis de Tocqueville die großen imperialen Gegensätze und Konflikte des 20. Jahrhunderts voraussagte. Schon 1917 legte der Hellerauer Hegner-Verlag Schriften des zeitlebens gegen den Zeitgeist anschreibenden Publizisten neu auf.

All die hier umrissenen politischen und geistigen Strömungen sind nur Facetten des gesellschaftlichen Gesamtbildes der Stadt in jenen Jahrzehnten. Denn auch in Dresden war die politische Polarisierung, wie man sie in ganz Deutschland am Ende des 19. und zu Beginn des 20. Jahrhunderts beobachten konnte, nicht zu übersehen. Nach 1903 waren alle drei Dresdner Reichstagswahlkreise fest in sozialdemokratischer Hand – dank des bei Reichstagswahlen geltenden direkten Wahlrechtes. Auch in der zweiten Kammer des sächsischen Landtages waren die Sozialdemokraten vertreten, trotz des ungünstigeren Wahlmodus. Als aber 1896 nach preußischem Vorbild für die Landtagswahlen das Dreiklassenwahlrecht eingeführt worden war, konnten sie trotz zahlreicher Wählerstimmen bei den Landtagswahlen 1903 kein einziges Mandat erringen. Das neue reaktionäre Wahlrecht führte in den folgenden Jahren zu schweren Auseinandersetzungen zwischen den politischen Lagern. Erst nach der Einführung des demokratischeren Pluralwahlrechts 1909 stellten die Sozialdemokraten wieder eine größere Anzahl von Abgeordneten. Das Wahlrecht für die Stadtverordnetenversammlung war indes völlig anachronistisch geworden. Nach wie vor war es mit dem Besitz des Bürgerrechtes verbunden, das wiederum nicht ohne weiteres erlangt werden konnte. Zudem war 1905 anstelle des Listensystems ein Wahlsystem verabschiedet worden, das die Wähler in fünf Berufsklassen einteilte. Dennoch gelang es den Sozialdemokraten 1906 erstmals sechs und 1909 dann 16 Vertreter in das Stadtparlament zu bringen. Gegenüber den 70 Abgeordneten der bürgerlichen Parteien, den Konservativen – die die stärkste Fraktion stellten –, den Abgeordneten der 1879 in Dresden gegründeten antisemitischen Deutschen Reformpartei und drei Nationalliberalen standen sie aber auf verlorenem Posten. 1909 hatte sich die Zusammensetzung der Stadtverordnetenversammlung insofern verändert, daß die Nationalliberalen, wie übrigens auf Reichsebene in dieser Zeit auch, enorme Zugewinne zu verzeichnen hatten. Unter den 27 Abgeordneten der Partei im Stadtparlament befand sich auch der junge Gustav Stresemann, der damals in Dresden als Syndikus des Verbandes der sächsischen Industriellen tätig war. Der Oberbürgermeister Gustav Beutler, der sich für den Ausbau der Infrastruktur der werdenden Großstadt sehr engagiert und sich dabei außerordentliche Verdienste erworben hatte, demonstrierte in rein politischen Fragen den strammen Nationalkonservativen. Mit Begeisterung organisierte er die jährlichen Reichsgründungs- und Sedanfeiern. Das aber war symptomatisch für einen im ganzen Reich öffentlich geförderten übertriebenen deutschnationalen Geist. Interessant ist in diesem Zusammenhang, daß in dieser Zeit nationalistische Parteien und Vereine mit Vorliebe in Dresden ihre Parteitage und Hauptversammlungen abhielten.

In der immer noch wachsenden Stadt – 1912/13 wurden die Vororte Reick und Tolkewitz eingemeindet – nahmen die sozialen Probleme zu. Zwar spielte vor 1914 Arbeitslosigkeit kaum eine Rolle, doch in den immer häufiger werdenden Streikaktionen in Dresdner Betrieben manifestierten sich die Forderungen der Arbeiter nach höheren Löhnen, Verkürzung der immer noch sehr langen Arbeitszeiten und nach mehr gewerkschaftlichen Rechten. Die sozialdemokratische Partei, die sich als der Hauptinteressenvertreter der Arbeiterschaft verstand, durchlebte in Dresden all die Entwicklungen, von denen die Partei damals im ganzen Reich betroffen wurde. Im Jahre 1878 noch hatte August Bebel bei den Reichstagswahlen den Wahlkreis Dresden-Altstadt gewonnen. Im selben Jahr begann die schwierige Zeit des Sozialistengesetzes, in der die Partei zwar nicht verboten war, in der sie aber aller legalen Möglichkeiten beraubt war, praktisch tätig zu sein. Bebel wohnte von 1884 bis 1890 im damals noch nicht eingemeindeten Vorort Plauen. 1886 leitete er eine illegale Landesdelegiertenkonferenz in der Meixmühle bei Pillnitz. Auf dem SPD-Parteitag 1903 in Dresden – das Sozialistengesetz war 1890 aufgehoben worden – in den Trianon-Sälen am Schützenplatz setzte er sich erbittert mit Eduard Bernstein auseinander. Doch auch in der Dresdner Parteiorganisation konnten sich die Linken nicht gegen die »Revisionisten« behaupten. Das mußte u. a. auch Rosa Luxemburg spüren, die 1898 für einige Monate Chefredakteurin der »Sächsischen Arbeiterzeitung« gewesen war. Der Redaktion des traditionsreichen Blattes in Dresden gehörten zeitweise auch so bekannte Sozialdemokraten wie Georg Gradnauer, Parvus-Helphhand und Georg Ledebour an.

Dem bevorstehenden Ausbruch des Ersten Weltkriegs – der Urkatastrophe der jüngeren europäischen Geschichte – suchten die Dresdner Sozialdemokraten im Juli 1914 mit Friedenskundgebungen zu begegnen. Sie gingen jedoch in der aufkommenden allgemeinen Kriegsbegeisterung unter. Die Parteiführung – Liebknecht und Luxemburg ausgenommen – war nach Ausbruch des Krieges Kaiser Wilhelms II. Parole vom Burgfrieden im Innern ganz selbstverständlich gefolgt. Die Kriegsbegeisterung in der Bevölkerung legte sich indes recht bald. Man war seitens der Reichsleitung auf einen langen Krieg nur unzureichend vorbereitet, insbesondere hinsichtlich der Versorgung der Menschen mit Lebensmitteln. Die Folge war die frühzeitige Rationierung selbst von Grundnahrungsmitteln. Dafür verlief in der Industrie die Umstellung auf Kriegsproduktion um so reibungsloser. Im Sachsenwerk, das Artilleriemunition herstellte, wurde bis 1917 die Belegschaft auf 5000 Arbeiter und Angestellte aufgestockt. Im öffentlichen Leben der Stadt wurden die Kriegsauswirkungen bald sicht- und spürbar. In größeren Gebäuden mußten Lazarette eingerichtet werden. Theater und Kinos hatten mit Heizmaterialrationierungen zu kämpfen. Die Stadt, aber auch Landesbehörden bemühten sich, die auf den unteren Volksschichten lastenden Beschwernisse zu lindern – und sei es auch nur durch die Einrichtung von Volksküchen.

Schon Anfang 1915 hatten sich linke Sozialdemokraten innerhalb der Partei gesondert organisiert, um sich dann 1916 der Spartakusgruppe anzuschließen. Im Oktober 1916 protestierten einige hundert Arbeiterfrauen vor dem Rathaus gegen eine wie sie meinten ungerechte Lebensmittelverteilung. Der Unmut nahm zu. Im November beteiligten sich 8000 Menschen an einer vom Spartakusbund organisierten Antikriegskundgebung vor dem Gesamtministerium in der Neustadt. Durch die dramatische Versorgungslage während des »Kohlrübenwinters« 1916/17 spitzte sich die Situation weiter zu. 1917 gründete sich ein sozialdemokratischer Verein in der Stadt, der noch im selben Jahr der USPD beitrat. Im Januar 1918 erfaßte die große Streikwelle im Reich auch Dresdener Industriebetriebe. Der gegen Ende des Kriegs ins Leben gerufene konservative »Volksausschuß für nationale Verteidigung« konnte gegen die unter den Dresdnern verbreitete Antikriegsstimmung wenig ausrichten. Seit 1917 versuchte die Regierung, durch eine Reform der Verfassung von 1831 der Lage politisch Herr zu werden. Am 25./26. Oktober erfolgte der Rücktritt fast aller Minister. Der bisherige Justizminister Rudolf Heinze übernahm die Regierungsgeschäfte. Ein Staatsrat wurde einberufen, der wiederum vier parlamentarische Minister, darunter die Sozialdemokraten Heldt und Fräßdorf, einsetzte. Doch die Dinge nahmen ihren Lauf. Die Niederlage des Kaiserreiches im Krieg und die Revolution im Inneren waren nur noch eine Frage der Zeit.

VIII · Dresden von 1918 bis 1945

Von der Novemberrevolution zu den
»Goldenen Zwanzigern«

In Dresden erfaßten die Antikriegsdemonstrationen Mitte
1918 die Garnison. Auf dem Neustädter Bahnhof widersetzten
sich Soldaten dem Abtransport an die Front. Anfang November demonstrierten sie gegen die schlechte Verpflegung.
Doch dann brachen die Dämme. Am Abend des 8. November
besetzte meuterndes Militär die Hauptwache, das General-
kommando, die Schützenkaserne und den Hauptbahnhof.
Am 9. November brachten streikende Arbeiter und das Militär das Rathaus, das Polizeipräsidium, das Haupttelegraphenamt und das Kriegsministerium unter ihre Kontrolle. Offizie-
ren riß man auf der Straße die Schulterstücke herunter und
entwaffnete sie. Nun mußte auch die sozialdemokratische
Parteiführung handeln. Auf Initiative Georg Gradnauers,
Max Heldts, Albert Schwarz' und anderer Parteifunktionäre
konstituierte sich ein sozialdemokratischer Arbeiter- und Soldatenrat. Auf einer Kundgebung auf dem Theaterplatz suchten die Mehrheitssozialisten die Massen für sich zu gewinnen.
Denn sowohl Eile als auch geschicktes Handeln war geboten,
da am selben Tag USPD-Mitglieder und Spartakusanhänger
um Otto Rühle den »Revolutionären Arbeiter- und Soldatenrat« in der Stadt gegründet hatten. Während einer Massen-
kundgebung am folgenden Tag im Zirkus Sarrasani gelang
es jedoch, beide Räte zum »Vereinigten Revolutionären Arbei-
ter- und Soldatenrat« zu vereinen. Den Vorsitz erhielten Otto
Rühle und der Sozialdemokrat Albert Schwarz. Am Mittag
des 10. November wehte die rote Fahne über dem Residenzschloß. Die »Republik Sachsen« wurde proklamiert. König
Friedrich August III. hatte am selben Tag seine Residenzstadt

verlassen. Vier Tage später dankte er ab und begab sich auf Schloß Sibyllenort in Schlesien. Auf fast unspektakuläre Weise endete damit die mehr als 800jährige Herrschaft des Hauses Wettin in Sachsen. Seinen Abgang hat der volkstümliche letzte Sachsenkönig jedoch nachweislich nicht mit dem Satz »Macht euern Dregg alleene« kommentiert. Am 11. November, dem Tag des Abschlusses des Waffenstillstands mit den westlichen Ententemächten, kam der vereinte Dresdner Arbeiter- und Soldatenrat zu einer ersten Sitzung im Ständehaus zusammen. Führende Vertreter aller sächsischen Arbeiter- und Soldatenräte erläuterten in einer »Proklamation an das sächsische Volk« am 14. November ihre Absichten. Neben der Enteignung von Grund und Boden standen die Verstaatlichung zumindest der großen Industrien, die allgemeine Volksbewaffnung und ähnlich radikale Forderungen auf dem Programm. Der Text trug eindeutig die Handschrift der Spartakisten um Rühle. Doch die Enttäuschung war groß. Die am 15. November von den Vertretern der Arbeiterräte der drei großen sächsischen Städte gebildete Regierung bemühte sich ebenso wie der »Rat der Volksbeauftragten« in Berlin trotz aller revolutionären Rhetorik um Kontinuität. Bewußt stützte sie sich auf die Verwaltungsorgane des alten Staates und beschritt den Weg zu einer parlamentarischen Demokratie. Es konnte nicht überraschen, daß dies nicht die Sache Rühles und seiner Genossen war. Sie lehnten eine Teilnahme an der Regierung ab. 1920 schloß die KPD Rühle und seine Gruppe aus ihren Reihen aus. Selbst den Kommunisten waren sie zu anarchistisch und unberechenbar. Bei den Wahlen zum Dresdner Arbeiter- und Soldatenrat am 24. November errangen die Vertreter der Mehrheitssozialisten eine überwältigende Mehrheit.

Die blutigen Unruhen in den ersten Nachkriegsjahren blieben auch Dresden nicht erspart. Die Demokratisierung in vielen gesellschaftlichen Bereichen, die neuen Möglichkeiten der

Teilhabe an politischen Entscheidungsprozessen für die breite Bevölkerung, ging einher mit der rapiden Verschlechterung der materiellen Lage der Masse des Volkes. Insbesondere radikale Gruppen und Parteien, die ohnehin einer demokratischen Entwicklung grundsätzlich ablehnend gegenüberstanden, nutzten dies und führten erbitterte Auseinandersetzungen um die Sympathien und die Unterstützung der Massen. Die Legende vom unbesiegten deutschen Heer, das nur durch einen Dolchstoß in den Rücken – dem Defätismus und Verrat der Heimatfront – im Krieg zur Aufgabe gezwungen worden war, gab der deutschen Rechten ein wirkungsvolles Argument in die Hand, um die Weimarer Republik von Anfang an zu bekämpfen. Mit den Kommunisten – die fanatisch ihren Träumen von der Weltrevolution nachjagten – trafen sie sich in der Ablehnung des in der Tat erniedrigenden Versailler Diktatfriedens vom Juli 1919. Gegen konservative Monarchisten, Rechtsextreme und Kommunisten hatte denn auch die erste deutsche Demokratie keine wirkliche Chance, wie sich in den folgenden Jahren zeigen sollte.

Schon der Wahlkampf für die sächsische Volkskammer am 2. Februar 1919, in deren Ergebnis die Mehrheitssozialisten unter Gradnauer eine Minderheitsregierung bildeten, verlief gewalttätig. Als einige tausend Demonstranten, darunter Hunderte Spartakusanhänger, nach einer Kundgebung im Zirkus Sarrasani, auf der Otto Rühle eine die Gemüter aufpeitschende Rede gehalten hatte, über den Postplatz zum Verlagsgebäude der »Dresdner Volkszeitung«, dem Organ der SPD, am Wettiner Platz zogen und der harte Kern der Demonstranten versuchte, das Gebäude zu besetzen, eröffneten Sicherheitskräfte das Feuer und erschossen 14 Personen. Die Vertreter der USPD verließen daraufhin die Regierung. Für den 9. Februar waren auch Wahlen für die Stadtverordnetenversammlung anberaumt worden – allgemeine, gleiche und direkte Wahlen entsprechend dem vom Rat der sächsischen

Volksbeauftragten am 28. November 1918 erlassenen Gesetz. Die SPD gewann 39 der 84 Sitze in der Versammlung, die USPD vier. Oberbürgermeister blieb allerdings der seit 1915 amtierende, erfahrene Kommunalpolitiker Bernhard Blüher, der auch die Fraktion der Deutschnationalen Volkspartei im 1920 gewählten ersten Landtag anführte. Die politischen Unruhen in der Stadt rissen indes nicht ab. Als Kriegsversehrte am 12. April 1919 vor dem Kriegsministerium im Blockhaus am Neustädter Elbufer gegen die Kürzung ihrer Renten protestierten, kam es zu Zusammenstößen mit den Wachmannschaften. Einige Demonstranten drangen in das Gebäude ein, nahmen den Kriegsminister Gustav Neuring (SPD) fest, stießen ihn in die Elbe und erschossen den um sein Leben schwimmenden wehrlosen Mann von der Augustusbrücke aus. Daraufhin wurde der Belagerungszustand über die Stadt verhängt und Reichswehrtruppen unter General Georg Maercker rückten in Dresden ein. Auch der Kapp-Putsch berührte die sächsische Hauptstadt. Auf ihrer Flucht von Berlin nach Stuttgart machten Reichspräsident Ebert und die Mitglieder der Regierung Bauer am 13. März 1920 kurz in Dresden Station. Nach der Abreise der Regierung besetzten Arbeiter das Haupttelegraphenamt. Wie überall im Reich hatte auch in Sachsen ein Aktionsausschuß unter Führung der Gewerkschaften zum Generalstreik aufgerufen, um die Putschisten in Berlin zur Aufgabe zu zwingen. Die Reichswehreinheiten in Sachsen sympathisierten mit Kapp und Lüttwitz. Auf dem Postplatz kam es denn auch zum Zusammenstoß zwischen demonstrierenden Arbeitern und den Soldaten Maerckers. Es gab 56 Tote und 200 Verletzte. Den Höhepunkt und zugleich das Ende der Nachkriegskrise in Deutschland brachte das Jahr 1923. Franzosen und Belgier besetzten im Januar das Ruhrgebiet. Der territoriale Bestand des Staates schien gefährdet, zumal auch reaktionäre Separatisten im Rheinland versuchten, andere Teile Westdeutschlands vom

Reich zu trennen. Am Ende des Jahres putschten Hitler und Ludendorff in München gegen die »Novemberverbrecher«. Vor allem aufgrund der französischen Okkupation des Ruhrgebietes drohte die Wirtschaft des Landes zu kollabieren. Die Bevölkerung wurde zunehmend demoralisiert. Eine Chance sowohl für Rechts- als auch für Linksextremisten. Trotz der allgemeinen desolaten Lage heizten die Kommunisten im Sommer die Streikbewegungen im Reich für höhere Löhne an und umwarben dabei geschickt auch die Anhänger der Nationalsozialisten. Ihr Ziel war letztlich der Umsturz. Während der linke Flügel der KPD-Führung diesen auf direktem, notfalls gewaltsamen Weg erreichen wollte, setzte die Mehrheit der KPD-Zentrale erst einmal auf die Einheitsfront-Taktik. Als im Januar 1923 die sächsische Minderheitsregierung unter Wilhelm Buck (SPD) durch ein Mißtrauensvotum gestürzt wurde, ergab sich für die Kommunisten eine scheinbar einmalige Chance, auf legale Weise in einem deutschen Bundesstaat an die Macht zu gelangen. Die Vorlage dazu lieferten linke Sozialdemokraten. Gegen den Willen des Berliner Parteivorstandes beschloß eine Landeskonferenz der SPD am 4. März, Verhandlungen mit den Kommunisten zu führen, um die seit Januar schwelende Regierungskrise zu beenden. Am 18. März kam es zur Einigung. Die KPD tolerierte eine vorerst nur aus linken Sozialdemokraten bestehende Minderheitsregierung unter Erich Zeigner. Diese brachte einige wichtige Reformprojekte auf den Weg, vor allem die sächsische Gemeindeordnung vom 1. August 1923, die die Rolle der Abgeordneten der städtischen Parlamente gegenüber den städtischen Institutionen stärkte. Als aber Anfang Oktober die Kommunisten mit Paul Böttcher, Fritz Heckert und Heinrich Brandler in die Regierung eintraten, reagierte die Reichsregierung. Reichskanzler Stresemann verfügte gegen Sachsen die Reichsexekution, d. h., er ließ am 21. Oktober Reichswehrverbände einrücken und Zeigner am 29. Oktober seines Amtes entheben, nachdem dieser seinen freiwilligen Rücktritt verweigert hatte. Ein Leutnant und ein Trupp schwerbewaffneter Soldaten drangen in das Regierungsgebäude am Elbufer ein und führten Zeigner und die Mitglieder seiner Regierung ab. Die Regierungsgeschäfte im Freistaat nahm vorübergehend ein von Berlin eingesetzter Reichskommissar wahr. Die KPD-Führung hatte die Lage völlig unrealistisch eingeschätzt und zu früh triumphiert, als sie schon mal ihre Zentrale nach Dresden verlegte und die von der Regierung Zeigner aufgestellten proletarischen Hundertschaften für ihre Ziele zu instrumentalisieren suchte. Aufgrund des im Reich geltenden Ausnahmezustandes verbot der Reichswehrbefehlshaber des auch für Sachsen zuständigen Wehrkreises IV schon am 13. Oktober die Hundertschaften und stellte auch die sächsische Polizei unter seinen Befehl.

Mindestens ebenso wie die große Politik beschäftigten die Bevölkerung der Stadt in den ersten Jahren der Weimarer Republik die alltäglichen Sorgen, wobei es oft um das schiere Überleben ging. Von den etwa 525 000 Einwohnern Dresdens – die Einwohnerzahl war während des Ersten Weltkriegs allein schon aufgrund der 14 000 zu beklagenden Kriegsgefallenen zurückgegangen – waren im Jahre 1919 25 000 arbeitslos. Erst nach der Inflationszeit ging diese Zahl zurück. Doch auch danach wurden Obdachlosenheime und das 1928 auf der Maternistraße eröffnete große Arbeitsamt nicht überflüssig. Die Rationierung von Lebensmitteln konnte erst 1921 aufgehoben werden. Kohle war erst nach dem Ende der Ruhrbesetzung wieder in unbegrenzter Menge erhältlich. Die Inflationszeit brachte für die Menschen die härtesten Prüfungen. Im Herbst 1923 kostete ein Brot zwei Millionen Mark. Im Dezember kam es in der Stadt vereinzelt zu Plünderungen von Geschäften. Die Löhne sanken ständig. Aber mehr als die Hälfte aller Einwohner war zu diesem Zeitpunkt ohnehin auf Transferleistungen der Arbeitslosenversicherung oder des Staates angewiesen. Erst mit Einführung der neuen Währungsordnung im November 1923 besserte sich die Lage. In der nun folgenden Phase der relativen Stabilisierung ging es in Deutschland wirtschaftlich spürbar aufwärts. Die bedeutenden Firmen der Dresdner feinmechanisch-optischen Industrie oder der Elektroindustrie fuhren ihre Produktion hoch. Seidel & Naumann – hier wurde damals u. a. die bekannte Schreibmaschine des Typs »Erika« hergestellt – beschäftigte Mitte der zwanziger Jahre 3000 Arbeiter. Aber auch in anderen Branchen stieg die Produktion. Die wirtschaftliche Erholung kam auch dem Ausbau der sozialen Infrastruktur der Stadt zugute. Krankenhäuser konnten ausgebaut werden. Neue Sportstätten entstanden, wie die Ilgen-Kampfbahn, das spätere Rudolf-Harbig-Stadion, das 1927 eröffnete Georg-Arnhold-Bad und das in den Jahren 1928/29 erbaute Sachsenbad.

Im Jahr 1921 wuchs Dresden infolge zahlreicher Eingemeindungen flächen- und bevölkerungsmäßig wieder einmal deutlich an. Blasewitz, Bühlau, Coschütz, Kleinzschachwitz, Laubegast, Loschwitz und der Weiße Hirsch – insgesamt 23 zuvor selbständige Gemeinden und Vororte – wurden damals der Stadt einverleibt. 1933 zählte Dresden fast 650 000 Einwohner, eine Zahl, die später nie wieder erreicht werden sollte.

Die städtebaulichen Veränderungen in diesem reichlichen Jahrzehnt sind demgegenüber vergleichsweise bescheiden gewesen. Das ist nicht verwunderlich. Dresden war in Jahrhunderten gewachsen und hatte gegen Ende des 19. und zu Beginn des 20. Jahrhunderts durch den Bau großer öffentlicher Gebäude und Industrieanlagen in dieser Hinsicht einen gewissen Abschluß gefunden. Einige Dinge, die geplant, aber nie ausgeführt worden waren, konnten aus Kostengründen auch jetzt nicht realisiert werden, so die von Erlwein vorgesehene Neugestaltung des Königsufers und neue Museumsbauten. Dennoch wurden nach 1920 einige interessante Neubau-

Blick von der Sophienkirche über den Postplatz nach
Südwesten, 1933

ten geschaffen. Zudem entstanden einige Wohnsiedlungen.
Neben dem bereits erwähnten Hygienemuseum sind das
1922/23 nach einem Entwurf von L. Wirth erbaute Stadthaus
in der Theaterstraße und vor allem das erste Bürohochhaus
der Stadt von H. Paulick am Albertplatz zu erwähnen. Eine
Attraktion besonderer Art war das 1928 auf dem Ausstellungs-
gelände am Stübelplatz anläßlich der »Jahresschau Deutscher
Arbeit« erbaute erste Kugelhaus der Welt mit einer Höhe von
30 und einem Durchmesser von 24 Metern. Den Nazis war
das Gebäude zu modernistisch. Sie ließen es 1938 abreißen.
Nach 1920 erfuhr in einigen Stadtteilen der Wohnungsbau
auf genossenschaftlicher Basis eine beachtliche Entwicklung;
Tausende Wohnungen entstanden in Reick, Briesnitz und
Gruna sowie in Leuben. Eine Ausnahmestellung als ein heute
städtebauliches Denkmal erster Ordnung darf das von Hans
Richter 1927-29 im Bauhausstil angelegte Wohnensemble in

Dresden-Trachau beanspruchen. Zu einer wesentlichen Verbesserung der Verkehrsinfrastruktur führte die 1931 fertiggestellte Kaditzer Elbbrücke.

Kommt man auf das kulturelle Leben in Deutschland während der Zeit der Weimarer Republik zu sprechen, so fällt mit Recht der Begriff »Goldene Zwanziger«. So unruhig und instabil dieses Jahrzehnt in politischer und sozialer Hinsicht gewesen ist, so experimentierfreudig und avantgardistisch waren Literatur, Malerei, Musik und Theater in dieser Zeit. Freilich bedurfte es der relativen Stabilisierung der Verhältnisse nach der Zeit der Inflation, damit auch das breite Publikum am kulturellen Leben teilnehmen, sich Theateraufführungen, Konzerten und Kunstausstellungen hingeben oder auch nur die zahlreichen Varietés frequentieren konnte.

Gemeinsame traumatische Kriegserfahrungen und künstlerische Auffassungen verbanden die Maler der von Conrad Felixmüller ins Leben gerufenen Künstlergruppe »Dresdner Sezession – Gruppe 1919«. Ihr gehörten unter anderem noch Otto Dix, Otto Griebel und der Bildhauer Eugen Hoffmann an. Sie stellten ihre Arbeiten vornehmlich in der Kunsthandlung Emil Richter in der Schloßstraße aus. Gerade die kleinen Galerien besaßen für das bildkünstlerische Schaffen in Dresden eine besondere Bedeutung. Neben der Galerie Richter war die ebenfalls in der Schloßstraße gelegene Arnoldsche Galerie die wohl bekannteste. Die »Dresdner Sezession – Gruppe 1919« verkörperte Tendenzen des späten Expressionismus, aber auch der »Neuen Sachlichkeit«. Griebel und Hoffmann gehörten zudem der linken, 1928 in Berlin gegründeten »Assoziation revolutionärer bildender Künstler Deutschlands« (ASSO) an. Zu deren Dresdner Gruppe stießen unter anderem noch Herbert Gute, Hans Jüchser, Wilhelm Lachnit, Curt Querner, Hans und Lea Grundig sowie Willy Wolff. Oskar Kokoschka, der vielseitige Künstler – 1917 waren seine frühen Dramen im Alberttheater aufgeführt worden –, war hingegen nicht von der Dresdener Kunstszene der Nachkriegsjahre überzeugt. Er, der in Dresden erstmals als österreichischer Offizier 1916 zur Genesung im Sanatorium Teuscher weilte, war 1919 als Professor an die Kunstakademie berufen worden. Doch Ende 1923 verließ er die Stadt, wo ihm die »Begrenztheit des künstlerischen Lebens unerträglich« geworden war.

Ein bedeutender Mittelpunkt des künstlerischen und geistigen Lebens in Dresden war schon vor dem Ersten Weltkrieg das Haus Ida Bienerts in der Würzburger Straße im Süden der Stadt, das noch heute erhalten ist. Die Schwiegertochter des bekannten Hofmühlenbesitzers Gottlieb Traugott Bienert zählte zu den herausragenden Kunstsammlern und Mäzenatinnen ihrer Zeit in Deutschland. Ihre umfangreiche Sammlung mit Werken von Cézanne, Chagall, Gauguin, Kandinsky, Marc, Van Gogh, Picasso, Dix, Kokoschka, Klee u. a. gelangte 1945 nach München, wurde dort aufgelöst und existiert somit heute nicht mehr. Zum großen Freundeskreis der Bienerts zählten der von ihr besonders geförderte Erzähler und Lyriker Theodor Däubler, der von 1914 bis 1916 in Dresden lebte und dessen Werke Jakob Hegner in Hellerau verlegte, darüber hinaus Oskar Kokoschka, Paul Klee, Conrad Felixmüller, Emil Nolde, Otto Dix, Walter Gropius, Mary Wigman und der Kunsthistoriker Fritz Löffler. Ihr Sohn Friedrich heiratete 1924 die Tänzerin Gret Palucca. Ida Bienert war eine vielseitige Mäzenatin. 1906 hatte sie die von Walter Hofmann geleitete »Freie öffentliche Bibliothek« in Dresden-Plauen gestiftet – die erste Volksbibliothek Sachsens.

Avantgardistisch geprägt waren auch Dresdens Literatur- und Theaterszene. Im Atelier Felixmüllers gründete sich im Oktober 1917 die »Expressionistische Arbeitsgemeinschaft Dresden« unter Beteiligung Raoul Hausmanns, Felix Stiemers, Heinar Schillings und des Hausherrn selbst. Der 1918 bis 1920 in der Stadt lebende expressionistische Dichter Walter Rheiner las ebenfalls in Felixmüllers Atelier und redigierte für kurze Zeit die im Felix-Stiemer-Verlag seit 1918 erscheinende Zeitschrift »Menschen«. Dresden war ganz offensichtlich einer der wichtigsten Schauplätze expressionistischer Kunst in Deutschland vor und nach dem Ersten Weltkrieg – ja, die Stadt konnte dank der Künstler der »Brücke« als der Geburtsort des deutschen Expressionismus gelten. Das expressionistische Theater machte schon während des Krieges von sich reden. Im Alberttheater waren nicht nur die Dramen Kokoschkas schon während des Krieges aufgeführt worden. 1916 kam Walter Hasenclevers »Der Sohn« mit Ernst Deutsch in der Hauptrolle zur Aufführung. 1920 folgte im Schauspielhaus die Inszenierung seines Stückes »Jenseits« und 1922 die des »Gobseck«, der Bearbeitung eines Balzac-Stoffes mit Erich Ponto in der Hauptrolle. Hasenclever lebte bis 1924 in Loschwitz und Strehlen. Aufsehen erregten auch Aufführungen wie die von Reinhard Goerings »Seeschlacht« im Jahr 1918 oder Friedrich Wolffs »Du bist Du« im Jahr 1919. Dagegen endete die erste Vorstellung von Ernst Tollers Antikriegsstück »Hinkemann« (1923), das in Leipzig zuvor mit großem Erfolg gezeigt worden war, durch die Störungen rechtsgerichteter Zuschauer in einem Tumult. Dem bedeutenden Dramaturgen des Schauspielhauses Karl Wolff waren in diesen Jahren aber auch andere hervorragende Inszenierungen, beispielsweise der Stücke Strindbergs, zu verdanken.

Auch die Dresdner Verlagslandschaft war in der ersten Hälfte des 20. Jahrhunderts nicht ganz unbedeutend. Der schon genannte Felix-Stiemer-Verlag existierte wohl nur während seiner Gründungsphase in Dresden. Eine etablierte Größe im Verlagswesen der Stadt war hingegen der 1878 in Leipzig gegründete Carl-Reissner-Verlag mit seiner breiten Palette politischer, wissenschaftlicher und belletristischer Literatur. Diese reichte von den Memoiren oder Werken A. Briands, W. Rathenaus, Ph. Scheidemanns und G. Stresemanns bis hin zu Ausgaben der Werke Leo Tolstojs und Émile Zolas. In Hellerau hatte Jakob Hegner 1913 seinen bald legendären Verlag begründet. Er verlegte zeitgenössische Autoren wie Theodor Däubler, Paul Claudel, Paul Adler, Ernst Bloch, Hermann Broch und Robert Musil. Ganz wesentlich begründete die exzellente typographische und buchkünstlerische Gestaltung der Bücher den Ruf des Verlags. In der Pillnitzer Landstraße hatte 1920 Wolfgang Jess seinen Verlag gegründet, einen Verlag, der sich kultur- und kunstgeschichtlicher Literatur, später aber auch zeitgenössischen Autoren wie Martin Raschke verpflichtet fühlte. Im Jess-Verlag erschien das »Jahrbuch zur Förderung der Kunstpflege« und von 1929 bis 1932 die von Raschke herausgegebene Zeitschrift »Kolonne«, in der klassische literarische, aber auch zeitgenössische Texte erschienen. Unter der Leitung von Jess' Ehefrau existierte der Verlag noch einige Jahre nach dem Zweiten Weltkrieg.

Von hohem Rang war nach 1918 das Musikleben der Stadt, vor allem dank des Wirkens von Fritz Busch. Der große Dirigent verhalf als Generalmusikdirektor seit 1923 der Oper zu neuen Erfolgen. Ihm war es zuzuschreiben, daß Sänger wie Maria Cebotari, Erna Berger und Tino Pattiera engagiert wurden. Wie schon zu Beginn des Jahrhunderts vertraute Richard Strauss seine neuesten Werke der Dresdner Oper an. 1924 gelangte die Oper »Intermezzo«, 1928 die »Ägyptische Helena« zur Aufführung.

Einer bis dahin in Dresden weniger hervorgetretenen Kunstgattung verhalf die Jaques-Dalcroze-Schülerin Mary Wigman zum Durchbruch – dem modernen Ausdruckstanz. 1920 eröffnete sie in der Bautzener Straße eine Tanzschule und übernahm bald darauf auch die Leitung des Opernballetts. Gret Palucca war ihre bedeutendste Schülerin. Sie erlangte schnell internationalen Ruhm und eröffnete bereits 1925 im Johanneum eine eigene Schule.

Weltwirtschaftskrise und nationalsozialistische Machtübernahme

Die im Oktober 1929 nach dem »Schwarzen Freitag« an der New Yorker Börse einsetzende weltweite wirtschaftliche Depression erfaßte in rasender Geschwindigkeit Europa und Deutschland. Schon zuvor war es zu einem Konjunkturabschwung gekommen, der die Arbeitslosenzahlen rasch ansteigen ließ. Sachsen mit seiner hochentwickelten exportorientierten Industriestruktur traf es besonders schwer. 1929 waren in Dresden bereits mehr als 50 000 Menschen ohne Arbeit. 700 Firmen hatten schließen müssen. Nicht enden wollende Schlangen von Arbeitslosen standen vor dem Arbeitsamt in der Maternistraße. Mehrere zehntausend Bürger lebten von den kümmerlichen staatlichen Fürsorgeleistungen. Immer mehr Menschen wandten sich von den demokratischen Parteien ab und liefen linken oder rechten Extremisten in die Arme. Deren Stunde war nun gekommen. Als im März 1930 die von dem sozialdemokratischen Reichskanzler Hermann Müller geführte Koalitionsregierung an der eher nebensächlichen Streitfrage der Arbeitslosenversicherung zerbrach, war dies der Anfang vom Ende der Weimarer Republik. Es sollte die letzte Reichsregierung gewesen sein, die einen parlamentarischen Rückhalt besaß. Zu den katastrophalen wirtschaftlichen und sozialen Auswirkungen der Weltwirtschaftskrise trat nun die politische Agonie der Republik. Mit Brüning begann die Zeit der vom Reichspräsidenten ernannten Präsidialkabinette. Am Ende – als der Stern der Nationalsozialisten bereits zu sinken begann – lieferten Franz von Papen und der Kreis um Hindenburg den Staat an Adolf Hitler und die Nazis aus, in der irrigen Hoffnung, diese zur Errichtung eines autoritären, möglichst monarchistischen Systems benutzen zu können. Doch letztlich gaben die extremen Parteien selbst der Republik den Todesstoß. Die haßerfüllten

Auseinandersetzungen zwischen ihnen, ihr Kampf um die Macht drohte sich zum Bürgerkrieg auszuweiten. Vieles erinnerte an die Situation in den Jahren 1919/20. Der Kommunistenführer Thälmann hatte schon während einer 1929 gehaltenen Rede die Sozialdemokraten – die neben einigen bürgerlichen Parteien letzten Verteidiger der parlamentarischen Demokratie – in demagogischer und zynischer Weise als »Sozialfaschisten« beschimpft. In ihrem Gefühl eigener Stärke unterschätzten die Kommunisten völlig die Gefahr, die von ihren rechtsradikalen Konkurrenten ausging.

Bei den Reichstagswahlen der Jahre 1930 bis 1932 entsprach der Anteil der Wählerschaft der Nationalsozialisten in Sachsen etwa dem Reichsdurchschnitt, d. h., daß beispielsweise bei den Wahlen am 31. Juli 1932, in deren Ergebnis die Nazis die stärkste Reichstagsfraktion stellten, auch in Sachsen etwa 37 Prozent der Wähler für die Partei Hitlers stimmten. Im sächsischen Landtag waren die Nazis nach den am 22. Juni 1930 erfolgten Wahlen allerdings »nur« die zweitstärkste Fraktion geworden. Doch konnten sich die übrigen Parteien auf keinen Ministerpräsidenten einigen, so daß die Regierungsgeschäfte von einem »Beamtenkabinett« unter dem Deutschnationalen Walther Schieck geführt werden mußten. Die im November 1932 abgehaltenen Wahlen zur Dresdner Stadtverordnetenversammlung verschafften den Nationalsozialisten 30 Prozent der Stimmen, den Sozialdemokraten ebenso 30 Prozent und den Kommunisten 17 Prozent. Vor den Reichstagswahlen im Herbst 1932 mobilisierten Nazis und Kommunisten auch in Sachsen noch einmal ihre Anhänger. In Dresden traten Hitler und Thälmann vor Zehntausenden Menschen auf. Am 25. Januar 1933 löste die Polizei im Keglerheim, einem ehemaligen Ballsaal in der Friedrichstadt, eine Versammlung des kommunistischen »Kampfbundes gegen den Faschismus« gewaltsam auf. Neun Tote und zwölf Schwerverletzte waren das Ergebnis. Die Beisetzung der Opfer am 31. Januar auf dem Johannisfriedhof in Tolkewitz geriet zu einer letzten Massenaktion in Dresden gegen die nationalsozialistische Machtübernahme. Am Vortag war Adolf Hitler als Reichskanzler vereidigt worden.

Die Machtergreifung der Nazis vollzog sich auch in Sachsen und in Dresden innerhalb weniger Wochen. Die braunen Machthaber hatten bekanntlich bei keiner der vorangegangenen Reichstagswahlen mehr als 50 % der Wähler hinter sich gebracht. Hitler stand formal gesehen einer Koalitionsregierung von Nationalsozialisten und einigen erzkonservativen Gruppierungen vor. Es mußte die Nazis aber überraschen, daß auch bei den halbwegs noch legalen Reichstagswahlen am 5. März 1933 trotz der beginnenden Repressionen gegen politische Gegner beispielsweise die SPD und die KPD in Sachsen fast 43 % der Stimmen auf sich vereinigen konnten und sie selbst »nur« 45 % erreichten. Enttäuschende Ergebnisse wie diese – zumal schon am 1. März die KPD in Sachsen verboten worden war und man begonnen hatte, die Strukturen der SPD zu zerschlagen – waren für die Nazis ein Grund mehr, am 24. März 1933 das Ermächtigungsgesetz durch den Reichstag zu bringen. Es versetzte dem Rechtsstaat und der verfassungsmäßigen Ordnung in Deutschland den Todesstoß, nachdem schon Ende Februar wesentliche Grundrechte der Bürger per Verordnungen aufgehoben worden waren. Unabhängig von diesen »Anfangsschwierigkeiten« hatten die Nazis keine Stunde gezögert, auf den unteren Ebenen rigoros ihre Herrschaft zu etablieren und auszubauen. Das hieß nicht nur Machtpositionen zu besetzen, sondern von Anfang an auch den verderblichen Geist ihrer Ideologie möglichst in die letzten Köpfe zu tragen. Schon am 8. März war am Wettiner Platz eine Bücherverbrennung veranstaltet worden, nachdem SA-Leute das traditionsreiche Druck- und Verlagshaus am Platz verwüstet hatten. Die dann am 10. Mai in vielen deutschen Universitätsstädten von den Machthabern organisierte Verbrennung »undeutschen Schrifttums« ist in Dresden von Studenten der Technischen Hochschule vollzogen worden. Vor dem barbarischen und beschämenden Akt an der Bismarcksäule in Räcknitz hatte der Schriftsteller Will Vesper mit einer Hetzrede für die richtige »Stimmung« gesorgt. Schon im März verjagten die Nazis unter skandalösen Umständen den seit 1922 in Dresden wirkenden Opern- und Generalmusikdirektor Fritz Busch aus seinen Ämtern. Als Gründe führte der »Freiheitskampf«, das Blatt der NSDAP in Dresden, unter anderem »Buschs juden- und ausländerfreundliche Personalpolitik« sowie »seine Ablehnung der nationalen Freiheitsbewegung« an. Auch einige Hochschullehrer wurden später entlassen, wie der Romanist Viktor Klemperer, dessen Tagebücher eine unschätzbare Quelle für die Zeit der NS-Diktatur sind. Otto Dix verlor seine Professur an der Kunstakademie. Auch die Dresdner Presselandschaft war bald auf »Parteilinie« gebracht.

Die entscheidenden Schritte der Machtübernahme durch die Nationalsozialisten vollzogen sich in den Verwaltungen und in den Volksvertretungen auf Landes- und Gemeindeebene. Am 10. März enthob Hitler Ministerpräsident Schieck und die Mitglieder der Landesregierung ihrer Ämter. Als neuer Ministerpräsident wurde der SA-Führer Manfred von Killinger eingesetzt. Die Naziführung löste den Landtag auf und setzte ihn entsprechend den Ergebnissen der Reichstagswahlen vom 5. März willkürlich neu zusammen. Doch das Endziel war ohnehin die Auflösung der föderalen Struktur des Reiches, die im Januar 1934 durch Gesetz dann auch vollzogen wurde. Im April 1933 war Martin Mutschmann zum Gauleiter der NSDAP in Sachsen bestimmt worden, im Mai dann zum Reichsstatthalter. In dieser Funktion verdrängte er systematisch von Killinger, der allerdings aufgrund seiner Verbindungen zur SA-Spitze während des sogenannten »Röhmputsches« politisch leicht kaltgestellt werden konnte.

Auch die Gemeindevertretungen verloren ihre Bedeutung. Das »Vorläufige Gesetz zur Gleichschaltung der Länder mit dem Reich« bot dem Staat weitreichende Aufsichtsbefugnisse über Städte und Gemeinden. Er behielt sich beispielsweise die Bestätigung der Wahl der Bürgermeister vor. Den seit 1931 amtierenden Oberbürgermeister Wilhelm Külz beurlaubte das Regime am 16. März. Am 10. Juli 1933 wurde ihm auf der Grundlage des »Gesetzes zur Wiederherstellung des Berufsbeamtentums« die Amtsausübung grundsätzlich untersagt. Vom August 1933 bis 1937 stand der Nationalsozialist Ernst Zörner, zu dessen ersten Amtshandlungen die Verleihung der Ehrenbürgerschaft der Stadt Dresden an Hitler gehörte, an der Spitze der Stadtverwaltung. Auch die Tätigkeit der gewählten Ratsmitglieder unterband man. Noch im März untersagte von Killinger den sechs SPD- und den vier KPD-Stadträten die Amtsausübung.

Nationalsozialistische Gewaltherrschaft und Zweiter Weltkrieg

Von Anfang an verfolgte das Regime gnadenlos seine politischen Gegner – gleich ob Sozialdemokraten, Konservative, Kommunisten oder Christen. Schon 1933 waren die Zellen des Anfang des Jahrhunderts erbauten Landgerichtsgebäudes am Münchner Platz überwiegend mit politischen Gefangenen belegt. Trotz der Zerschlagung ihrer Organisationen bildeten sich in Dresden drei Widerstandsgruppen der Sozialdemokraten, wie die des ehemaligen Angestellten Horst Patzig. Mit Hilfe eingeschleuster Spitzel zerschlug das Regime diese Gruppen 1934. Noch härter traf es die KPD. Alle ihre regionalen Führungskader waren verhaftet worden. Dennoch organisierte in Dresden eine Gruppe von Mitgliedern des Kommunistischen Jugendverbandes unter Führung des späteren

DDR-Ministerpräsidenten Horst Sindermann Flugblattaktionen. Auch diese Widerstandszelle wurde Monate später enttarnt. Nach 1935 konnte von einem organisierten Widerstand der linken Parteien nicht mehr gesprochen werden. Das bedeutete nicht, daß nicht einzelne Personen oder kleine Gruppen in Betrieben etwa weiterhin Aktionen gegen das Regime planten und durchführten. Dabei war der Blutzoll des Widerstandes insgesamt sehr hoch. In der Hinrichtungsstätte im Landgericht am Münchner Platz wurden zwischen 1933 und 1945 etwa 1000 Menschen ermordet, darunter auch einige tschechische und slowakische Widerstandskämpfer.

Das Kernelement der Naziideologie war der rassische Antisemitismus. Bereits während der sogenannten »Reichskristallnacht« am 9. November 1938 erreichte die Verfolgung der Juden in Deutschland einen ersten Höhepunkt. Noch konnte sich allerdings kein Mensch den organisierten Massenmord an den europäischen Juden auch nur vorstellen. In Dresden wurden an diesem Novembertag, wie in anderen deutschen Städten auch, Geschäfte jüdischer Bürger demoliert und geplündert sowie deren Gotteshäuser angezündet. Die von Gottfried Semper erbaute Dresdner Synagoge ging in jener Nacht in Flammen auf. Mutschmanns Jahre zuvor ausgestoßene Drohung, daß eines Tages »Synagogen rauchen« würden, war auf schreckliche Weise Realität geworden. Von den 4400 Dresdner Juden lebten 1945 nur noch 170 in der Stadt. Viele waren nach 1938 emigriert. Die übrigen in Dresden verbliebenen Juden mußten seit 1941 den berüchtigten »Judenstern« an ihrer Kleidung tragen. Ein Großteil von ihnen wurde in der Folgezeit über das Judenlager »Hellerberge« nach Theresienstadt deportiert.

Das Ende der Weltwirtschaftskrise und eine nicht ungeschickte Finanz- und Wirtschaftspolitik der Regierung führten zu einer schnellen Erholung der Wirtschaft. 1936 war in Deutschland praktisch die Vollbeschäftigung erreicht. Fatal daran war, daß dies die Akzeptanz des Regimes auch bei denen erhöhte, die Hitler bisher eher mißtrauisch gegenübergestanden hatten. Auch die verstärkte Aufrüstung füllte natürlich die Auftragsbücher der Industrie, obwohl bis zum Beginn des Zweiten Weltkrieges die zivile Produktion deutlich überwog. Die hochentwickelte Dresdner Industrie zeigte einmal mehr ihre Innovationskraft. 1936 entwickelte Zeiss-Ikon die berühmte Spiegelreflexkamera. Doch zunehmend lieferten Betriebe der Stadt auch optische und funktechnische Geräte für Luftwaffe, Heer und Marine – seien es Bombenzielgeräte, elektrische Zünder, Steuerungstechnik für Torpedos, U-Boote und Flugzeuge oder auch »nur« Funkgeräte und Fernschreiber. Einige metallverarbeitende Firmen stellten während des Krieges Munition und Teile für Panzer her.

Hinsichtlich der baulichen Entwicklung hinterließen die zwölf Jahre Naziherrschaft glücklicherweise wenige Zeugnisse in Dresden, die an das Regime erinnern könnten. Zu erwähnen ist in diesem Zusammenhang der von Wilhelm Kreis entworfene Gebäudekomplex für das Luftgaukommando in Strehlen. Von Renommierprojekten, die den Geist der nationalsozialistischen Weltanschauung verrieten – wie sie etwa in Nürnberg noch zu besichtigen sind –, ist die Stadt verschont geblieben. Das geplante »Gauforum« auf den Güntzwiesen ist nie realisiert worden. Ansonsten ist an die Autobahntrasse westlich der Stadt und an die 1935 fertiggestellte Autobahnbrücke zu erinnern. Darüber hinaus entstanden nach 1933 einige Wohnsiedlungen in Dresden.

Bildung, Kultur und Kunst hatten angesichts des menschenverachtenden Charakters der nationalsozialistischen Ideologie in dieser Zeit einen schweren Stand. Wenn auch einige Dresdner Hochschullehrer ihre Ämter verloren, so verfielen doch die meisten von ihnen, die wie ihre Kollegen an anderen deutschen Hochschulen und Universitäten schon vor 1933 aus ihrer antidemokratischen Gesinnung kein Hehl gemacht hatten, der NS-Ideologie. Das galt auch für die übergroße Mehrheit der Dresdner Studentenschaft. Unbeschadet dessen gehörte die Technische Hochschule wie schon im 19. Jahrhundert in Forschung und Lehre zu den bedeutendsten Hochschulen ihrer Art in Europa.

Konnte ein Karl Böhm, der Dirigent wirkte bis 1942 in der Stadt, den internationalen Ruf der Dresdner Musikkultur erhalten, so ist die Bilanz in anderen kulturellen Bereichen mehr als niederschmetternd. Schon im September 1933 zeigten die Nazis im Lichthof des Rathauses die Ausstellung »Entartete Kunst«, die vorbildhaft und namengebend für die berüchtigte, seit 1937 gezeigte Münchener Wanderausstellung war. In der Dresdner Ausstellung diffamierte man die Künstler der »Brücke«, der »Dresdner Sezession – Gruppe 1919« und der »ASSO«, die alle den Ruf Dresdens als Stadt der künstlerischen Moderne wesentlich mitbegründet hatten. Die makabre Präsentation wurde auf Anweisung Hitlers, der sie besichtigt hatte, auf »Tournee« geschickt und 1937 in die erwähnte Münchener Ausstellung integriert. An der Auswahl der einzelnen Werke waren nicht nur NS-Kulturfunktionäre, sondern auch regimetreue Künstler wie der Rektor der Kunstakademie Richard Müller beteiligt. Eine besonders unrühmliche Rolle in der Kulturpolitik des NS-Regimes spielte seit 1939 der international renommierte Kunsthistoriker und langjährige Direktor der Dresdner Gemäldegalerie, Hans Posse. Infolge von Intrigen hatte er sein Amt verloren, erlangte aber nach der persönlichen Bekanntschaft mit Hitler, den er im Juni 1938 bei einem Besuch der Dresdener Kunstsammlungen durch die Galerie geführt hatte, nicht nur seine Stellung wieder, sondern auch das Vertrauen des Diktators in künstlerischen Fragen. Als Sonderbeauftragter Hitlers stellte Posse seine herausragenden Fähigkeiten in den Dienst des von den Nazis in großem Stil betriebenen Kunstraubs, sei es in Form der Beschlagnahme jüdischen Eigentums oder der Plünderung ausländischer Sammlungen während des Krieges. Bekanntlich plante Hitler ja die Errichtung eines »Führermuseums« in Linz. Die Kulturpolitik in Sachsen wurde maßgeblich von Gauleiter Mutschmann bestimmt, in einem Sinne, der selbst Goebbels befürchten ließ, der Ruf insbesondere der Dresdner »Kultureinrichtungen« könne durch den Reichsstatthalter, der »gänzlich kunst- und kulturfremd ist«, ernsthaft Schaden nehmen.

Die ersten Kriegsjahre brachten den Dresdnern kaum Einschränkungen. Erst als die Zeit der Blitzsiege vorbei war und der »totale Krieg« verkündet wurde, änderte sich das. Einige Lebensmittel und Konsumgüter unterlagen seitdem der Rationierung. In den Fabriken mußten immer mehr Frauen im Schichtdienst arbeiten. Trotzdem mangelte es an Arbeitskräften. Seit 1943 setzte man daher auch in Dresden Tausende Zwangsarbeiter und KZ-Häftlinge in der Industrie ein. Eine Reihe von KZ-Außenlagern wurden errichtet, so in der Nähe des Reichsbahnausbesserungswerkes in der Friedrichstadt.

Auch das kulturelle Leben in Dresden erfuhr immer mehr Einschränkungen. Am 31. August 1944 fand mit dem »Freischütz« die letzte Aufführung in der Staatsoper statt.

Seit dem Sommer 1944 kehrte der von den Nazis in die Länder Europas getragene Krieg sogar in den bisher als völlig sicher geltenden Dresdner Raum zurück. Am 24. August griffen alliierte Bomber Freital an. Auch Gittersee und Coschütz wurden dabei getroffen. Der Angriff einer kleinen Gruppe amerikanischer Bomber am 7. Oktober 1944 traf die Friedrichstadt, Löbtau sowie die Wilsdruffer Vorstadt und kostete etwa 140 Einwohnern und Arbeitern der Firmen Seidel & Naumann und Hartwig & Vogel das Leben. Am 16. Januar 1945 bombardierten die Amerikaner Eisenbahnanlagen im Westen der Stadt, insbesondere den Rangierbahnhof in der Friedrichstadt. Die fast völlige Zerstörung der Dresdner Innenstadt am 13. und 14. Februar 1945 stellte eine tiefe Zäsur in der Geschichte der Stadt dar. Das Schicksal, das sie innerhalb weniger Stunden, ja Minuten ereilte, traumatisierte nicht nur die Bevölkerung Dresdens für lange Zeit, es bewegt die Nachwelt bis zum heutigen Tag – und es hat paradoxerweise dem Mythos von der Kunststadt Dresden nicht nur keinen Abbruch getan, sondern ihn eher noch verstärkt.

Am 13. Februar – es war ein Faschingsdienstag – wurde um 21.15 Uhr eine Luftwarnung ausgegeben. Zu diesem Zeitpunkt herrschte noch reges Leben in der abendlichen Innenstadt. Im Zirkus Sarrasani lief gerade eine Vorstellung. Neben den mehr als 630 000 Bürgern hielten sich Zehntausende Flüchtlinge in der Stadt auf. Um 21.55 Uhr meldete der Sender der örtlichen Luftschutzleitung im Bunker unter dem Albertinum den Anflug feindlicher Bomberverbände. Dann ging alles sehr schnell. Den betroffenen Menschen allerdings dürften die nächsten Stunden wie die ewige Hölle vorgekommen sein. Um 22.03 Uhr warfen Mosquito-Jagdbomber zahllose weiße Leuchtkaskaden – die Dresdner bezeichneten sie als »Christbäume« – über der Stadt und wenig später zwei grün leuchtende Markierungsbomben über dem Stadion des Dresdner Sportklubs im Ostragehege ab. Anschließend wurde das Stadion zusätzlich mit einer roten Leuchtbombe markiert. Dann luden von 22.13 Uhr bis 22.28 Uhr 235 aus nordwestlicher Richtung heranfliegende britische Bomber vom Typ »Lancaster« aus etwa 3500 Metern Höhe über dem vom Markierungspunkt Sportstadion ausgehenden fächerförmigen Sektor des dicht besiedelten Stadtzentrums, in dem sich zudem unersetzliche Bauwerke und Kunstsammlungen befanden, ihre tödliche Last ab. Eine Luftverteidigung in und um Dresden existierte nicht. Im Oktober 1944 waren die auf den Höhen um die Stadt aufgestellten schweren Flakbatterien an die Ostfront verlegt worden. Auch gab es in der Stadt kaum Luftschutzbunker. Von 1.23 Uhr bis 1.54 Uhr warfen weitere 529 britische Bomber unzählige

Spreng- und Brandbomben über der bereits lichterloh brennenden Stadt ab. Dieses Mal war auch der von Menschen völlig überfüllte Hauptbahnhof Ziel des Angriffes. Insgesamt wurden bei beiden Bombardements nahezu 1500 Tonnen Spreng- und 1200 Tonnen Brandbomben abgeworfen. Kilometerhohe Rauchschwaden standen über der von einem gewaltigen Feuersturm erfaßten sächsischen Hauptstadt. Noch im 80 Kilometer entfernten Chemnitz konnte man deutlich den Feuerschein über Dresden sehen. Alle Löschversuche der Feuerwehren waren zum Scheitern verurteilt. Auf dem kochend heißen Asphalt der Straßen verbrannten viele Menschen bei lebendigem Leibe. Kinder und Greise erstickten in den Kellern der über ihnen zusammenstürzenden Häuser. Um die Mittagszeit – genauer zwischen 12.17 Uhr und 12.30 Uhr – des 14. Februar griffen 311 amerikanische Bomber die Stadt an, als ob es noch lohnende Ziele für sie gegeben hätte. Sie warfen »nur« 500 Tonnen Spreng- und 300 Tonnen Brandbomben ab. Fast alle Zeitzeugen schworen, daß die sie begleitenden Jagdflugzeuge mit Bordwaffen auf die auf die Elbwiesen und in den Großen Garten fliehenden Menschen geschossen hätten. Die meisten Militärhistoriker bestreiten dies jedoch. Die Bilanz des Schreckens: schätzungsweise 35 000 Tote – von denen etwa 7000 in den darauffolgenden Tagen auf Eisenrosten auf dem Altmarkt verbrannt wurden, um der Seuchengefahr zu begegnen. 15 Quadratkilometer des Stadtzentrums waren völlig zerstört. 60 000 der 220 000 Wohnungen der Stadt waren vernichtet, weitere 100 000 stark beschädigt. 12 Millionen Kubikmeter Schutt mußten in den nächsten Jahren beseitigt werden. Die Frauenkirche, das Wahrzeichen Dresdens, war übrigens nicht direkt getroffen worden, doch am Vormittag des 15. Februar stürzte das Bauwerk, dessen Kuppelkonstruktion infolge der Hitzeentwicklung völlig ausgeglüht war, in sich zusammen. Erich Kästner schrieb: »Das, was man früher unter Dresden verstand, existiert nicht mehr. Man geht hindurch, als liefe man im Traum durch Sodom und Gomorrha.« Lange Zeit behaupteten viele Dresdner, die Angriffe seien von Agenten aus der Loschwitzer Villa »San Remo« gelenkt worden. Doch das gehört in das Reich der Legende. Längst nutzten auch Bomberverbände die Radartechnik.

Dresden war zwar ein erstrangiger Verkehrsknotenpunkt und eine bedeutende Industriestadt. Dennoch machten die anglo-amerikanischen Luftangriffe des 13. und 14. Februar aus militärischer Sicht keinen Sinn. Im Februar 1945 war die unmittelbar bevorstehende Niederlage des »Dritten Reiches« offensichtlich. Und im übrigen wurden weder Industrie- oder Verkehrsanlagen noch militärische Objekte – Kasernen etwa – während dieser zwei Tage gezielt und systematisch bombardiert. Schon im Sommer 1944 hatten Briten und Amerikaner die Aktion »Donnerschlag« geplant, die einen Angriff auf eine noch auszuwählende deutsche Großstadt vorsah, bei dem eine maximale Zahl ziviler Opfer erzielt werden sollte, um die deutsche Bevölkerung endgültig zu demoralisieren. Alle schweren Luftangriffe der Alliierten auf Wohngebiete hatten bis dahin jedoch eher das Gegenteil erreicht.

Einem der militärischen Planer Churchills, dem Luftmarschall Harris, der auch die Leitung des grausamen und sinnlosen Bombardements der sächsischen Metropole im Februar 1945 hatte, wurde noch 1992 in London ein Denkmal gesetzt. Wahr ist aber auch, daß im Jahr 2000 der Herzog von Kent in einer beeindruckenden Versöhnungsgeste der Stadt das in Großbritannien angefertigte und von einer britischen Freundesgesellschaft finanzierte goldene Kuppelkreuz für die im Bau befindliche Frauenkirche übergab.

Weniger bekannt ist, daß nach dem 13./14. Februar Dresden weiterhin Ziel alliierter Luftangriffe war. In den Mittagsstunden des 15. Februar erschienen erneut amerikanische Flugzeuge über der Stadt. Sie suchten letztes Leben im Zentrum

Blick vom Rathausturm nach Nordosten zum Pirnaischen Platz
mit ehemaligem Kaiserpalast, 1949

Dresdens auszulöschen – ein Zentrum, das noch tagelang brennen sollte. In den Vormittagsstunden des 2. März warfen 400 B-17-Bomber nochmals tonnenweise ihre todbringende Last über Dresden ab. Der letzte Luftangriff auf die Stadt – er traf die westlichen Stadtteile – erfolgte am 17. April 1945. Er führte zur völligen Zerstörung der Eisenbahnverbindungen.

Die zu Tode getroffene sächsische Hauptstadt – ihre Einwohnerzahl war nach der Flucht vieler Überlebender auf 370 000 Menschen geschrumpft – erklärten die Nazis in den letzten Kriegswochen, als die Front immer näher rückte, zur »Festung«.

Dabei hatten die Behörden größte Schwierigkeiten, wenigstens die Hauptstraßen von den Trümmern zu räumen, die notwendigste Versorgung der Bevölkerung zu sichern und die Verwaltung der Stadt aufrechtzuerhalten. Im Zuge der sogenannten »Prager Operation« stieß der linke Flügel der 1. Ukrainischen Front der sowjetischen Truppen unter dem Marschall Konev Anfang Mai in Richtung Dresden vor. Dem Befehlshaber des Verteidigungsbereiches Dresden General von und zu Gilsa standen lediglich die Reste von fünf Divisionen zur Verteidigung zur Verfügung. Im nördlichen Vorfeld der Stadt kam es am 7. Mai zu heftigen Gefechten, bevor das Oberkommando der deutschen Heeresgruppe Mitte den Befehl zur kampflosen Räumung Dresdens gab. Wer die am 8. Mai erschienene letzte Nummer des NS-Blattes »Der Freiheitskampf« las, konnte glauben – vorausgesetzt, er hatte jeden Bezug zur Wirklichkeit verloren –, daß die Dinge für das untergehende Naziregime so schlecht nicht standen. Am selben Tag aber sprengten die sich aus der Stadt zurückziehenden deutschen Truppen die meisten Elbbrücken. Die Zerstörung des »Blauen Wunders« mißlang, dank der Entschlossenheit und des Mutes einiger Dresdner Bürger, die die Kabel zu den Sprengsätzen durchtrennt hatten. Am Morgen des 8. Mai rollten die russischen Panzer über die unzerstörte Brücke und drangen in die Stadt ein. Als der bekannte Arzt und Erbforscher Rainer Retscher in der Prager Straße mit einer weißen Fahne in der Hand den sowjetischen Truppen entgegengehen wollte, erschoß ihn eine versprengte SS-Streife. Am Mittag des 8. Mai 1945, dem Tag, an dem die bedingungslose Kapitulation der deutschen Wehrmacht in Kraft trat, war Dresden vollständig von sowjetischen Truppen besetzt.

IX · Die Stadt im geteilten Deutschland

Nachkriegsjahre

Das Jahr 1945 schien das »Finis Germaniae« zu bedeuten. Schon kurze Zeit nach dem Ende des Krieges standen sich die beiden großen Siegermächte USA und Sowjetunion inmitten des in Besatzungszonen aufgeteilten Deutschland unversöhnlich gegenüber. Die Zeit eines kalten Krieges begann. Die Dominanz der ihnen jeweils zugefallenen Teile Europas und mehr noch die Kontrolle Deutschlands war die Voraussetzung für ihre neue Weltstellung. Zumindest durfte das Land nicht in seiner Gänze in die Hände des anderen fallen. So nahm Deutschland trotz seiner staatlichen Nichtexistenz bereits vor der Gründung der beiden deutschen Staaten aufgrund seines latent vorhandenen riesigen Wirtschaftspotentials und seiner großen Bevölkerungszahl eine Schlüsselstellung ein.

Die Sowjets betrieben anfangs zögernd, später mit Entschlossenheit die Etablierung ihres Gesellschaftsmodells in Ostdeutschland. In den ersten Jahren nach dem Krieg konnten sie und die deutschen Kommunisten dabei die vorhandene Aufbruchsstimmung und den unbedingten Willen der Bevölkerung, die schrecklichen Kriegsjahre und Jahre der Naziherrschaft möglichst schnell hinter sich zu lassen und das Land wieder aufzubauen, nutzen. Daß man dabei allmählich wieder in eine Diktatur schlitterte und sich erneut eine totalitäre Gesellschaftsordnung herauszubilden begann, war für viele Menschen nicht sogleich einsichtig.

Im fast völlig zerstörten Dresden bemühten sich die sowjetischen Besatzungsbehörden, so etwas wie ein geordnetes Leben in Gang zu setzen. Eine fast unlösbar erscheinende Aufgabe. Die Strom-, Gas- und Wasserversorgung funktionierte kaum noch. Die Lebensmittelvorräte waren erschöpft. Die medizinische Versorgung war völlig unzureichend. Es fehlten Ärzte, Krankenhäuser und Medikamente. Die hygienischen Verhältnisse entsprachen dieser Situation. Es drohten Epidemien.

Ohne den Aufbau einer neuen Verwaltung waren die Probleme nicht zu lösen. Die mit den Russen in Sachsen eingetroffene Gruppe von KPD-Funktionären schlug schon am 10. Mai 1945 die Mitglieder eines neuen Stadtrates mit dem Sozialdemokraten Rudolf Friedrichs als Oberbürgermeister und dem Kommunisten Kurt Fischer als seinen Stellvertreter vor. Die sowjetische Stadtkommandantur stimmte dem zu. Am 12. Mai konstituierte sich der Stadtrat in den Räumen einer unversehrt gebliebenen Berufsschule in der Melanchthonstraße in der Neustadt. Am 14. Mai konnten das Elektrizitätskraftwerk an der Wettiner Straße, das Gaswerk in Reick und die Wasserwerke ihren Betrieb aufnehmen. Aus den Beständen der sowjetischen Truppen wurden Tausende Tonnen Lebensmittel bereitgestellt und Lebensmittelkarten an die Bevölkerung ausgegeben, um die voraussichtlich noch lange bestehenden Engpässe in der Nahrungsmittelversorgung in den Griff zu bekommen. Erste Fabriken nahmen die Produktion wieder auf, auch wenn sie nur aus Stahlhelmen Kochtöpfe herstellten.

Keineswegs überraschend war, daß die Anfänge eines kulturellen Lebens für die Dresdner von größter Bedeutung waren. Der Hunger nach Unterhaltung ist nach überstandenen Bedrohungen und Kriegen bei den Menschen zu allen Zeiten groß gewesen. In behelfsmäßigen Sälen und Häusern, in Turnhallen fanden erste Konzerte, Opernaufführungen, Theaterveranstaltungen oder Tanzvergnügungen statt. Am 10. Juli 1945 führte das Staatsschauspiel Lessings »Nathan« mit Erich Ponto in der Hauptrolle in der als Interimshaus vorgesehenen – aber bis heute als Theater genutzten – ehemaligen »Tonhalle« in der Glacisstraße auf. Am 10. August dirigierte Joseph Keilberth Mozarts »Figaros Hochzeit« im selben Haus. Am 16. Juli hatte er auch das erste Konzert der Staatskapelle im »Kurhaus Bühlau« geleitet. Die mehr als dreißig Filmtheater der Stadt waren fast alle zerstört. Von den großen Häusern war nur die »Schauburg« an der Königsbrücker Straße erhalten. Im Juli 1946 öffneten die Dresdener Kunstsammlungen wieder ihre Pforten, wenn auch vorerst nur die im Schloß Pillnitz befindlichen Räume. In der Stadthalle Nord fand im selben Jahr eine »Allgemeine Deutsche Kunstausstellung« statt, in der Werke vieler von den Nationalsozialisten verfemter Künstler gezeigt wurden. 1947 nahm die Kunstakademie als »Hochschule für Bildende Künste« unter ihrem ersten Rektor Hans Grundig den Lehrbetrieb auf. Anfang des Jahres hatte sich die Künstlergruppe »Das Ufer – Gruppe 1947« gebildet. Sie sah sich der Tradition der proletarisch-revolutionären Kunst der Weimarer Zeit verpflichtet.

Die großen Traditionen Dresdens als Ort der Wissenschaften konnten mit der Wiedereröffnung der Technischen Hochschule im Herbst 1946 wieder aufgenommen werden. An den ersten drei Fakultäten, die mit dem Forschungs- und Lehrbetrieb begonnen hatten, studierten 1946/47 immerhin schon 450 Studenten. In gesellschaftlicher und politischer Hinsicht wurden in den ersten Wochen und Monaten nach dem Krieg die Weichen gestellt. Seit dem 22. Mai 1945 konnten sich die Dresdner in der von der Besatzungsmacht herausgegebenen »Tageszeitung für die deutsche Bevölkerung« informieren. Ein Befehl der »sowjetischen Militäradministration für Deutschland« (SMAD) vom 10. Juni ließ die Gründung von Parteien zu. KPD und SPD konstituierten sich neu. Die aus bürgerlichen Parteien der Weimarer Republik hervorgegangenen Christdemokraten (CDU) und Liberaldemokraten (LDPD) bildeten sich im Juli. Ebenfalls in diesem Monat gründete sich der sächsische Freie Deutsche Gewerkschaftsbund (FDGB). Anfang Juli 1945 setzte die Besatzungsmacht Rudolf Friedrichs, einen schon in der Weimarer Zeit im sächsischen Staatsdienst tätig gewesenen sozialdemokratischen Juristen, an die Spitze der von ihr geschaffenen Provinzialverwaltung Sachsen. Oberbürgermeister von Dresden wurde Johannes Müller. Der Kommunist Walter Weidauer übernahm die Funktion des stellvertretenden Oberbürgermeisters. Mit der Leitung des Kulturressorts beauftragte man den namhaften Kunstwissenschaftler Will Grohmann. Die Kommunisten hielten sich anfangs in allen Teilen der Sowjetischen Besatzungszone geschickt im Hintergrund, ließen meist Sozialdemokraten den Vortritt, zogen aber im Hintergrund die Fäden. Doch bereits im Oktober 1946 wurde Weidauer als Oberbürgermeister installiert. Viele Jahre sollte er die Geschicke der Stadt maßgeblich mitbestimmen.

Am 7. April 1946 war im Kurhaus Bühlau die Zwangsvereinigung von KPD und SPD zur SED in Sachsen vollzogen worden. Forderungen von SPD-Mitgliedern nach Urabstimmungen wurden ignoriert, die schärfsten Kritiker der Vereinigung von den Sowjets verhaftet. Allmählich mußten viele Menschen erkennen, daß die Kommunisten im Begriff waren, diktaturähnliche Zustände in der Gesellschaft zu schaffen. Auch die ersten Gemeindewahlen in Dresden im September 1946, bei denen die SED 48 % erreichte und die im Oktober mit ähnlichem Ergebnis durchgeführten Wahlen zum ersten Landtag konnten nur oberflächlich darüber hinwegtäuschen.

Ein wesentlicher Schritt in Richtung einer sozialistischen Gesellschaft, so wie sie die Kommunisten verstanden, war der Volksentscheid über die Verstaatlichung der Schlüsselindustrien vom 30. Juni 1946 gewesen, bei dem sich mehr als drei Viertel der Wähler für deren Überführung in »Volkseigentum« entschieden. Doch bis zur Propagierung des Aufbaues einer sozialistischen Gesellschaft sechs Jahre später wählten die neuen Machthaber die volksdemokratische Tarnung ihrer Bestrebungen – so wie sie ja auch in den späteren Jahrzehnten ihre Diktatur insofern zu verschleiern suchten, daß sie immer an der Fiktion eines Mehrparteiensystems festhielten. Selbstverständlich arbeiteten alle Parteien und Massenorganisationen im Rahmen der »Nationalen Front« eng zusammen. Doch zunächst maßen die meisten Bürger die Verlautbarungen und Propagandasprüche der SED und ihrer sowjetischen Beschützer ohnehin an der konkreten Verbesserung ihrer Lebensverhältnisse und an den Ergebnissen des Wiederaufbaus. Und solange die Maßnahmen der Partei und später der Regierung diesen Zielen dienten, fanden sie durchaus Unterstützung.

Die Ankurbelung der Wirtschaft war die Voraussetzung für den Wiederaufbau, wobei die Reparationsleistungen an die Sowjetunion dem Grenzen setzte. Mehr als die Hälfte der Dresdner Betriebe war zerstört oder produzierte nicht. Bis Ende der vierziger Jahre blieben sie andererseits aber von planwirtschaftlichen Gängeleien verschont, was dem wirtschaftlichen Erholungsprozeß zugute kam. In den verstaatlichten Großbetrieben jedoch mußten schon damals Aktivistenbewegungen und allerlei andere Wettbewerbskampagnen die außer Kraft gesetzten marktwirtschaftlichen Mechanismen mühsam ersetzen.

Den Neuaufbau der in weiten Teilen zerstörten Stadt – ein fast hoffnungslos erscheinendes Unterfangen – nahm eine am 4. August 1945 gebildete Bergungs- und Wiederaufbaukommission der Stadt in Angriff. Die Betonung lag dabei vorerst auf Bergungskommission. Es galt, erst einmal Schneisen in die Trümmerlandschaft zu schlagen. Trotzdem präsentierte man am 5. Januar 1946 der Öffentlichkeit auch einen ersten Aufbauplan. Mit großer Verantwortung nahm sich die Dresdner Stadtverwaltung der übriggebliebenen und zumeist schwer beschädigten kulturhistorisch wertvollen Bauwerke an. Und das zu einem Zeitpunkt, wo scheinbar dringlichere Probleme der Lösung bedurften. Unter Leitung Hubert Ermischs begannen bereits im Oktober 1945 die Sicherungs- und Restaurierungsarbeiten am Zwinger. Auch andere durch die Luftangriffe schwer mitgenommene Bauten konnten nach wenigen Monaten wieder eröffnet werden, wie z. B. das Hygienemuseum. Selbst neue Wohnungen wurden 1946 gebaut – in Dresden-Reick. Doch das Bild der Stadt insgesamt wurde auf Jahre hinaus von der Enttrümmerung bestimmt – von den kleinen Wagen der Trümmerbahnen, den vielen Frauen, die sie in harter körperlicher Arbeit mit Schutt beluden. Mit der Plastik der »Trümmerfrau« vor dem Rathaus wurde ihnen ein Denkmal gesetzt. Am 23. Juli 1945 konnte die Albertbrücke wieder für den Verkehr freigegeben werden. Als »Brücke der Einheit« war sie abgesehen vom »Blauen Wunder« die erste wieder nutzbare Verkehrsverbindung zwischen der Alt- und der Neustadt. Ende des Jahres war auch die Marienbrücke wieder befahrbar. Nur zaghaft kehrte das Leben in die wüste Innenstadt zurück, und nur langsam nahm sie wieder eine Gestalt an. Von der Wilsdruffer Straße konnte man ungehindert bis zum Hauptbahnhof schauen. An der Straße selbst stand nur ein einziges intaktes Gebäude, das das erste Kaufhaus der Stadt nach dem Krieg beherbergen sollte. Der Grafiker und Maler Wilhelm Rudolph hat damals die Trümmerlandschaft in eindringlichen Zeichnungen festgehalten.

»Sozialistische Umgestaltung«, Krisen und relative Stabilisierung

Nach der Gründung der DDR Anfang Oktober 1949 setzte die SED in Anlehnung an das sowjetische Modell Schritt für Schritt ihre Herrschaft auf allen gesellschaftlichen Gebieten durch. Die formal demokratische Verfassung des ostdeutschen Staates verschleierte die wahren Machtverhältnisse. Zielstrebig begann man mit dem Aufbau einer sozialistischen Gesellschaft, für den ja schon vor 1949 erste politische und gesellschaftliche Voraussetzungen geschaffen worden waren.

In Dresden übergab die sowjetische Stadtkommandantur, die bis dahin die Verwaltungsorgane der Stadt kontrolliert hatte, ihre Macht formell an den Stadtrat. Im Stadtparlament besaß die SED die eindeutige Mehrheit. 1948 hatte sie ihre dominierende Stellung verstärkt, indem sie Vertreter SED-höriger Organisationen – wie etwa des »Demokratischen Frauenbundes Deutschlands« – in die Stadtverordnetenversammlung kooptieren ließ. Obwohl die Vertreter der »Blockparteien«, insbesondere die der CDU und LDPD, bis 1989 den ihnen zugewiesenen Part zu spielen hatten, mußten diese jedoch in einem begrenzten Rahmen auch die Interessen des ja noch bis Anfang der siebziger Jahre bestehenden gewerblichen Mittelstandes, aber auch die christlich orientierter oder aus anderen Gründen zur SED eine gewisse Distanz pflegenden Vertreter der »bürgerlichen« Intelligenz berücksichtigen. Auf Landesebene waren 1950 mit der Verdrängung des unbequemen CDU-Vorsitzenden Hugo Hickmann die Machtverhältnisse im Sinne der Kommunisten endgültig geklärt. Ein föderal gegliedertes Staatswesen widersprach zutiefst dem zentralistischen Charakter des Regimes. So war es folgerichtig, daß 1952 die ostdeutschen Länder aufgelöst und durch Bezirke ersetzt wurden. Dresden sank von der Landeshauptstadt zur Bezirkshauptstadt herab. Im selben Jahr propagierte Ulbricht auf der 3. Parteikonferenz der SED in Berlin den »planmäßigen Aufbau des Sozialismus sowie die Notwendigkeit der Verschärfung des Klassenkampfes«.

Die Aufbau- und Instandsetzungsarbeiten der ersten Nachkriegsjahre, von denen schon die Rede war, wurden fortgesetzt. Der Neuaufbau des Stadtzentrums begann 1951 mit den

Blick vom Rathausturm nach Westen auf die Kreuzkirche und
den Altmarkt, 1954

Wohnhäusern und ersten Geschäften an der Nordseite der
Grunaer Straße. Im Jahre 1953 folgte der Beginn der Bebauung der Westseite des Altmarktes, nachdem im Jahr zuvor
mit dem »Dresdner Aufbauplan« die »Sozialistische Umgestaltung« der Stadt angekündigt worden war. Ebenfalls 1953
sind die ersten Wohnhäuser an der Ernst-Thälmann-Straße,
wie die um die König-Johann-Straße verlängerte Wilsdruffer
Straße von 1954 bis 1991 hieß, errichtet worden.

Doch gerade in dieser ersten Aufbauphase mehrten sich
Krisenzeichen in der Wirtschaft der DDR. Die Lebenslage
der Bevölkerung verschlechterte sich. Sie konnte und wollte
den Visionen Ulbrichts von einer schnell aufzubauenden sozialistischen Gesellschaft nicht folgen. Durch die Erhöhung
der Arbeitsnormen suchte die Parteiführung den wirtschaftlichen Erfolg zu erzwingen, ohne auf die Lebenslage der Menschen Rücksicht zu nehmen. Das führte schnell zu einer ge-

sellschaftlichen Krise, in der sich nicht nur die Unzufriedenheit der Bevölkerung über die wirtschaftliche Situation artikulierte, sondern in der diese auch ihrer Ablehnung der politischen Zustände Ausdruck gab. Das SED-Regime verschärfte die Gangart, um der aufkommenden Unzufriedenheit zu begegnen. Ideologisch schoß man sich besonders auf die Kirchen ein, speziell auf die »Jungen Gemeinden« – eine Kampagne, die von den eigentlichen Problemen ablenken sollte. Als die SED- und Staatsführung zu erkennen begann – auch auf den Druck Moskaus hin –, daß sie den Bogen überspannt hatte, machte sich der Unmut des Volkes bereits offen Luft. Am 16. Juni 1953 legten die Bauarbeiter an der Ostberliner Stalinallee die Arbeit nieder. Am darauffolgenden Tag kam es in Berlin und in zahlreichen Städten Ostdeutschlands zu Demonstrationen und Streiks gegen die Regierung – nicht mehr allein wegen der Arbeitsnormen, die von der Regierung zurückgenommen wurden, sondern auch für demokratische Veränderungen und freie Wahlen. Mancherorts erscholl der Ruf nach der Einheit Deutschlands. In Dresden legten am Morgen des 17. Juni 1500 Arbeiter des Sachsenwerkes – des bedeutendsten Industriebetriebes der Stadt – die Arbeit nieder und versammelten sich mit Arbeitern anderer Werke, forderten die Freilassung aller politischen Gefangenen und freie Wahlen. Anschließend zogen sie in die Innenstadt, nachdem die Beschwichtigungsrede des SED-Funktionärs Otto Buchwitz in Protestrufen untergegangen und ein Streikkomitee gebildet worden war. Doch schon am Abend hatten Sicherheitskräfte die große Massenversammlung auf dem Theaterplatz aufgelöst. Die aus Königsbrück angerückten russischen Truppen sicherten mit Panzern den Postplatz und damit das dort befindliche wichtige Haupttelegraphenamt. Nach nur einem Tag waren die Massenaktionen des Volkes gegen ihre angeblichen Vertreter zusammengebrochen. Gegen die Panzer der sowjetischen Besatzungsmacht hatten sie nicht die geringste Chance. Nur diese rettete die »Arbeiter- und Bauern-macht«. Dreieinhalb Jahrzehnte später sollte sie dazu nicht mehr bereit sein.

Nach der Niederschlagung des Volksaufstands in der DDR war das Regime noch nicht über den Berg. Meinungsverschiedenheiten in der Führung über den weiteren Weg führten zur Entmachtung Anton Ackermanns und der Gruppe um die führenden Funktionäre Herrnstadt und Zaisser. Bestand 1953 nach dem Tod Stalins die durchaus reale Gefahr, daß die sowjetische Führung um Berija die DDR preisgeben werde, so war diese Bedrohung jedoch bald gebannt. 1955 erhielt der ostdeutsche Satellitenstaat von den Sowjets formell die Souveränität. 1956 wurde die Nationale Volksarmee gegründet. Ulbricht übernahm den Vorsitz des Ministerrats zusätzlich zu seiner nun unangefochtenen Position als faktischer Parteichef. Doch der Volksaufstand in Ungarn im Jahr 1956 verunsicherte erneut die Regime in den Ländern des sowjetischen Einflußbereiches, gefährdete ihre Herrschaft. Auch in Ostdeutschland meldeten sich parteikritische Stimmen, wie die Ernst Blochs an der Leipziger Universität. Innerhalb der SED mußten in den folgenden Monaten und Jahren Opponenten ausgeschaltet werden. 1958 wurden die Funktionäre Schirdewan, Wollweber und Oelßner entmachtet. Erich Honecker wurde in diesem Jahr Mitglied des Sekretariats des ZK der SED.

Die Zeichen einer gewissen Stabilisierung der gesellschaftlichen Verhältnisse Ende der fünfziger Jahre waren trügerisch. Zwar gab sich die Partei- und Staatsführung entschlossen. Der Aufbau des Sozialismus sollte in allen Bereichen vorangetrieben werden. Im Mai 1959 wurden die Lebensmittelkarten abgeschafft. 1959 beschloß die Volkskammer das »Gesetz über die landwirtschaftlichen Produktionsgenossenschaften«. Auch das kulturelle Leben wollte die Partei noch stärker beeinflussen. Auf der 1. Bitterfelder Kulturkonferenz im selben Jahr wurden Arbeiter ermuntert, literarisch tätig zu sein. Doch im entscheidenden Bereich, in der Wirtschaft, blieben die Erfolge aus. »Störaktionen« des Westens seien schuld, so der Wirtschaftsfunktionär Erich Apel. Die Anfang 1958 gegründete »Staatliche Plankommission« und die Regelung der Befugnisse der »Vereinigungen Volkseigener Betriebe« (VVB) sollten die Wirtschaft entscheidend voranbringen. Doch der ökonomische Wettlauf mit dem kapitalistischen Westen war zu diesem Zeitpunkt praktisch schon verloren. Alle Maßnahmen der folgenden Jahrzehnte – die Entschlüsse, den Betrieben weniger, dann wieder mehr Spielraum zu geben, die Bildung von Kombinaten usw. – waren alles nur verzweifelte Versuche, die angebliche ökonomische Überlegenheit des Sozialismus doch noch zu realisieren.

Die Entwicklung in den Regionen und Städten in diesen Jahren entsprach dem Gesamtbild. In Dresden wurden nach dem 17. Juni 1953 »faschistische Rädelsführer« vor Gericht gestellt und hart bestraft. Die Partei war voller Mißtrauen gegenüber der »herrschenden Klasse« der Arbeiter, aber auch gegenüber dem mittelständischen Unternehmertum, das man jedoch eigentlich mehr denn je benötigte, um die Wirtschaft zu stabilisieren, ganz zu schweigen von dem permanenten Mißtrauen gegenüber Künstlern und anderen Intellektuellen. Aber zugleich gewann man Selbstvertrauen. 1954 hatten die Sowjets die noch in ihrer Regie befindlichen SAG (Sowjetische Aktiengesellschaften) zurückgegeben – in Dresden das Sachsenwerk. 1955 begann am Weißen Hirsch unter Ausnahmebedingungen das später bekannte Forschungsinstitut Manfred von Ardennes mit seiner Tätigkeit.

Am Altmarkt und an der Ernst-Thälmann-Straße entstanden Wohnbauten, immer noch in dem pompösen Stil der Stalinära. Die z. T. recht gut erhaltenen Fassaden wertvoller barocker Bürgerhäuser an der Rampischen Gasse nahe dem Neumarkt wurden etwa zur selben Zeit – Mitte der fünfziger

Jahre – wider alle Vernunft abgetragen. In den Köpfen des Oberbürgermeisters Walter Weidauer und der anderen Verantwortlichen waren immer noch die Ideen einer sozialistischen Umgestaltung der Stadt auch hinsichtlich ihres äußeren Bildes. Noch in den sechziger Jahren träumten diese Funktionäre von der Errichtung monumentaler Protzbauten im zerstörten Stadtzentrum.

Auf den ersten Blick gesehen machte die Wirtschaft der Stadt gewaltige Fortschritte. Neben den Mitte der fünfziger Jahre immerhin noch fast 500 privaten Firmen sind in den Jahren bis 1960 weitere große »Volkseigene Betriebe« gebildet worden – u. a. die Kamera- und Kinowerke. In diese Zeit fallen auch die Anfänge der Datenverarbeitungs- und Elektronikbranche. Die Technische Hochschule und das Funkwerk Dresden (später Werk für Meßelektronik »Otto Schön«) entwickelten 1956 gemeinsam einen elektronischen Rechenautomaten. Dresden wurde in dieser Branche innerhalb der DDR führend und fand auch international Beachtung. Zu einem Desaster entwickelten sich hingegen die ehrgeizigen Pläne, in Dresden eine Flugzeugindustrie aufzubauen. 1959 stürzte der Prototyp des Düsenverkehrsflugzeuges 152 bei einem Testflug ab. Anfang 1961 wurden die Flugzeugwerke in Dresden-Klotzsche aufgelöst. Viele Arbeitsplätze waren verloren. Trotz aller Erfolge – Produktionssteigerungen in den Betrieben – wurde der Abstand zur wirtschaftlichen Entwicklung in Westdeutschland immer größer. Das 1958 von Ulbricht postulierte Ziel, die Bundesrepublik im Pro-Kopf-Einkommen zu überholen, erwies sich immer mehr als reine Illusion.

Bis zum Ende der fünfziger Jahre war nicht nur die Wirtschaft der Stadt gewachsen, sondern auch diese selbst. Durch Eingemeindungen – 1945 der Albertstadt, Döltzschens und Gittersees, 1949 des Heidegebietes und 1950 Hellaraus, Klotzsches und von Niedersedlitz – hatte Dresden um 1960 schon fast wieder 500 000 Einwohner.

Ein Höhepunkt im Leben der Stadt waren die Festlichkeiten anläßlich des 750jährigen Stadtjubiläums 1956. Sie waren im schwierigen Jahr der Ungarnkrise für die Obrigkeit eine willkommene Gelegenheit, von den politischen und wirtschaftlichen Schwierigkeiten abzulenken. Doch auch die große Mehrheit der Bürger identifizierte sich mit dem Ereignis, konnte sie doch durchaus dabei mit Stolz auf die eigenen Anstrengungen der vergangenen Jahre zurückblicken. Das Jubiläum wurde durch die Rückgabe der 1945 von sowjetischen Truppen in die UdSSR verbrachten Gemälde der Dresdner Galerie seitens der sowjetischen Regierung zu einem besonderen kulturellen Ereignis.

Gleichzeitig gängelte die SED zunehmend das kulturelle Leben und instrumentalisierte es zur Festigung ihrer Herrschaft. Bürgermeister Weidauer diffamierte öffentlich den bekannten Kunstwissenschaftler Fritz Löffler. Zudem kam es zu Differenzen zwischen Vertretern des Amtes für Denkmalpflege und den städtischen Kulturbürokraten hinsichtlich des Wiederaufbaus der Stadt. Andererseits war 1957 die bedeutende Otto-Dix-Ausstellung im Albertinum möglich. Im Sommer 1956 fand in Dresden das 1. Turn- und Sportfest der DDR statt. Offenbar entdeckte das Regime in diesen Jahren den Sport für seine politischen Ziele. Bekanntlich vermochte die DDR-Gesellschaft in der Phase ihres Niedergangs in den achtziger Jahren allein in diesem Feld noch echte Leistungen vorzuweisen. Die Mischung von politischer Repression und ausbleibenden Fortschritten in den materiellen Lebensbedingungen trieb die Menschen zunehmend zur »Republikflucht«. Der Mauerbau am 13. August 1961 verhinderte das Ausbluten der DDR, offenbarte aber zugleich vor aller Welt den ideologischen Bankrott des DDR-Systems.

Die sechziger Jahre waren eine Zeit, in der die DDR-Gesellschaft, nachdem sie sich abgeschottet hatte, eine Phase der politischen Stabilisierung erlebte und in der sich auch wirtschaftliche Erfolge einstellten. Noch waren die Reserven des sozialistischen Systems nicht aufgebraucht. Die Stimmungslage in der Bevölkerung blieb allerdings widersprüchlich. Für viele Menschen hatte der Sozialismus endgültig jede Attraktivität verloren. Andere gaben die Hoffnung nicht auf, daß sich die Gesellschaft letztes Endes doch reformieren lassen könne. Sie engagierten sich im öffentlichen Leben, im Bereich der Kultur und vor allem an ihren Arbeitsplätzen in der Wirtschaft.

Die Einführung des »Neuen ökonomischen Systems der Planung und Leitung« optimierte die Wirtschaftslenkung unter den planwirtschaftlichen Bedingungen, ordnete die Preisgestaltung neu und schuf in der Produktion ein System materieller Anreize – kurz, das ökonomische System der DDR wurde flexibler und konnte trotz Mißachtung grundlegender ökonomischer Regeln für eine Reihe von Jahren ganz gut am Leben erhalten werden. Mit diesen Maßnahmen, verbunden mit dem Fleiß und Leistungswillen der Arbeiter in den Betrieben, wurde die DDR zur effektivsten Volkswirtschaft innerhalb des Ostblocks. Die durchschnittlichen Einkommen der Bevölkerung stiegen. Das Warenangebot in den HO-Geschäften wurde reichhaltiger. Man unternahm Urlaubsreisen nach Ungarn und Mittelasien. Doch der andere Teil Deutschlands oder die Länder Westeuropas blieben unerreichbar. Meinungsfreiheit herrschte weniger denn je. Für das Regime galt der fatale Grundsatz: »Wer nicht für uns ist, der ist gegen uns.« Auch wohlmeinende Kritik von Künstlern und Intellektuellen wurde als Angriff auf den Sozialismus diffamiert. Doch im Vorfeld des 20. Jahrestags der DDR schien das Land äußerlich fast aufzublühen. In Dresden entstanden die ersten Wohnhochhäuser in Plattenbauweise. Ein »Wohnungsbaukombinat« schuf bis 1970 in dieser industriellen Bauweise nahezu 10 000 Wohnungen. Die Innenstadt erhielt endlich ein Gesicht. 1963-65 wurde das klassizistische Landhaus restauriert, in dessen Räume dann das Stadtmuseum zog. 1965 konnte der schon 1952 begonnene Neuaufbau des im Krieg stark beschädigten Rathauses abgeschlossen werden. 1964-66 wurde der Georgenbau am Schloß wiederhergestellt. 1969 wurde die Prager Straße bebaut und der »Kulturpalast« an der Ernst-Thälmann-Straße errichtet. Andererseits wurden trotz massiver Proteste des Amtes für Denkmalpflege Mitte der sechziger Jahre die noch restaurierungsfähigen Ruinen der Sophienkirche am Postplatz abgerissen. An die Stelle der ehemaligen Franziskanerkirche setzte man den »Freßwürfel« – einen so im Volksmund bezeichneten »Gaststättenkomplex«. Bis zum Jahr 1970 entstanden weitere Wohnbauten im südöstlichen Stadtzentrum an der Ringstraße. Rechtzeitig zum Staatsjubiläum war der Fernsehturm auf der Wachwitzer Elbhöhe in Betrieb genommen und das entsprechende Café mit der Aussichtsplattform für das Publikum freigegeben worden. Kultur und Kunst hatten in diesen Jahren zunehmend die Aufgabe, den Sozialismus und seine Errungenschaften zu feiern. Besonders auf die bildenden Künste traf dies zu. Die Stadt des kulturellen Erbes, dem man sich selbstverständlich verpflichtet fühlte, und der Tradition großer Kunstausstellungen bot den idealen Rahmen, in dem man in regelmäßigen Abständen – alle fünf Jahre – die neuesten Höchstleistungen des »Sozialistischen Realismus« präsentieren konnte. Diente die schon erwähnte Ausstellung im Jahr 1946 immerhin der Rehabilitierung der großen Künstler der Moderne aus der Zeit vor 1933, so erfüllten die folgenden anfangs in der Stadthalle im Norden Dresdens, später im Albertinum gezeigten Kollektionen von sozialistischen Großbaustellen, heroischen Arbeiter- und Aktivistenporträts immer eindeutiger den genannten Zweck. Das hieß nicht, daß in den »Kunstausstellungen der DDR« nicht auch Arbeiten bedeutender Künstler, wie die des Leipziger Malers Wolfgang Mattheuer oder des Dresdners Bernhard Kretzschmars, der 1932 die

»Dresdner Sezession« – nicht zu verwechseln mit der 1919 begründeten »Dresdner Sezession – Gruppe 1919« – ins Leben gerufen hatte, gezeigt wurden. Freilich entsprachen sie meistens nicht ganz den Vorstellungen der Partei- und Kulturfunktionäre von »Sozialistischer Kunst«. So hatten diese Künstler und ihre Arbeiten mit der Mißbilligung der führenden Genossen zu rechnen, Ulbricht, später Honecker eröffneten die jeweiligen Ausstellungen immer persönlich. Es hat in diesen Jahrzehnten junge Künstler gegeben, die sich dem offiziellen Kunstbetrieb gänzlich entzogen. Der bekannteste von ihnen war wohl Ralf Winkler, der nach seiner Übersiedlung in den Westen unter dem Namen A. R. Penck berühmt werden sollte. Das Dresdener Musik- und Theaterleben bot in altbewährter Weise Leistungen auf hohem Niveau. Zumindest im ersteren Bereich waren die ideologischen Spielräume natürlich ungleich größer als etwa in der bildenden Kunst oder Literatur. Die Sänger Theo Adam und Peter Schreier begannen in diesen Jahren ihre Karrieren. Das Sprechtheater glänzte mit Aufführungen von Stücken Brechts und Dürrenmatts.

Gegen Ende der sechziger Jahre lief in der Wirtschaft der DDR nicht mehr alles zur Zufriedenheit der Führung. Hinzu traten ernsthafte politische Probleme. Dieses Mal drohte die Krise, ähnlich wie 1956, den gesamten Ostblock zu erfassen. Der »Prager Frühling« des Jahres 1968, die damit verbundene Hoffnung auf einen »Sozialismus mit menschlichem Antlitz« stellte eine existentielle Bedrohung für die herrschende Nomenklatura in allen kommunistischen Staaten Mittel- und Osteuropas dar und stellte darüber hinaus die Führungsrolle der Sowjetunion innerhalb des Warschauer Pakts in Frage. Auch Ulbricht befürchtete, daß der Virus der Zersetzung das poststalinistische Gesellschaftssystem seines ummauerten Machtbereichs befallen könnte. In scheinheiliger Weise wurde Alexander Dubček für den 20. März 1968 zu angeblichen Wirtschaftsverhandlungen nach Dresden eingeladen. Der tschechoslowakische Parteichef ließ sich jedoch hier noch nicht einschüchtern – weder bei den Gesprächen im Dresdner Rathaus noch in der »Waldschänke« bei Moritzburg. Doch im August 1968 wurde das Prager Experiment mit russischen und Panzern anderer Warschauer-Pakt-Staaten niedergewalzt. Entgegen langjährigen Behauptungen war die Nationale Volksarmee nicht mit Kampftruppen an der Besetzung der Tschechoslowakei beteiligt. In der DDR gingen die Behörden gegen Sympathisanten der Entwicklung mit aller Härte vor. Seit dem »Prager Frühling« stellten Kritiker der gesellschaftlichen Verhältnisse in Ostdeutschland nicht mehr den Sozialismus als solchen in Frage, sie suchten ihn nach dem Prager Vorbild zu reformieren. Das sollte auch in den achtziger Jahren die ostdeutschen Dissidenten etwa von den polnischen unterscheiden. Die Erklärung dafür ist relativ einfach. Die bürgerlichen Mittelschichten und die Intellektuellen, die das System grundsätzlich ablehnten, waren im Laufe der Jahre legal oder »illegal« in die Bundesrepublik gegangen.

Die lange Agonie der »entwickelten sozialistischen Gesellschaft«

Anfang Mai 1970 wurde Walter Ulbricht von Honecker nach Absprache mit dem sowjetischen Parteichef Breschnew gestürzt. Bis zu seinem Tod im Jahr 1973 blieben ihm nur noch repräsentative Ämter. Die Probleme in Wirtschaft und Gesellschaft hatten in der Endphase von Ulbrichts Herrschaft zugenommen. Außenpolitisch war er den sowjetischen Machthabern zu selbstbewußt geworden. Insbesondere seine Abgrenzung gegenüber dem westlichen Teil Deutschlands ging den Russen nicht weit genug. 1972 bezeichnete der neue SED-Chef Westdeutschland erstmals als Ausland. Zugleich erkannten nach und nach die wichtigen westlichen Staaten die DDR an. Alle Welt glaubte nun an die Unveränderlichkeit des Status quo in Deutschland und in Europa. Doch schon zwanzig Jahre später sah alles anders aus. In den siebziger Jahren war der beginnende Niedergang so noch nicht erkennbar. Mit einer gigantischen letzten Kraftanstrengung sollte die Überlegenheit des sozialistischen gegenüber dem kapitalistischen System bewiesen werden. Die Zauberformel zur Erreichung dieses Zieles lautete »Einheit von Sozial- und Wirtschaftspolitik«. Partei- und Staatsführung wähnten sich bereits gemeinsam mit der Bevölkerung der DDR in einer »entwickelten sozialistischen Gesellschaft«. In Wirklichkeit war man im Begriff, in ideologischer Verblendung die letzten dynamischen Kräfte der Volkswirtschaft zu zerstören. 1972 wurden praktisch alle noch vorhandenen größeren mittelständischen Unternehmen verstaatlicht. Während große Prestigeunternehmen durchaus erfolgreich forciert wurden, verfiel das Rückgrat der Wirtschaft. Bald konnten dem Bürger auch einfache Dienstleistungen und Güter des täglichen Bedarfs nur noch mit Mühe auf dem Markt angeboten werden.

1970 war in Dresden das Kombinat »Robotron« geschaffen worden. Die schon – wie erwähnt – in den sechziger Jahren beachtliche elektronische Industrie in der Stadt gewann dadurch an Bedeutung. Sie entwickelte sich zur Vorzeigebranche, nicht nur der Stadt, sondern ganz Ostdeutschlands. Doch konnte sie letzten Endes mit der internationalen Entwicklung nicht mithalten. Die Vielzahl hochqualifizierter Arbeitskräfte war allerdings nach 1990 für Dresden ein unschätzbarer Standortvorteil bei der Ansiedlung amerikanischer Elektronikfirmen und entsprechender deutscher Unternehmen.

Der angedeutete Niedergang der Wirtschaft an ihrer Basis führte seit den siebziger Jahren zu einem zuletzt erschreckenden Verfall der Altbausubstanz in der Stadt. Dem auch daraus resultierenden Mangel an Wohnraum begegnete die Staatsführung in den Städten der DDR – die Lage ähnelte überall derjenigen in Dresden – mit einem gigantischen Wohnungsbauprogramm. Man beschloß die »Lösung der Wohnungsfrage als soziales Problem«. Anfang der siebziger Jahre entstanden die Plattenbausiedlungen in Johannstadt. Die Trabantenstädte Prohlis und Gorbitz wuchsen seit 1976 bzw. 1981 heran. Trotz der Verbesserung der Lage auf dem Wohnungsmarkt und steigender Einkommen spürten die Menschen, daß die Wirtschaft immer weniger effizient produzierte, daß sie immer schwerfälliger auf Veränderungen auf dem Weltmarkt reagierte und daher zuletzt kaum noch weltmarktfähige Produkte herstellen konnte – was wiederum zu einer zunehmend dramatischer werdenden Devisenknappheit führte. Etwa um 1983 war die DDR-Wirtschaft praktisch am Ende – so die Aussage des ehemaligen SED-Wirtschaftsgewaltigen Günter Mittag nach 1990. Nur die großzügigen Kredite der Bundesrepublik hielten die DDR noch für einige Jahre am Leben.

Seit den siebziger Jahren verlor die SED auch im geistigen und kulturellen Bereich zusehends an Einfluß. Es schien, als ob die Führung selbst nicht mehr an den Sieg der von ihr propagierten Ideologie glaubte. Der geistigen Legitimitätskrise suchte sie zu begegnen, indem sie früher als bürgerlich gebrandmarkte Traditionen aufgriff. In Berlin wurde später sogar das Reiterstandbild Friedrichs des Großen wieder aufgestellt. Der Dresdner SED-Bezirkschef förderte und ermunterte in den achtziger Jahren Historiker bei der Abfassung einer Darstellung der sächsischen Landesgeschichte. In Ermangelung zukunftsweisender eigener künstlicher Leistungen verlegte man sich mehr und mehr auf die Pflege des »kulturellen Erbes«. In Dresden fand 1974 die große Caspar David Friedrich-Ausstellung statt, 1978 eine Goya-Ausstellung. Statt »Sozialistischem Realismus« nach Vorstellungen der Partei zeigte man 1975 eine Conrad Felixmüller-Retrospektive, und

1976 konnte im Zwinger erstmals das Werk des greisen Dresdner Altmeisters des Konstruktivismus, Hermann Glöckner, gewürdigt werden. Mancher hielt dies für ein Zeichen der geistigen Liberalisierung in der DDR. Doch bekämpfte die SED zur selben Zeit Aufweichungstendenzen in Kunst und Kultur. Nach der Ausweisung Wolf Biermanns 1976 verlor das Regime in Künstlerkreisen seinen letzten Kredit. Auch der mutige und den Kulturfunktionären der SED verhaßte Dresdner Kunstkritiker und Kunsthistoriker Dieter Schmidt wurde in dieser Zeit zur Ausreise gezwungen. Die beachtenswerten Inszenierungen am Dresdner Schauspielhaus unter Wolfram Engels hatten sich längst von konformen Kunstauffassungen abgewandt. 1987 erfolgte die Aufführung von Becketts »Warten auf Godot«. Christoph Heins »Ritter der Tafelrunde« kritisierte nahezu unverhüllt die Zustände im Staat. Die Uraufführung des Stückes in Dresden im April 1989 war gleichsam ein künstlerischer Abgesang auf die DDR.

Das Jahr 1980 leitete in politischer Hinsicht das Finale des kommunistischen Systems in Mittel- und Osteuropa ein. Die polnische Gewerkschaft »Solidarność« vermittelte den Partei- und Staatsführern des Ostblocks eine Ahnung davon, was es heißt, das gesamte Volk gegen sich zu haben. Nur mühsam und vorübergehend konnte die polnische Oppositionsbewegung unter Kontrolle gehalten werden. Einige Politiker wußten, daß etwas geschehen mußte, wenn man das System noch retten wollte, Michail Gorbatschow wagte seit 1985 den Versuch grundlegender Reformen.

Unter den Gegebenheiten der DDR bot die evangelische Kirche am ehesten das Dach, unter dem sich eine Oppositionsbewegung formieren konnte. Freilich sah diese nur die Möglichkeit einer Reformierung der sozialistischen Gesellschaft. Eine Fundamentalopposition gegen das System schlechthin war unter den existierenden Verhältnissen aussichtslos. Und es gab auch, wie schon erwähnt, für diesen Weg keine

Protagonisten. So blieb ein Robert Havemann eine wichtige Leitfigur für die oppositionellen Kräfte der achtziger Jahre. Über die »Friedensbewegung« suchten sie das System zu verändern, die Tendenzen zu einer zivilen Bürgergesellschaft zu verstärken. Als Ende 1982 in Dresden Flugblätter auftauchten, die für den 13. Februar 1983 zu einer Schweigedemonstration vor der Frauenkirche aufriefen, alarmierte dies die Staatssicherheit aufs höchste. Um die Lage zu entschärfen, vereinbarte der sächsische Landesbischof Hempel mit den Behörden, nach der traditionellen Kundgebung aus Anlaß des Erinnerung an die Zerstörung der Stadt im Zweiten Weltkrieg die Demonstranten zu einem Friedensforum in die Kreuzkirche einzuladen. Etwa 5000 zumeist junge Menschen nahmen daran teil. Friedensdemonstrationen und Friedensforen fanden in den folgenden Jahren immer häufiger statt, oft geschickt mit offiziellen Veranstaltungen verbunden. Der Slogan »Schwerter zu Pflugscharen« war nicht im Sinn der Behörden. Die Protestbewegung ging über den kirchlichen Rahmen hinaus, mußte sich aber in schwierigen Situationen immer wieder in dessen Schutz begeben, so unvollkommen er oft auch war. Dies traf für die »ökologischen Arbeitskreise« zu, die Themen des Umweltschutzes – um den es in der DDR schlecht stand – auf die Tagesordnung zu bringen suchten. In Dresden unterstützte Superintendent Christof Ziemer diese Gruppen.

Mit der Opposition im Inneren wäre das Regime vielleicht noch einmal fertig geworden. Aber seit Mitte der achtziger Jahre stieg die Zahl der »Ausreisewilligen« sprunghaft an. Diese Menschen hatten mit dem Sozialismus nichts mehr im Sinn, glaubten nicht an irgendwelche Reformen innerhalb dieses Systems. Allein in Dresden stellten bis 1989 30 000 Bürger einen Ausreiseantrag. Die SED-Führung geriet so von zwei Seiten unter massiven Druck. Sie ignorierte jedoch alle Warnzeichen. In dreister Weise fälschte sie die Ergebnisse der Kommunalwahlen vom 7. Mai 1989. Im Anschluß an diese

Wahlfarce kam es in Berlin, Leipzig und Dresden zu Protestaktionen. Das Maß war nun für die meisten Bürger voll. Nachdem die ungarische Führung Anfang Mai entschieden hatte, den »Eisernen Vorhang« zu öffnen und eine Gruppe von DDR-Touristen nach Österreich ausreisen ließ, wurde die Lage für die Ostberliner Führung kritisch. Der historische Schritt der ungarischen Regierung führte seit dem Sommer zu einer Massenflucht von Ostdeutschen über Ungarn in die Bundesrepublik, in den Dimensionen vergleichbar mit der Fluchtbewegung vor dem 13. August 1961. Immer mehr Bürger der DDR flohen in die bundesdeutschen Botschaften in Budapest, Prag und Warschau, um so ihre Ausreise zu erzwingen. Reisen nach Ungarn waren bald nicht mehr möglich. Auch im Land selbst regten sich verstärkt die Oppositionsgruppen, die allerdings die Parole »Wir bleiben hier« ausgaben und auf die Reformierung des Sozialismus setzten. Nach dem Massaker auf dem Platz des »Himmlischen Friedens« in Peking protestierten am 7. Juli Dresdner Bürger vor der Kreuzkirche. Mehr als ein Dutzend Demonstranten wurden verhaftet. Zu einer weiteren offenen Konfrontation mit der Staatsmacht kam es am 6. August in Dresden-Gittersee. Nach einem Bittgottesdienst in der dortigen evangelischen Kirche gegen die geplante Errichtung eines umweltgefährdenden Silizium-Werkes in diesem Stadtteil verhaftete die Polizei Kirchenbesucher und mißhandelte sie.

Seit dem Frühherbst des Jahres 1989 wurde die Situation für die SED-Führung noch prekärer. Am 4. September hatte in Leipzig im Anschluß an ein Friedensgebet in der Nikolaikirche die erste Montagsdemonstration stattgefunden. Fast eintausend Menschen forderten Meinungs-, Presse-, Reise- und Versammlungsfreiheit. Am 11. und 12. September gründeten Bürgerrechtler das »Neue Forum« bzw. die Vereinigung »Demokratie jetzt«. Ungarn gestattete jetzt ganz offiziell die Ausreise von Ostdeutschen nach dem Westen. Und was am schlimmsten war – die Sowjets entzogen dem DDR-Regime den Schutz durch ihre Panzer. Gorbatschow hatte dies in seiner Rede vor dem Europarat in Straßburg am 6. Juli deutlich erklärt. Honecker jedoch beschloß, die Realitäten weiterhin nicht zur Kenntnis zu nehmen. Am 28. Jahrestag des Mauerbaus ließ er verkünden, daß die DDR nicht reformbedürftig sei. Bekanntlich ignorierte er noch anläßlich der Feierlichkeiten zum 40. Jahrestag der DDR in Berlin alle Ermahnungen und Warnungen Gorbatschows.

Im Oktober entglitten den Machthabern in Ostberlin die Zügel endgültig. Die Botschaften der Bundesrepublik in Prag und Warschau mußten immer mehr flüchtende DDR-Bürger aufnehmen. Der SED-Chef verkündete trotzig, daß man den Republikflüchtlingen keine Träne nachweine. So als ob nichts weiter Wichtiges geschehe, berichtete die »Sächsische Zeitung« von einer Festveranstaltung des Rates des Bezirkes Dresden und des Bezirksausschusses der »Nationalen Front« anläßlich des 40jährigen Jubiläums der DDR, auf der die Ergebnisse der »Mach-Mit-Bewegung« vorgestellt wurden. Als die Zustände in der von Flüchtlingen völlig überfüllten deutschen Botschaft in Prag unhaltbar wurden, mußte die DDR-Führung der Ausreise dieser Menschen in die Bundesrepublik zustimmen. Bedingung: in geschlossenen Zügen über DDR-Territorium, das hieß durch Dresden. Die entsprechende Ankündigung Hans Dietrich Genschers vor den jubelnden Menschen in der Botschaft verbreitete sich wie ein Lauffeuer. Am 3. Oktober nach 22.00 Uhr strömten 2000 Menschen zum Dresdner Hauptbahnhof und besetzten einen nach Prag fahrenden Leerzug, nachdem sie die Gleise blockiert hatten. Der Ruf »Wir wollen raus« ertönte. Die Erbitterung und Wut der Demonstranten war grenzenlos. Man fühlte sich im Land eingekerkert wie nie zuvor. Denn nun waren nicht einmal mehr Reisen in die Tschechoslowakei und nach Polen möglich. Mit äußerster Brutalität räumten die »Sicherheitsorgane« den Bahnhof. Die nächsten Tage brachten noch mehr Gewalt – am Hauptbahnhof, auf der Prager Straße. Mehr als eintausend Personen wurden bis zum 8. Oktober »zugeführt«, d. h. auf brutale Weise in das Polizeipräsidium oder in Kasernen verbracht und dort unter entwürdigenden Bedingungen festgehalten, zum Teil auch mißhandelt. Am Abend des 7. Oktober versammelten sich eintausend Menschen wiederum vor dem Hauptbahnhof und forderten u. a. die Zulassung des »Neuen Forums«. Kurz darauf bildete sich ein Demonstrationszug von etwa 4000 Personen, der sich friedlich – die Polizei hatte Anweisung, nicht einzuschreiten – über den Pirnaischen Platz in die Innenstadt bewegte. Zur selben Zeit allerdings bewarfen jugendliche Demonstranten in der Prager Straße die Polizei mit Gegenständen. Mehr als einhundert Personen wurden festgenommen. Doch verfehlte der eindringliche Aufruf verantwortungsvoller Oppositioneller zur Gewaltlosigkeit nicht seine Wirkung, bei den Demonstranten nicht und schließlich, wie sich zeigen sollte, am Abend des 8. Oktober auch nicht auf der Gegenseite. Zur Besonnenheit auf seiten der örtlichen und regionalen Behörden trugen vielleicht auch ein wenig die Appelle Dresdner Künstler, Dialogbereitschaft zu zeigen, bei. Am 6. Oktober hatte das Ensemble des Staatsschauspiels seine Resolution »Im Interesse für unser Land« von der Bühne herab verlesen lassen.

Am 8. Oktober war dennoch vieles noch offen. Am frühen Nachmittag organisiert das »Neue Forum« eine friedliche Protestaktion auf dem Theaterplatz, gegen 17.00 Uhr jedoch werden auf dem Fetscherplatz 150 demonstrierende Jugendliche zusammengetrieben und »zugeführt«. Allerdings sollte dies der letzte Gewaltakt des Regimes in Dresden sein. Etwa gegen 20.00 Uhr umstellen Polizeieinheiten auf der Prager Straße 1500 Demonstranten. Zwei Vertreter der katholischen Kirche können mit dem Einsatzleiter Verhandlungen aufnehmen und die Lage entschärfen. Entgegen den Anweisungen aus Ostberlin hatten sich zu diesem Zeitpunkt SED-Bezirks-chef Hans Modrow, die regionale Polizei- und Armeeführung und Oberbürgermeister Wolfgang Berghofer bereits gegen Gewaltanwendung und für den Dialog entschieden, und dies noch vor der alles entscheidenden Massendemonstration in Leipzig am folgenden Tag. Superintendent Christof Ziemer, Landesbischof Hempel und die aus den Demonstranten auf der Prager Straße hervorgegangene legendäre »Gruppe der Zwanzig« vereinbarten mit Berghofer Gespräche, die tags dar-auf im Rathaus aufgenommen wurden. Nach der Demonstra-tion in Leipzig am 9. Oktober zerbröselte die Macht des SED-Regimes zusehends. Am 18. Oktober stürzte das Politbüro Honecker. Der neue SED-Chef Krenz suchte mit hilflosem Aktionismus die Herrschaft der SED zu retten. Am 4. Novem-ber demonstrierte eine Million Menschen auf dem Berliner Alexanderplatz gegen die SED, aber auch für eine Erneuerung der DDR. Am 7./8. November traten die Regierung Stoph und das Politbüro zurück. Der Fall der Mauer in Berlin am 9. No-vember machte nicht nur die friedliche Revolution in der DDR unumkehrbar, er läutete auch das Ende eines histori-schen Zeitalters ein. Zumindest in der Rückschau kommt man zu dieser Einschätzung. Auf Druck Moskaus trat Krenz am 6. Dezember zurück und übergab die Macht faktisch an Modrow, der schon seit dem 13. November das Amt des Mini-sterpräsidenten innehatte. Am 5. Dezember hatten in Dres-den Bürgerrechtler und Demonstranten die Zentrale der Be-zirksbehörde des Staatssicherheitsdienstes auf der Bautzener Straße besetzt. Wie in anderen Städten Ostdeutschlands auch, demonstrierte die Bevölkerung der Stadt allwöchentlich im Anschluß an Gottesdienste in der Kreuzkirche weiter für die Fortsetzung der Demokratisierung und hielt so den notwen-digen Druck auf die Führung um Krenz bzw. Modrow auf-recht. Erinnert sei nur an die große, von Künstlern initiier-te Kundgebung auf dem Theaterplatz am 19. November. Am

7. Dezember bildeten Bürgerrechts- und Oppositionsgruppen in Berlin den »Runden Tisch«. Ohne dieses Gremium konnte Modrow von diesem Zeitpunkt an faktisch nicht mehr regieren. Am 28. November hatte Bundeskanzler Helmut Kohl seinen 10-Punkte-Plan vorgelegt, der letzten Endes die Wiedervereinigung Deutschlands vorbereitete. Als er am 19. Dezember 1989 in Dresden mit Modrow zusammentraf, bereiteten ihm bereits auf dem Flughafen 20 000 Menschen einen triumphalen Empfang. Bei den Verhandlungen im Hotel Bellevue ging es um Wirtschaftshilfe für die DDR, um enge Kooperation. Aber die historische Rede Kohls am Abend vor den Ruinen der Frauenkirche und vor allem die Reaktionen der dort versammelten Bürger ließen keinen Zweifel mehr darüber aufkommen, daß die Entwicklung auf die Wiedervereinigung der beiden Teile Deutschlands hinauslief.

Das Jahr 1990 brachte das Ende der DDR. Am 18. März kam es zu den ersten freien Volkskammerwahlen, bei der die CDU 37 Prozent der Stimmen erhielt. So wurde der ostdeutsche Teilstaat wenigstens in der Endphase seiner Geschichte noch eine bürgerlich-parlamentarische Republik unter Ministerpräsident Lothar de Maizière.

Aus der Wahl zur Dresdner Stadtverordnetenversammlung am 6. Mai ging die CDU mit 39 Prozent der Stimmen als stärkste Kraft hervor. Die PDS erhielt 20, die SPD 9,5 Prozent der Wählerstimmen. Am 23. Mai wurde Herbert Wagner (CDU) – der auch der »Gruppe der Zwanzig« angehört hatte – zum Oberbürgermeister gewählt.

Wenige Tage nach der Wiedervereinigung Deutschlands, am 3. Oktober 1990, konnte auch der Freistaat Sachsen wiederhergestellt werden. Bei den Wahlen zum Landtag am 14. Oktober errang die CDU mit Kurt Biedenkopf die absolute Mehrheit.

Dresden nach der Wiedervereinigung Deutschlands – ein Ausblick

Der Historiker kann die allerjüngste Vergangenheit nicht abschließend bewerten – und er sollte es auch nicht versuchen. Dennoch sind im Strom der Ereignisse der letzten fünfzehn Jahre in Dresden und im Freistaat Sachsen bestimmte Entwicklungstendenzen zu erkennen.

Das gesellschaftliche und politische Leben im Lande war nach 1990 von Aufbruchsstimmung geprägt. Die Bevölkerung war bereit, alles daranzusetzen, um bald die »blühenden Landschaften« entstehen zu lassen. Die Christdemokraten mit Ministerpräsident Kurt Biedenkopf an der Spitze genossen größtes Vertrauen, schienen doch allein sie in der Lage zu sein, die für die Erreichung dieses Zieles richtigen politischen Entscheidungen zu treffen. Im Landtag und auch im Dresdner Stadtrat verfügten sie in den neunziger Jahren über komfortable Mehrheiten.

Und in der Tat, in weiten Teilen der Stadt erstanden verfallene Bürgerhäuser und Villen in altem-neuen Glanz. Hinzu traten zahlreiche neue Wohnbauten, ja ganze Siedlungen. Der Ausbau des nach wie vor Spuren des Krieges aufweisenden Stadtzentrums wollte hingegen nicht so recht beginnen. Komplizierte Eigentumsverhältnisse und schwierige Verhandlungen mit Investoren dürften die Hauptursachen dafür gewesen sein. Immerhin erhielt der sächsische Landtag von 1991 bis 1994 ein neues Gebäude, nachdem er anfangs die Dreikönigskirche in der Neustadt als Tagungsort nutzen mußte. Eine weitreichende Entscheidung hinsichtlich der Gestaltung der Innenstadt fällte der Stadtrat 1992. Er beschloß den Wiederaufbau der Frauenkirche und damit auch die Bebauung des Neumarkts. Heute dominiert das überwiegend

Wiederaufbau der Frauenkirche, Blick vom
Johanneum auf die Westseite

aus privaten Spenden finanzierte neuerstandene alte Wahrzeichen Dresdens wieder die Silhouette der Stadt.

Auch der Wiederaufbau des Schlosses wurde zügig fortgesetzt. In diesem Zusammenhang konnte bereits 1991 der Hausmannsturm fertiggestellt werden – seitdem ein beliebter Aussichtspunkt für Einheimische und Besucher. Aus den Ruinen des in der Bombennacht des 13./14. Februar 1945 völlig zerstörten Taschenbergpalais in der Sophienstraße erstand 1992 bis 1995 ein Nobelhotel. Am Postplatz wurde 1992 der Grundstein für das Telekomgebäude gelegt.

Auf den ersten Blick verlief auch die wirtschaftliche Entwicklung im Freistaat sehr positiv. 1991 rollte im Zwickauer Autowerk der erste VW-Golf vom Band. Auf den Weg gebracht wurden Ansiedlungen großer Firmen der Elektronikbranche. Mit Werken des Siemenskonzerns, der amerikanischen AMD und mit der neugegründeten Firma Infineon ist Dresden heute einer der bedeutendsten Standorte dieses Industriezweiges in Europa. Doch zugleich wurde immer deutlicher, daß es in Ostdeutschland keine nennenswerte Zahl an mittelständischen Unternehmen – die das Rückgrat einer jeden Volkswirtschaft bilden – gab und daß auch keine lebensfähigen, mit genügend Eigenkapital ausgestatteten Firmen dieser Kategorie entstanden. Die angeblich nicht konkurrenzfähigen größeren Betriebe aus DDR-Zeiten waren längst aufgelöst worden – im Sommer 1993 hatte die Dresdner Filiale der Treuhandgesellschaft ihre Arbeit beendet. Die Arbeitslosigkeit nahm nun stetig zu. Es ist ein schwacher Trost, daß sie in der sächsischen Landeshauptstadt im Vergleich zu anderen Städten und Gemeinden Ostdeutschlands noch am niedrigsten ist. Eine Folge der hohen Arbeitslosigkeit war und ist die Abwanderung der zumeist jüngeren leistungsfähigen Menschen in die alten Bundesländer und vielleicht bald in das Ausland. Die Einwohnerzahl Dresdens sank weiter ab, auch aufgrund der extrem niedrigen Geburtenraten. Bald standen Tausende Wohnungen, insbesondere in den Plattenbausiedlungen, leer. Die günstigen steuerlichen Abschreibungsmöglichkeiten hatten zudem auch in Dresden zum Bau zahlreicher überflüssiger und daher ebenfalls ungenutzter Bürohäuser geführt.

Doch die Zuversicht der Sachsen und ihr Glaube an die Kompetenz der Regierenden schien vorerst weiter ungebrochen. Aus den Landtagswahlen 1994 ging wiederum die CDU mit Biedenkopf als klarer Sieger hervor. Auch nach den im selben Jahr abgehaltenen Stadtratswahlen stellten die Christdemokraten im Stadtparlament die Mehrheit. Ein

Grund für den Optimismus vieler Dresdner und Sachsen ist wohl ihre starke Verbundenheit mit dem Land und seinen kulturellen Traditionen. In Dresden findet sich dafür ein scheinbar nebensächliches, aber gleichwohl beweiskräftiges Beispiel. Seit dem Zusammenbruch des kommunistischen Herrschaftssystems feiern die Bewohner der Stadt Jahr für Jahr mit nicht nachlassender Begeisterung das »Elbhangfest«.

Auch in der zweiten Hälfte der neunziger Jahre und in den ersten Jahren des neuen Jahrtausends waren die Schwierigkeiten beim Aufbau der neuen Bundesländer nicht zu übersehen. So wurde in Dresden wie in allen deutschen Städten die Finanzierung öffentlicher Einrichtungen und Projekte immer schwieriger. Der Bauboom der ersten Jahre war vorüber. Dennoch nimmt gerade jetzt das Stadtzentrum allmählich ein neues Gesicht an. Abgesehen von der alles dominierenden Frauenkirche und der Bebauung des Neumarktes ist die teilweise Schließung der bisher offenen Südseite des Altmarkts und die nun endlich in Gang gekommene Gestaltung des Wiener Platzes nahe des Hauptbahnhofs zu erwähnen. Einzelne Bauwerke veränderten seit Mitte der neunziger Jahre weiter das Stadtbild. Neben der bereits erwähnten Synagoge sind das Kongreßzentrum am Altstädter Elbufer, die gläserne VW-Manufaktur am Großen Garten und der Neubau für die 1995 aus der alten Sächsischen Landesbibliothek und der Bibliothek der Technischen Universität – die übrigens nach 1990 zur Volluniversität ausgebaut wurde – hervorgegangene »Sächsische Landesbibliothek – Staats- und Universitätsbibliothek Dresden« zu nennen. Letzterer gilt als einer der spektakulärsten in den letzten Jahren deutschlandweit entstandenen Großbauten.

In den vorangegangenen knapp zwei Jahrhunderten war Dresden nicht zuletzt durch die Einbeziehung benachbarter Dörfer, Industrie- und Villensiedlungen gewachsen. Die zwischen 1997 und 1999 erfolgten Eingemeindungen – Cossebau-

Dresden, Hochwasser 2002, Blick über den Theaterplatz
zur Semperoper

de, Gompitz, Weixdorf, Langebrück und Schönfeld-Weißig –
erweiterten die Fläche der Stadt noch einmal erheblich. Die
Einwohnerzahl Dresdens liegt mit heute fast 490 000 dennoch unter der Zahl der flächenmäßig weit kleineren sächsischen Hauptstadt am Anfang des 20. Jahrhunderts. Allerdings steigt seit einigen Jahren erfreulicherweise die Gebur-
tenrate in der Stadt wieder leicht an.

Anteilnahme aus ganz Deutschland erfuhren die Dresdner
Bürger im Jahr 2002, als die Stadt im August die in ihrer bisherigen Geschichte verheerendste Hochwasserkatastrophe ereilte. Elbe und Weißeritz traten in einem bisher nicht gekannten Ausmaß über ihre Ufer. Große Teile der Innenstadt und
zahlreiche Wohnsiedlungen waren von den Fluten betroffen.

In den letzten Jahren veränderte sich auch die politische
Landschaft in Sachsen und in der Hauptstadt. Die CDU konnte ihre satten Mehrheiten nicht mehr behaupten. 2001 wurde
der CDU-Oberbürgermeister Wagner durch den FDP-Vertre-
ter Roßberg abgelöst. Auch im Stadtrat verlor die CDU ihre

bisher absolute Mehrheit. In gleicher Weise ist inzwischen die Machtposition der Christdemokraten auf Landesebene zurückgestutzt worden. 2004 mußte CDU-Ministerpräsident Milbradt mit der SPD – die in Sachsen allerdings mit zuletzt mageren 9,5 Prozent längst den Status einer Volkspartei verloren hat – wohl oder übel eine Koalition eingehen.

Will man ein vorläufiges Fazit aus der Entwicklung der letzten fünfzehn Jahre ziehen, so bleibt festzuhalten, daß sich Dresden zu einem der wenigen Wachstumskerne in Ostdeutschland entwickelt hat, d. h. zu einem Ort oder Raum, der aufbauend auf seinen kulturellen und wirtschaftlichen Traditionen vielleicht in nicht allzu ferner Zukunft aus eigener Kraft seinen Weg gehen wird. Als ein gutes Omen für die Zukunft der Stadt mag in diesem Zusammenhang die Entscheidung der UNESCO 2004 erscheinen, das Dresdner Elbtal in das Weltkulturerbe aufzunehmen.

Literaturhinweise

– Heinrich Butte, Geschichte Dresdens bis zur Reformationszeit. Herausgegeben von H. Wolf. Köln, Graz 1967 (Mitteldeutsche Forschungen. Band 54).

– Dresden. Die Geschichte der Stadt. Herausgegeben vom Dresdner Geschichtsverein e. V. Dresden 2002.

– Dresdner Geschichtsblätter. Herausgegeben vom Verein für Geschichte Dresdens. Dresden 1 (1892) bis 48 (1940).

– Dresdner Geschichtsbuch. Herausgegeben vom Stadtmuseum Dresden. Band 1 ff. Altenburg 1995 ff.

– Dresdner Hefte. Beiträge zur Kulturgeschichte. Herausgegeben vom Dresdner Geschichtsverein e. V. Heft 1 (1983) ff.

– Moritz Fürstenau, Zur Geschichte der Musik und des Theaters am Hofe zu Dresden. Band 1 und 2. Dresden 1861/1862 (Reprint Leipzig 1971).

– Reiner Groß, Geschichte Sachsens. 2. Aufl., Leipzig 2002.

– Johann Christian Hasche, Diplomatische Geschichte Dresdens von seiner Entstehung bis auf unsere Tage. 6 Bände. Dresden 1816-1822.

– Johann Christian Hasche, Umständliche Beschreibung Dresdens mit all seinen äußern und innern Merkwürdigkeiten. 2 Teile. Leipzig 1781-1783.

– Martin Bernhard Lindau, Geschichte der königlichen Haupt- und Residenzstadt Dresden von den ältesten Zeiten bis zur Gegenwart. 2. Aufl., Dresden 1885.

– Fritz Löffler, Das alte Dresden. Geschichte seiner Bauten. 1. Aufl. Dresden 1955, 6., erweiterte Aufl. Leipzig 1982.

– Mitteilungen des Vereins für Geschichte Dresdens. Heft 1-32. Dresden 1872-1937.

– Otto Richter, Verfassungs- und Verwaltungsgeschichte der Stadt Dresden. 2 Bände. Dresden 1885-1891.

– Hans Schnoor, Dresden. Vierhundert Jahre Musikkultur. Dresden 1948.

– Stadtlexikon Dresden A-Z. 2. Aufl. Dresden 1998.

Bildnachweis

SLUB Dresden/Deutsche Fotothek: 159, 192/193, SLUB/Henrik Ahlers: 227, SLUB/Siegfried Bregulla: 111, 224, SLUB/Walter Hahn: 175, SLUB/Walter Möbius: 4, 70, 104, 122, 134, 203, SLUB/André Rous: 87, SLUB/Manfred Thonig: 157, SLUB/Martin Würker: 50/51, 67, 150. Umschlagfoto: Waldkirch/mauritius images

Literarische Reisebegleiter
im insel taschenbuch
Eine Auswahl

Städte

Athen. Literarische Spaziergänge. Herausgegeben von Paul Ludwig Völzing. Mit farbigen Fotografien. it 2505. 336 Seiten

Bayreuth. Ein literarisches Porträt. Herausgegeben von Frank Piontek und Joachim Schultz. Mit zahlreichen Abbildungen. it 1830. 208 Seiten

Mit Brecht durch Berlin. Ein literarischer Reiseführer. Von Michael Bienert. Mit zahlreichen Fotografien. it 2169. 271 Seiten

Literarischer Führer Berlin. Von Fred Oberhauser und Nicole Henneberg. Mit zahlreichen Abbildungen, Karten und Registern. it 2177. 517 Seiten

Bremen. Literarische Spaziergänge. Von Johann-Günther König. Mit farbigen Fotografien. it 2621. 272 Seiten

Budapest. Ein literarisches Porträt. Herausgegeben von Wilhelm Droste, Susanne Scherrer und Kristin Schwamm. Mit zahlreichen Fotografien. it 1801. 283 Seiten

Chicago. Porträt einer Stadt. Herausgegeben von Johann Norbert Schmidt und Hans Peter Rodenberg. Mit farbigen Fotografien. it 3032. 330 Seiten

Sylt. Literarische Reisewege. Herausgegeben von Winfried Hörning. Mit zahlreichen Fotografien. it 2522. 260 Seiten

Martin Walser/André Ficus. Heimatlob. Ein Bodensee-Buch. it 645. 92 Seiten. it 2374. 96 Seiten

England

Hans-Günter Semsek. Englische Dichter und ihre Häuser. Mit farbigen Fotografien von Horst und Daniel Zielske. it 2553. 255 Seiten

Von Pub zu Pub. Eine literarische Kneipentour durch London und Südengland. Von Johann-Günther König. Mit farbigen Fotografien. it 2888. 272 Seiten

Frankreich

Das Elsaß. Ein literarischer Reisebegleiter. Herausgegeben von Emma Guntz und André Weckmann. it 2746. 256 Seiten

Französische Dichter und ihre Häuser. Von Ralf Nestmeyer. Mit farbigen Fotografien. it 3093. 250 Seiten

Mit Fontane durch Frankreich und Flandern. Herausgegeben von Otto Drude. Mit Fotografien von Christel Wollmann-Fiedler. it 2647. 144 Seiten

Wolfgang Koeppen. Reisen nach Frankreich. Mit farbigen Fotografien von Angelika Dacqmine. it 2218. 170 Seiten

Literarischer Führer Frankreich. Herausgegeben von Hans Georg Bauner. Mit zahlreichen Abbildungen und Karten. it 2798. 624 Seiten

Provence/Côte d'Azur. Ein literarischer Reisebegleiter. Herausgegeben von Ralf Nestmeyer. it 2801. 250 Seiten

Mit Rilke durch die Provence. Herausgegeben von Irina Frowen. Mit Fotografien von Constantin Beyer. it 2148. 126 Seiten

Griechenland

Griechenland. Ein Reisebegleiter. Herausgegeben von Danae Coulmas. Mit farbigen Fotografien. it 3024. 330 Seiten

Hugo von Hofmannsthal. Augenblicke in Griechenland. Mit farbigen Abbildungen und einem Nachwort von Hansgeorg Schmidt-Bergmann. it 2408. 125 Seiten

Erhart Kästner
- Griechische Inseln. Aufzeichnungen aus dem Jahre 1944. Nachwort von Heinrich Gremmels. it 118. 166 Seiten
- Kreta. Aufzeichnungen aus dem Jahre 1943. Nachwort von Heinrich Gremmels. it 117. 264 Seiten
- Ölberge, Weinberge. Ein Griechenland-Buch. Mit Zeichnungen von Helmut Kaulbach. it 55. 262 Seiten
- Die Stundentrommel vom heiligen Berg Athos. it 56. 325 Seiten

Wolfgang Koeppen. Die Erben von Salamis oder Die ernsten Griechen. Mit Fotografien. it 2401. 80 Seiten

NF 31/7/3.05

Reisen mit Odysseus. Zu den schönsten Inseln, Küsten und Stätten des Mittelmeers. Von Ernle Bradford. it 2508. 280 Seiten

Irland

Irish Pubs. Ein Reisebegleiter durch Irland. Von Johann-Günther König. Mit farbigen Fotografien. it 3020. 315 Seiten

Italien

Dietmar Grieser. Große historische Straßen. Von der Via Appia bis zur Avus. Eine kunsthistorische Spurensuche. Mit Fotografien. it 1974. 130 Seiten

Wilhelm Heinse. Tagebuch einer Reise nach Italien. Mit einem biographischen Essay von Almut Hüfler. Herausgegeben von Christoph Schwandt. Mit zahlreichen Abbildungen. it 2869. 260 Seiten

Mit Hermann Hesse durch Italien. Ein Reisebegleiter durch Oberitalien. Herausgegeben von Volker Michels. it 1120. 215 Seiten

Harald Keller. Die Kunstlandschaften Italiens. Mit Abbildungen. it 1576. 1110 Seiten

Literarischer Führer durch Italien. Ein Insel-Reise-Lexikon. Von Doris und Arnold E. Maurer. Mit Abbildungen, Karten und Registern. it 1071. 551 Seiten

Thomas Mann in Venedig. Eine Spurensuche. Von Reinhard Pabst. Mit zahlreichen Abbildungen. it 3097. 250 Seiten